유튜브는 책을 집어삼킬 것인가

일러두기

이 책은 2019년 8월 두 저자가 네 차례 진행한 대담을 기반으로,
추가 집필을 주고받아 작성된 원고로 만들었습니다.

유튜브는 책을 집어삼킬 것인가

삶을 위한 말귀,
문해력, 리터러시

김성우×엄기호

따비

차례

지금 여기에서
'삶을 위한 리터러시'를
이야기해야 하는 이유

/ 김성우

언어와 삶이 맺는 관계는 어떻게 개인과 공동체를 바꿀 수 있을까? 변화의 방향은 어떻게 설정되어야 하며 변화의 동력은 어떻게 만들어야 할까? 차별하거나 배제하지 않고 연대하고 성장하는 말은 어떻게 가능할까?

전통적으로 언어와 삶의 관계는 말이 세계를 얼마나 잘 반영하는지 묻는 방식으로 탐구되어왔다. 이 틀 안에서 보면 세계를 정확하게 묘사하는 말은 옳지만 제대로 그려내지 못하는 말은 그릇되다. 참과 거짓, 이 두 가지 범주는 문장을 판단하는 기준이 된다. "내 말이 맞아." 혹은 "네 말은 틀렸어."가 말에 대한 가장 중요한 평가가 되는 셈이다.

그러나 말글이 삶에서 하는 역할은 이보다 훨씬 다양하다. 이 점을 본격적인 이론으로 발전시킨 사람은 영국의 언어철학자 오스틴(J. L. Austin)이다. 그는 20세기 언어학사의 기념비적 저작 중 하나인《언어로 행위하기(How to do things with words)》에서 개인의 일거수일투족을 옳다 그르다로 가를 수 없듯 말 또한 참/거짓으로 이분할 수 없다는 점에 주목했다. 상당수 발화의 경우 진실 혹은 허위라는 구분을 적용할 수 없으며 맹세나 저주, 약속과 선언과 같은 다양한 행위를 수행한다는 점을 간파한 것이다. 나아가 그는 말과 행동을 칼로 무 자르 듯 분리할 수 없음을 지적하며 '화행話行(speech act)', 즉 '발화 행동'이 라는 개념을 제안했다. 이에 따르면, 말과 행동은 다른 차원에 존재 하는 것이 아니라 연속선상에 놓이게 된다. 말은 행위의 한 가지 양 태인 것이다. 실로 우리의 말은 묘사하고 설명하는 일을 넘어 구체적 행위로서 세계에 흔적을 남긴다. 말은 결혼을 성립시키고, 관계를 단 절하며, 법안을 통과시키고, 사랑을 공표하며, 전쟁을 시작한다. 혐 오 발언은 비합리적 증오의 행위이며 고맙다는 말은 감사의 실천이 다. '그저 말일 뿐인 말' 따위는 없는 것이다.

쓰기는 말을 반영구적으로 만든다. 공기의 흐름을 문자의 연쇄로 고정시킨다. 문자가 등장하기 전의 말은 흔적 없이 허공에 흩어졌고, 당대의 사람들과 운명을 같이했다. 하지만 지금으로부터 약 6,000년 전부터는 사정이 달라졌다. 말이 이곳저곳에 새겨지기 시작했기 때 문이다. 말은 기록이 되었고, 기록은 인간의 소통 방식을 혁명적으로 변화시켰다. 지리적인 제한, 시대의 장벽을 넘어 타인의 삶에 접속하 고 자신의 생각을 공유할 수 있게 되었다. 그리스의 철학자 플라톤은 이런 변화에 대해 회의적인 견해를 밝혔지만 문자문명의 팽창을 막 을 수는 없었다. 점토판과 양피지, 종이 등에 서서히 자리를 잡아가 던 문자는 구텐베르크 은하계 이후 가공할 속도로 세계 구석구석을 뒤덮었다. 책을 대표주자로 하는 문자매체의 대량 생산 및 유통을 빼 고는 근현대의 사회문화적 변동도, 교육도, 과학기술의 비약적 발전 도 논할 수 없을 것이다.

문자매체 중심의 커뮤니케이션 방식은 19세기 말 전화의 보급, 20

세기 라디오와 텔레비전의 대중화로 새로운 전기를 맞게 된다. 음성 및 영상의 실시간 송출이 가능해지면서 편지나 책을 통해 정보를 공유하던 관행이 바뀌기 시작한 것이다. 20세기 후반에 시작된 인터넷과 모바일, 클라우드 혁명은 이러한 변화를 또 다른 차원으로 이끈다. 통신망이 갖춰진다면 시공간의 제약을 넘어 문자, 이미지, 영상 등에 접속할 수 있고 또 공유할 수 있게 되었다. 다양한 매체가 섞이고 상호작용하며 때로는 간섭하는 시대다.

최근 동영상매체의 부상은 새로운 시대적 화두를 던지고 있다. 2018년《뉴욕타임스》가 발행한 특집 기사의 제목은 무려 '탈텍스트 미래에 오신 것을 환영합니다(Welcome to the Post-text Future)'이다. 기사는 "우리가 온라인에서 경험하는 시간에 영향을 미치는 가장 중요한 변화는 텍스트의 쇠퇴와 오디오, 비디오의 파급 및 영향력의 폭발적 증가에 있다."라는 논쟁적인 선언으로 시작된다. 문자매체가 조만간 사라질 일은 없겠지만, 적어도 온라인에서만큼은 오디오와 비디오에 주도적인 자리를 내줄 것이라는 예측이다. 이런 가운데 한국에서도 초등학생들이 문자매체보다 영상을 통한 정보 접근을 선호한다는 보도가 잇따르고 있다. 책이나 백과사전, 심지어 검색엔진도 아닌 유튜브가 지식의 제1원천이 되고 있다는 것이다. 동영상 정보채널의 다양화, 스트리밍 서비스의 인기 등은 동영상 중심의 미디어 환경을 더욱 공고히 하고 있다. 교과서와 '전과'를 중심으로 기초교육을 받은 40~50대와는 판이하게 다른 정보 환경이 도래한 것이다.

이는 단지 매체의 다양화에 그치지 않는다. 미디어 생태계의 변화는 우리가 시간을 구획하는 방식을 변화시키고, 정보채널을 변화시키고, 사용하는 감각의 비율을 변화시킨다. 개인이 음식을 섭취하여 몸을 만들어가듯, 우리가 접하는 매체는 사고와 정서의 뼈대를 만든다. 그렇기에 이 시대 우리가 목도하고 있는 것은 세계를 인식하고 지식을 구성하며 자신의 정체성과 관계 맺기의 양상을 구성하는 방식의 거대한 변화다. 읽고 쓰기의 풍경 또한 빠르게 바뀌고 있다. 문해력의 추락에 대한 우려가 커져간다. 하지만 우리는 아직 그 도도한 흐름을 이해하고 지혜롭게 항해하는 법을 배우지 못한 듯하다.

《유튜브는 책을 집어삼킬 것인가》는 이러한 시대의 변화 속에서 우리 사회에 주어진 무거운 숙제를 시작하는 마음으로 기획되었다. 문화연구를 하는 입장에서 삶이 말에 스며드는 방식에 천착해온 엄기호가 먼저 응용언어학과 교육학에 기반하여 말이 삶을 빚어내는 모습을 탐색해온 김성우에게 손을 내밀었다. 언어와 페다고지, 누구도 억누르지 않고 삶의 주체로 서는 방법을 고민해온 두 사람이 리터러시의 과거와 현재 그리고 미래에 대해 이야기를 나누었다. 모든 이슈에 한 목소리를 내진 않았지만 리터러시가 삶에 복무해야 한다는 것, 각자도생의 능력이 아니라 공동체의 역량으로서의 리터러시가 필요하다는 것, 지금이 바로 리터러시의 변동과 그 영향에 대해 숙고해야 할 적기라는 점에 의견을 같이했다. 그 과정에서 서로가 '삶을 위한 리터러시'가 주는 기쁨과 가능성을 몸소 경험했다. 오랜 공부와 대화는 새로운 읽기/쓰기에 대한 고민의 흔적으로, 함께 성장한 기록으로 오롯이 남았다.

이 책은 기존의 문해력 개념이 가진 한계와 문제점을 살피는 것에서 시작하여 영상이 글을 집어삼킬 것 같은 시대의 읽기/쓰기는 어떤 길을 찾아가야 하는지, 미디어의 변화는 우리의 몸을 어떻게 바꾸고 있는지에 대한 논의로 나아간다. 소셜미디어에서의 소통 증가와 미디어 환경의 변화로 세대 간 소통 단절에 대한 우려가 높아지는 지금, 우리는 어떻게 대화를 시작해야 하는지, 관계와 맥락을 품는 리터러시의 개념을 어떻게 세워나가야 할지 궁리한다. 멀티미디어와 문자가 공존하며 함께 성장할 수 있는 길을 모색하고 다매체 시대의 리터러시 교육의 구체적인 방법론을 탐색한다. 무엇보다 리터러시를 경쟁의 도구가 아닌 공공의 인프라로, 특정 계층의 전유물이 아닌 모두가 누리는 기쁨의 활동으로 만들어가기 위한 방안을 고민한다.

정성을 다해 읽고, 쓰고, 보고, 만들며 일상을 엮어가는 독자들을 삶을 위한 리터러시를 찾아가는 여정에 초대한다. 미디어 환경의 변화 속에서 읽기와 쓰기 관행의 변화를 주시하는 분들, 동영상의 시대 책과 문자매체의 운명이 안타깝게만 느껴지는 분들과 함께하고 싶다. 급변하는 미디어 환경에서 자녀의 리터러시 교육을 고민하는 학부모들, 문자와 영상을 엮어 리터러시 교육을 디자인하고자 하는 분들, 일선에서 학생들과 부대끼며 새로운 리터러시 교육을 만들어가고 있는 교사들과도 이야기를 나누고 싶다. 권력을 휘두르는 것이 아니라 타인의 삶을 이해하기 위해 텍스트를, 이미지를, 영상을 탐험하는 분들과 함께 삶을 위한 리터러시를 꿈꾸고자 한다. 이 대담이 서로를 읽어내고 새로운 삶을 써내려가는 길에 작은 디딤돌이 되길 소망한다.

리터러시,

위기인가

변동인가

문해력? 리터러시?

엄기호

　　'리터러시'나 '문해력'이라는 말 자체가 선생님과 제가 이 대담에서 이야기하려는 내용을 그대로 보여주는 것 같습니다. 리터러시/문해력을 걱정하는 사람들은 그 말의 의미와 가치에 대해 잘 알고 있습니다. 많이 들어보기도 했거니와 일상생활에서도 자주 사용합니다. 물론 우려하고 걱정하는 말로요. 반면에 이 말이 생소한 사람도 많이 있습니다. 거의 들어본 적이 없는 말인데 무슨 뜻이냐고 묻기도 합니다. 또한 한국의 소위 '문맹률'이 얼마나 낮은데 그런 걸 문제 삼느냐면서, 역설적으로 저희가 이야기하려는 리터러시/문해력이 얼마나 문제인지를 드러내기도 합니다.

　　사실, 안다고 생각하는 사람들도 좀 더 들어보면 리터러시/문해력이 무엇인지에 대해 서로 다르게 정의하고, 편의적으로 사용하고 있습니다. 어떤 이는 문자 그대로 문자 해득 역량을 말하고, 어떤 사람들은 그보다는 확장해서 문자를 다룰 줄 아는 역량이라는 의미로 사용합니다. 더욱 큰 문제는 이 리터러시/문해력을 문제 삼는 경우에 타인의 역량을 조롱하는 의미로 사용할 때가 많다는 것이죠. 김성우 선생님이 먼저 개념을 정의해주시는 것으로 이 대담을 시작하면 좋겠습니다.

김성우

'리터러시'라는 말이 한국사회에서 널리 쓰인 건 오래되지 않았죠. 그 전에는 '문식성'이라는 용어가 한참 쓰였고, 최근에는 '문해력'이라는 말이 더 많이 쓰이고 있습니다. 하지만 여러 분야에서 '문해력'이라는 말보다 '리터러시'라는 외래어를 차용하고 있어서 점차 '리터러시'의 사용량이 늘어나고 있는 추세예요. 2019년 12월 현재 구글 검색 기준으로 '문식성'은 약 2만 5,000건, '문해력'은 18만여 건, '리터러시'는 63만여 건의 검색 결과가 나오는데요. 아무래도 '미디어 리터러시', '디지털 리터러시', '생태 리터러시', '뉴스 리터러시', '제2언어 리터러시' 등의 용어가 널리 쓰이다 보니 '리터러시'의 검색 결과가 압도적으로 많이 나오는 것 같습니다.

Literacy의 번역어로는 '문해력'이 보다 널리 쓰이는 추세이지만 학계에서는 '문식성'이 더 먼저 도입된 것으로 보입니다. 2002년에 노명완, 이차숙 선생이 영단어 literacy를 '문식성'으로 번역해서 국내에 최초로 소개했는데요. 이들은 문식성을 "글을 배워 알고 더 나아가 이를 활용하여 지식과 정보에 접근하고 이를 분석·평가·소통하며 개인과 사회의 문제나 과제를 해결하는 능력"으로 정의했습니다(윤준채, 2009: 5-16). 상당히 포괄적인 정의라서 몇 개의 구성요소로 나누어서 봐야 할 것 같습니다.

먼저 글, 즉 문자언어의 습득입니다. 말의 세계에서 글의 세계로 진입하는 것이 필수라는 뜻이죠. 둘째는 이를 통한 지식 및 정보에의 접근입니다. 글은 그 자체로 의미가 있다기보다는 어떤 정보, 지식, 데이터에 접속하느냐에 따라 가치가 달라지게 되겠죠. 세 번째는 이에 기반한 문제해결 능력입니다. 문서를 이해하고 글을 쓸 수 있는 능력은 개인적, 사회적 문제를 해결하는 상황에서 그 가치를 인정받게 되는 것이죠. 간단히 말해 리터러시는 글을 배우고 사용하고 문제를 해결하는 과정을 포함하는데, 이렇게 놓고 보면 순차적으로 일어나는 사건 같지만 사실은 이들이 모두 엮여서 문식성의 발달을 이루게 됩니다. 예를 들어 문자언어를 전부 습득한 다음에 문제를 해결한다기보다는 문제에 맞닥뜨렸을 때 관련된 단어나 표현을 찾아보면서 문자언어에 대한 이해를 깊게 하는 동시에 해당 상황을 타개할 수 있는 것입니다.

잠깐 살펴보았듯이 문식성, 문해력, 리터러시의 쓰임은 조금씩 다릅니다. 나아가 '리터러시'의 의미는 역사적으로 변천되어왔죠. 기본적으로 리터러시는 서양에서 발흥한 개념인데, 그 변화 양상이 꽤나 극적입니다. Literacy라는 단어는 원래 라틴어 '리테라투스(literatus)'에서 나왔다고 하는데요. 고대에는 '문학에 조예가 있는 학식 있는 사람'으로, 중세시대에는 '라틴어를 읽을 수 있는 사람'으로, 그리고 종교개혁 이후에는 '자신의 모국어를 읽고 쓸 수 있는 능력을 가진 사람'으로 정의되었다고 합니다(윤준채, 2009: 6). 시대에 따라 리터러시의 개념이 상당히 다르다는 점이 흥미롭죠. 고대에는 '문학과 학식'이, 중세에는 '라틴어'가, 근대 이후에는 '모국어'가 리터러시 개념의 중핵으로 제시되고 있어요. 여기에서 유추할 수 있는 것은 역사적, 사회적 맥락마다 리터러시에 대한 태도나 그에 대한 가치 부여 방식이 다르다는 점입니다. 불변하는 개념으로 존재하는 것이 아니라 맥락에 따라 적절한 의미가 구성돼온 것이죠. 이처럼 리터러시를 이해하기 위해서는 기술적, 제도적, 사회문화적 환경을 면밀히 살펴야 합니다. 디지털 환경이 고도화되고 동영상 등의 매체가 급부상하고 있는 지금 이 시대에 맞는 리터러시의 범위와 구성요소가 무엇인지 검토하는 일이 중요한 과제라는 점을 알 수 있는 대목입니다.

전 세계적으로 널리 사용되는 리터러시의 대표적인 정의는 유네스코(UNESCO)와 OECD의 국제학업성취도평가(Programme for International Student Assessment, PISA)에서 나왔습니다. 유네스코는 리터러시를 "다양한 맥락과 연관된 인쇄 및 필기 자료를 활용하여 정보를 찾아내고, 이해하고, 해석하고, 만들어내고, 소통하고, 계산하는 능력이다(Literacy is the ability to identify, understand, interpret, create, communicate and compute, using printed and written materials associated with varying contexts)."(UNESCO, 2004)라고 정의합니다. 이 정의에서 눈여겨보아야 할 것은 리터러시가 다면적 능력이라는 점입니다. 즉, 다양한 맥락에서 문자를 기반으로 한 자료를 활용해서 정보를 검색하고, 소화하고, 생산하고, 커뮤니케이션에 활용하는 능력까지를 포괄하는 것입니다. 이 대담에서 자세히 다룰 수는 없겠지만 계산을 하는 능력까지 포함되죠. 이들 각각은 별개로 기능하기보다는 맥락에 따라 서로 영향을 주고받으며 주어진 과업을 수행하는 데 활용됩니다.

OECD의 정의는 행위적인 면을 강조하면서 좀 더 구체적인 맥락을 제시하고 있습니다. 즉, 리터러시를 '특정한 능력과 행동양식(a particular capacity and mode of behaviour)'으로 보면서 일상생활, 가정, 직장, 커뮤니티에서 자신의 목표를 달성하고 지식과 잠재력을 발전시키는 능력으로 정의하는 것이죠(OECD, 2000). 리터러시가 지식과 잠재력을 '발전시키는' 역할을 해야 한다고 지적한 부분에서 알 수 있듯이, 리터러시는 한 시점까지 쌓아온 능력이기도 하지만 미래를 대비하여 삶을 위한 능력을 발달시킬 수 있는 의지와 노력이기도 합니다.

저는 이 대담이 리터러시에 대한 정확한 정의에서 시작하기보다는 변화하는 시대의 리터러시를 어떻게 바라볼 것인가, 그 상황에서 기존의 리터러시 교육은 어떻게 평가되어야 할까, 미디어 생태계가 역동적으로 변화하는 시대에 리터러시를 어떻게 가르치고 배워야 할까 등을 논의하는 열린 토론으로 출발하는 것이 적절하리라 생각합니다.

literacy

이상에서 살펴본 바와 같이 literacy는 '문식성', '문해력', '리터러시' 등으로 다양하게 번역되어 사용되고 있다. 개별 학문 분과나 전문 분야별로 선호하는 용어가 다르기에 이들을 칼로 무 베듯 구분하여 사용하는 것은 사실상 힘들다. 본 대담에서는 전통적인 문자 기반 정보 이해 및 활용, 소통 능력을 가리킬 경우 '문해력'을, 문자뿐 아니라 이미지, 영상 등의 매체 이해 및 활용 능력을 포괄할 경우에는 '리터러시'를 사용한다. 이 두 용어가 명확하게 구분된다기보다는 맥락에 맞게 이해되어야 함을 밝힌다.

위기인가, 변동인가

엄기호

　　선생님이 리터러시라는 개념의 정의, 또 그 개념을 둘러싼 역사적 맥락까지 말씀해주셔서 논의를 열기가 편할 듯하네요. 제가 공부하는 영역이 주체 형성이니만큼, 저는 선생님이 말씀하신 정의에 따르면 리터러시가 어떤 주체를 형성하는지에 대해 이야기하는 것으로 말문을 열겠습니다.

　　선생님이 말씀하신 리터러시에 대한 정의 중에서 제게 가장 흥미로운 것은 말의 세계에서 글의 세계로 전환했다는 점인데요. 이 정의가 단지 다수의 사람들이 글과 책을 읽기 시작했다는 의미만은 아닐 것입니다. 오히려 이 정의는 사람들이 자기 자신을 포함해서 사람과 사물, 즉 세계를 대하는 태도가 바뀌었다는 의미라고 봐도 무방할 것 같습니다. 즉 구텐베르크의 활자혁명 이후로 사람들은 세계를 자기가 읽고 해석하고 다루어야 하는 텍스트로 여기기 시작했다는 의미일 것입니다.

　　이런 점에서는, 글자를 정말 읽을 수 있는가 아닌가는 그리 중요한 것이 아닐 수도 있습니다. 일본의 사상가인 사사키 아타루는 이미 이런 점을 간파해서 자신의 책에서 이슬람의 예언자인 무함마드의 사례를 들고 있습니다(사사키 아타루, 2012). 무함마드는 글을 읽을 줄 몰랐어요. 그런데 가브리엘 천사가 나타나서 그에게 신의 말을 전하면서 "읽으라."고 말하죠. 사사키 아타루는 이것을 매주 중요한 사건이라고 말합니다. 글을 읽지 못하는 사람에게 읽으라고 하고 무함마드는 그걸 실제로 읽었으니까요.

세계를 텍스트로 여기기 시작했다는 것을 근대성(modernity)의 관점에서 봅시다. 그때 읽는 사람은 주체이고 읽히는 대상, 즉 세계는 수동적인 존재가 됩니다. 그 자체로는 의미가 없고 자신을 텍스트로 다루면서 읽어주는 사람, 즉 독자가 나타나야 비로소 존재할 수 있게 되는 것이죠. 이런 점에서 독자야말로 근대사회에서는 주체라고 할 수 있습니다. 독자가 저자만큼 중요하죠. 나중에 말할 기회가 있겠지만, 이 시대의 가장 큰 문제 중의 하나가 독자가 사라지고 있다는 것 아니겠습니까. 모두 다 독자가 아니라 저자이기를 바랍니다. 독자가 중요한 이유를 다시 강조하면, 읽는 행위를 통해서만 세상 만물은 의미를 가지기 때문입니다. 의미를 가지고 존재할 수 있게 됩니다. 그런 점에서 독자는 세계를 가능하게 하는 존재라고 할 수 있겠군요.

문제는, 자기 자신과 세계의 관계를 이렇게 정함으로써 그저 해석을 기다리는 수동적인 존재로 세계를 하강시킨다는 것입니다. 말의 관점에서 보면 세계는 우리에게 말을 건넵니다. 나의 해석을 기다리는 수동적인 존재가 아니라 사물이 말을 합니다. 그래서 우리는 그 말을 들어야 합니다. 어린아이들을 보면요, 나무와 돌과 고양이와 대화를 나눕니다. 그들의 말을 듣죠. 비유나 착각이 아니라 실제로 듣습니다. 저는 고양이와 하루 종일 대화를 나누는 어린이를 한 명 아는데요, 그 아이는 늘 자기 부모에게 고양이의 말을 적극적으로 통역해줘요.

이와 반대로, 세계가 말을 하는 존재가 아니라 해석을 기다리는 글이 된 것입니다. 이런 변화는 사람에게는 지나치게 강한 주체로서의 의미를, 세계에는 수동적인 위치만 부여합니다. 근대사회가 인간 중심주의, 문자 중심주의, 주체 중심주의라는 비판을 받는 이유가 여기에 있는 것이죠. 제가 잘 쓰는 표현대로 하면, 말을 듣고 응답하는 2인칭의 위치는 희미해지고, 읽는 것을 통해 의미를 해석하고 부여하는 주체, 쓰는 행위를 하는 주체라는 1인칭만 강조됩니다. 이런 과도한 주체성이 근대의 많은 문제를 야기시켰다고 생각해요.

이런 점에서 본다면, 근대로 넘어오면서 말의 세계에서 글의 세계로 바뀌었다는 것은 중세 사람들의 입장에서 생각할 때 아마 리터러시의 위기였을 것입니다. 벤야민이 〈이야기꾼〉(발터 벤야민, 2012)에서 말한 것으로 상상해보면, 둥글게 모여앉아 다른 사람들의 말을 듣고 그 말에 이어서 말을 하던 사람들 중 몇 명이 갑자기 홀로 책을 읽기 시작했으니까요. 아마 다른 사람들은 이해가 안 되었을 것입니다. 혼자서 뭐 하자는 것이냐면서요. 말을 나누면서도 대단히 답답해했을 가능성이 큽니다.

벤야민에 따르면, 이야기에는 과장이나 왜곡이 있을 수밖에 없고 그건 문제가 되지 않습니다. 이건 선생님이나 저 같은 사람이 강의를 할 때도 마찬가지죠. 강의는 말로 하고 듣는 것이에요. 그래서 현장성이 대단히 중요하죠. 즉흥적이기 때문에 그 자리에서 말을 할 때는 엄밀하게 말하기보다는 극적으로 말하게 되는 경향이 있습니다. 연극적 요소가 있다는 것이고, 그러니 과장되거나 허술한 진술이 있죠. 말의 세계에서는 이것이 크게 문제가 되지 않아요. 사람들이 솔깃해서 듣게 하는 것, 재밌는 것이 더 중요하니까요.

그런데 글의 세계로 진입한 사람들이 말을 주고받는 이 자리에 참석하면서 문제가 많이 생겼을 것입니다. 한번 상상해보세요. 글의 세계에 속한 사람들은 엄청나게 따질 겁니다. 네가 하는 말의 의미가 정확하게 무엇이고, 어떤 맥락이냐 하면서요. 해석에서 중요한 것은 의미를 정확하게 드러내는 것이니까요. 한편 말의 세계에 있는 사람들에게 글의 세계에 있는 사람들은 말의 과정을 훼방하는 존재였을 거예요. 지독하게 말귀를 못 알아듣는 사람들이라고 비난했을 것이 뻔하죠.

지금 선생님과 제가 리터러시에 관해 이야기하는 이유가 바로 이것이라고 생각하는데요. 중세에서 근대로 넘어오면서 말에서 글로, 듣는 것에서 읽는 것으로 바뀜으로써 주체성에 어떤 변화가 있었습니다. 그런데 우리 시대 또한 지금 이 리터러시와 관련해서 큰 변동을 겪고 있다는 것을 대학에서 가르치는 일을 하는 사람으로서 직감하고 경험하고 있는 것입니다. 글의 세계에 속한 사람에게 이 변동은 '위기'일 테지만, 변화의 과정에서 본다면 '위기'가 아니라 '변동'이 맞겠죠.

김성우

선생님이 '위기라기보다는 변동'이라고 하셨는데, 저도 비슷한 생각을 가지고 있습니다. 소위 문해력 교육은 학력고사와 수학능력시험을 거치는 동안 비교적 짧은 텍스트를 주고 그 안에서 무언가를 골라내거나 단어의 의미나 문맥을 파악하게 하는 방식으로 이어졌습니다. 사각형 질문 안에 갇혀 있었다는 말이죠. 이런 방식은 수십 년간 지속된 것입니다. 그런데 지금 왜 리터러시가 떨어졌다, 문해력 수준이 낮아졌다고 하는가 생각해보면, 여러 사회적 환경, 특히 미디어 환경이 많이 변했기 때문이죠. 최근에는 초등학생들이 유튜브를 검색엔진 대신 이용한다고 하고, 심지어 유튜브 채팅 기능으로 영상을 보면서 서로 소통한다는 기사를 봤어요. 과거에는 기본적으로는 텍스트 중심의 문해력이 기초가 되고 그 위에 영상, 소셜미디어, 검색이 올라갔다면, 이제는 역전되는 현상이 벌어진 거죠. 리터러시의 토대가 텍스트라는 것을 당연시하기는 힘든 시대가 아닌가 싶어요. 문제는, 우리 사회가 그것을 감지는 하고 있는데 어떻게 개념화하고 가르칠지 대책은 없다는 것이죠.

《생각하는 사물의 등장》이라는 책이 있는데요, 저자가 반복해서 강조하는 게 있어요(임완철, 2017). 선생님과 제가 속한 세대는 부모가 자식들이 무얼 하고 살지 대충 감은 있었다는 거죠. 너는 판검사 되어라, 의사 되어라, 그러면 먹고사는 데 지장이 없다고 자신 있게 이야기했어요. 세상이 뒤집어질 거라고 생각하지는 않았으니까요. 그런데 지금은 그렇게 자신 있게 이야기할 수 있는 사람이 거의 없다는 것이죠. 이건 단순히 미디어 지형의 변화는 아니고 기술 환경을 포함한 사회변동의 문제예요. 이것과 함께, 우리 세대, 즉 40~50대가 경험했던 지식의 토대가 더 이상 10대들에게 지식의 토대로 통용되지 않는 시대가 온 것이죠. 그러니까 그 저자의 주장은, 근대 이후 기성세대가 다음 세대에게 어떻게 살라고 자신 있게 말할 수 있는 토대가 허물어진 상황이라는 거예요. 요즘 어디서든 유행어처럼 튀어나오는 '4차 산업혁명'이니 '인공지능 시대' 같은 것도 큰 영향을 끼치고 있고요. 그 와중에도 여전히 시험을 보기 위해서 텍스트를 봐야 돼요. 내신 따고 대학 가야 하니까. 하지만 예전 같은 텍스트의 위상은 유지하기 힘든 상황이에요.

문자로는 시험공부, 세상 보기는 영상으로

엄기호

리터러시의 변동에 관해 더 자세히 논의하기 전에 지금까지 한국 교육에서의 리터러시 문제를 먼저 생각해보죠. 저는 학력고사 세대인데요, 학력고사 세대에게 교과서를 읽고 참고서를 보고 문제를 푸는 것은 완전히 기능화되어 있었어요. 거기에는 입시 이외의 다른 가치는 크게 없었거든요. 교과서를 읽으며 소설을 읽는다고 생각하거나 교과서를 통해 시의 즐거움을 느끼겠다는 사람은 아무도 없었어요. 교과서와 시험이 철저히 기능화되어 있었기 때문이에요. 교과서는 시험이 필요로 하는 문해력을 키우는 데 최적화되었던 거죠. 그 문해력이란 이해하는 능력, 주어진 것의 의미를 파악하는 능력이죠. 특히 짧은 글을 읽고 그 글의 사전적 의미를 정확하게 이해하고 그것이 묻는 질문에 딱 맞는 답을 찾아내는 능력이 대표적입니다. 그런 문해력은 키워준 거죠.

시대에 따라 리터러시의 개념이 상당히 다르다는 점이 흥미롭죠. 고대에는 '문학과 학식'이, 중세에는 '라틴어'가, 근대 이후에는 '모국어'가 리터러시 개념의 중핵으로 제시되고 있어요. 여기에서 유추할 수 있는 것은 역사적, 사회적 맥락마다 리터러시에 대한 태도나 그에 대한 가치 부여 방식이 다르다는 점입니다. 불변하는 개념으로 존재하는 것이 아니라 맥락에 따라 적절한 의미가 구성돼온 것이죠.

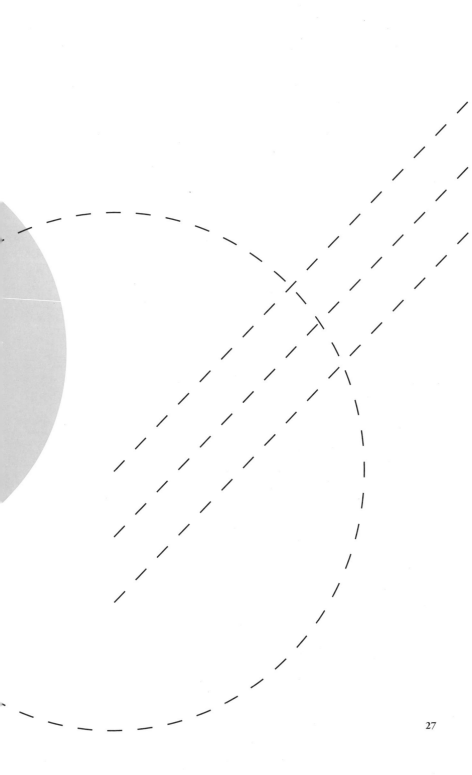

다만 이런 학력고사식 독해에서는 자기 생각을 가지면 안 됩니다. 제가 앞에서 근대 이후 세계를 텍스트로 다루게 되었다고 말했는데 요, 학력고사식으로 본다면 이 텍스트의 의미가 고정되어 있는 것입 니다. 해석을 기다리는 게 아니라 정해진 해석을 그대로 받아들여야 하는 거죠. 이렇게 되면 텍스트를 읽는 독자에게 중요한 것은 해석을 통해 자기 의견을 갖는 게 아니라 정해진 의미를 무비판적으로 받아 들이는 것입니다. 교과서와 시험이 그런 문해력을 키워준 거죠. 시험 문제를 풀기 위해 지문을 이해해야 하고 지문 밖으로 눈을 돌리면 안 되는 거예요.

제가 지문 밖을 상상했다가 낭패를 본 적이 있는데요. 고등학교 2학 년인가 3학년 때 모의고사 영어 시험 문제에 이런 지문이 나왔어요. 동네 바보가 이가 아파서 치과에 갔는데, 치과의사가 바보를 놀려요. 이를 뽑아가지고 굴리라고 했던가, 이를 강아지처럼 끌고 다니면 안 아플 거라고 한 거죠. 바보가 치과의사 말대로 하니까 사람들의 웃음 거리가 됐어요. 이런 지문을 제시하고 이 글의 정서를 묻는 문제가 출제됐어요. 1번 웃기다, 2번 슬프다, 3번 우울하다 같은 선택지가 제 시됐는데, 저는 '우울하다'를 선택했다가 틀렸어요. 저는 현실에서 내 친구에게 그런 일이 벌어졌을 때를 상상하고 우울하다고 했는데, 정답은 '웃기다'였죠. 영어 선생님한테 따졌어요. 이게 어떻게 웃기 냐고요. 슬프고 우울하지 않냐고. 그래서 혼났죠. "시끄러, 웃기다면 웃긴 줄 알어." 학력고사라는 것이 딱 그 지문에 갇힌 정해진 답을 찾 아내는 문해력을 키워주었습니다.

재밌는 것은, 바로 그랬기 때문에 글을 읽고 싶었던 아이들은 교과서 밖으로 나갔다는 사실입니다. 교과서의 시와 소설이 아니라 자기가 읽고 싶은 시와 소설을 따로 읽은 거죠. 그러니까 맥락을 파악하는 힘으로서의 문해력은 아예 따로 키운 거예요. 그런데 따로 읽었던 그게 다 해석을 기다리는 텍스트였던 거죠. 해석하는 역량, 세계를 텍스트로 다루는 역량은 사실 교육제도 바깥에서 쌓았다고 볼 수도 있습니다. 그러다 보니 공부 좀 잘하던 아이들은 양쪽의 텍스트를 다 파악할 수 있는 힘을 가지게 된 건데, 저는 이걸 한국 교육의 아이러니라고 표현해요. 주입식 교육이 좋은 교육이 아님에도 불구하고, 오히려 철저히 점수를 따기 위해 정답을 찾는 기능적인 역할만 하다 보니 소수의 학생들은 상상력이나 문학적 감수성 등은 아예 다른 과정을 통해 획득했던 것이죠.

그럼 수능 이후는 어떠한가? 수능은 학력고사와 비교할 때 그런 사전적 의미를 묻고 정답을 고르는 식에서 많이 탈피한 것은 사실이죠. 지문의 길이도 많이 길어졌고, 복합적인 의미를 따지는 역량도 있어야 하고요. 또 논술고사도 있죠. 적어도 학력고사보다는 한 걸음 더 나아간 것이라고는 볼 수 있습니다. 해석하고 그 해석의 정당성과 타당성을 주장할 줄 아는 사람을 양성한다는 점에서는요.

학력고사에서 수능으로 바뀌면서 이런 변화가 있었습니다만 여전히 문자 텍스트 중심이죠. 이건 어쩔 수 없는 것이고 나쁜 것도 아니라고 생각합니다. 그런데 시험체제 바깥의 참조 대상은 극적으로 바뀌었습니다. 더 이상 다수의 사람들이 읽고 참조하는 것은 문자 텍스트가 아닙니다. 시험을 위해 읽는 도구일 뿐이고, 그 바깥에서 교양을 쌓기 위해서나 성찰을 하기 위해서 읽고 참조하고 해석하는 것은 문자 텍스트가 아니라 동영상입니다(동영상도 텍스트처럼 읽는가 아닌가는 논쟁적이니 여기서는 일단 문자에만 텍스트라는 말을 붙이겠습니다).

이걸 잘 보여주는 게 여행입니다. 여행을 위한 정보를 얻기 위해 사람들은 검색을 많이 합니다. 이전에는 네이버 지식인이나 블로그를 많이 참조했죠. 거기엔 이미지도 있습니다만 기본적으로 중심은 문자입니다. 나에게 필요한 정보는 문자로 적혀 있고, 그 문자 텍스트를 읽고 필요한 정보를 얻습니다. 여기서 정보는 곧 문자입니다. 정보를 넘어 그 사람이 경험한 이야기도 문자로 전해지죠. 그리고 필요한 정보를 '적습니다'. 읽고 쓰는 주체라는 걸 아주 잘 보여주는 거죠. 그런데 요즘 여행을 가는 사람들이 많이 참조하는 것은 더 이상 블로그가 아니라 유튜브예요. 유튜브를 틀면 내가 가야 할 곳의 풍경과 그 거리의 사람들, 위치 등등이 다 나와요. 사실 저같이 문자 중심의 사람들에게 이런 동영상 여행 정보는 '정보'의 역할을 제대로 못 해요. 정보라고 하면 일목요연하게 정리된 글로 제 머리에 저장되어야 하는데 동영상이나 이미지로 정리된 것은 제가 뭐라고 말을 할 수가 없지 않습니까.

선생님과 저의 대담에서 가장 많이 이야기할 주제가 바로 이것일 텐데요. 중세에서 근대로 넘어오면서 말하고 듣는 것이 읽고 쓰는 것으로 전환되었다면, 지금은 정보나 이야기를 '읽고 쓰는' 게 아니라 '보고 찍는' 것으로 바뀌고 있는 것 같습니다. 정보를 습득하고 이야기를 구성하는 방식이 바뀌고 있는 것이죠. 저는 읽고 쓰는 것을 통해 의미를 파악하고 구성하는 사람들과 보고 찍는 것으로 그걸 하는 사람들 사이에는 충돌이 있을 수밖에 없다고 생각해요. 지금 한국사회 곳곳에서 나타나고 있는 세대 갈등에도 이런 측면이 깔려 있다고 보고요.

읽고 쓰는 걸 중심에 둔 사람들은 보고 찍는 게 중심인 사람들이 맥락(context)을 파악하는 능력이 떨어진다고 '오해'할 수밖에 없어요. 읽는 행위는 맥락을 파악해가는 과정이잖아요. 앞에서 말한 학력고사 방식의 '무식한' 시험은 해석의 여지를 두지 않고 정답을 찍는 것이었지만, 사실 의미는 사전적으로 주어지는 게 아니라 맥락 안에서 형성되는 것이죠. 그렇기 때문에 맥락을 어떻게 파악하는지에 따라 해석이 달라질 수 있는 것이고요. 이런 점에서, 읽고 쓰는 걸 중심에 두는 사람은 내 앞에 주어진 것을 텍스트로 대하면서 의미를 파악하기 위해 그 전후좌우를 살피는 걸 우선적으로 합니다. 맥락을 파악하는 것이 더 중요하다고 생각하기 때문에요.

김성우

확실히, 새로운 세대가 맥락을 파악하는 능력, 텍스트를 기반으로 더 큰 것을 볼 수 있는 능력이 떨어졌다고 지적하는 사람이 많죠. 그런데 저는 그런 지적이 너무 성인 중심의 관점 아닌가 하고 생각합니다.

저희 분야에서 고전과 같은 논문이 있어요. 1996년에 《하버드 에듀케이션 리뷰(Harvard Educational Review)》라는 학술지에 '앞으로 리터러시가 어떻게 바뀌어야 하는가'라는 주제로 세계적으로 저명한 학자들이 모여서 입장을 담은 논문(position paper)을 냈어요. 그 논문의 핵심 키워드가 멀티리터러시(multiliteracies), 즉 다중 문해력입니다. 그간 텍스트를 중심으로 하는 리터러시가 서구 근대사회를 관통해왔지만 1990년대 중반에 들어서면서 다양한 사회적 변화가 나타나고 있기 때문에 리터러시의 개념을 완전히 새롭게 정립해야 한다고 주장하는 논문이에요. 저자들이 강조한 것은 단순히 인터넷이 등장했다든가 미디어가 발달했다는 게 아니라, 우리 삶을 구성하는 영역들이 눈에 띄게 달라지고 있다는 점이에요. 개인의 프라이버시 영역이라고 하는 게 더 이상 과거와 같지 않고, 통신과 교통이 발달하면서 다양한 아이디어가 끊임없이 섞이고 다양한 지역의 사람들이 빠르게 오갈 수 있는 상황이 되었죠. 과거에 상상할 수 없었던 언어와 문화의 섞임, 사람들의 이동, 미디어의 변화에 따른 사적인·공적인·직업적인 변화들이 진행되고 있다고 지적하면서, 앞으로의 세계에서는 텍스트를 읽고 쓰는 능력으로서의 문해력은 소리와 이미지, 공간과 제스처 등을 포괄하는 멀티리터러시의 하위 분야로서 존재하게 될 것이라고 얘기해요. 문자 기반 텍스트만으로는 더 이상 사회와 교육에서 중심적인 리터러시를 구성할 수 없다고 이미 1990년대 중반에 선언한 것이죠.

하지만 한국 상황에서는 동영상이나 멀티미디어 보조교재를 활용하고 일부 수행평가에 활용한다고 해도, 여전히 시험은 기본적으로 텍스트잖아요. 평가체제의 근간이 텍스트라는 거죠. 수능도 마찬가지고요. 10대, 20대는 어찌 보면 불행한 세대예요. 삶에서 늘 접하는 미디어가 동영상과 이미지, 소셜미디어인데, 이것과 동떨어진 방식으로 어른들에게 평가받을 수밖에 없는 상황인 거죠. 더 비판적으로는, 젊은 세대가 삶 속에서 배우고 경험하는 것을 평가할 만한 잣대가 어른들한테 없다는 것을 지적해야겠죠. 여전히 성인들은 자기들이 할 줄 아는 것을 기준으로 새로운 세대를 평가하고 있는 거예요. 배운 대로 가르치고, 평가받았던 대로 평가하고 있는 형국이죠. 하지만 젊은 세대의 삶은 많은 부분 교과서적인 텍스트와 별 관련 없이 돌아가고 있죠. 유튜브가 가장 대표적인 예일 테고요.

그러니까 성인들이 10대 전후 학생들의 문해력이 떨어졌다고 하는 것은, 어찌 보면 공부할 시간을 반밖에 주지 않고 평가한 다음에 왜 이렇게밖에 못하냐고 비난하는 거랑 비슷하죠. 그건 공정하지 않은 거예요. 공정하지 않은 평가를 하면서 이를 통해 '문해력이 떨어졌다'는 비판이 심화되는 거죠. 소위 디지털 네이티브(digital native) 같은 경우에는 대개 어렸을 때부터 동영상을 접하거든요. 텍스트를 본격적으로 접하는 건 그다음이에요. 기본적으로 음성언어가 어느 정도 자리를 잡아야 읽고 쓰기를 학습할 수 있기 때문이죠. 엄마라는 말을 들어도 모른다면 엄마라는 글자를 읽고 이해할 수는 없죠. 그에 비해 우리 삶 자체가 멀티미디어니까, 동영상에 빠져드는 것은 정말 쉬워요. 그러니까 문자 기반 문해력이 들어오기 전에, 기초적인 '동영상 리터러시'라고 부를 수 있는 것이 먼저 발달하게 되는 거죠. 인터렉티브한 기능을 가진 패드를 손으로 조작한다거나 컴퓨터 프로그램을 클릭한다거나 하는 일은 두세 살이면 무리 없이 하죠. 그렇게 자라온 세대의 입장에서 보면, 자기들에게 익숙한 것은 빼놓고 나머지 것을 평가한 다음에 자신들을 '못하는 사람, 떨어지는 사람'으로 몰고 있는 것이죠. 그런 면에서, 기성세대가 현재 문해력을 정의하는 방식이 굉장히 성인 중심적이라고 생각해요. 말로는 텍스트도 중요하고 미디어의 변화를 따라가는 것도 중요하다고 하지만 평가는 그대로 하고 있으니, 공정하지 않은 평가를 하고 있는 셈이죠.

리터러시를 정의하는 권력

김성우

　　비슷한 맥락에서, 60~70대 노년세대에 대한 비난도 공정하지 않다고 생각해요. 이 연령대가 문해력이 뛰어난 세대가 아니에요. 사회경제적으로 빈민 계층에, 블루칼라 노동자, 일용직 같은 비정규직 노동자로 살다가 퇴직을 하거나 일거리가 없어서 아무것도 하지 못하는 분들도 적지 않죠. 그런데 동영상이 들어오면서, 또 카카오톡이라는 소통 수단이 들어오면서 새로운 리터러시를 접하게 된 거라고 전 생각해요. 지금은 이 모든 게 모바일에서 돌아가고요.

　　과거에는 텔레비전이 있었죠. 그런데 텔레비전이랑 모바일은 전혀 다른 플랫폼이거든요. 텔레비전은 기본적으로 가족 미디어예요. 오랜 기간 동안 텔레비전은 거실에 놓여 있었어요. 누군가 리모컨을 쥐고 채널을 돌릴 수 있는 주도권을 가지고 있었고, 개개인이 쉽게 조작할 수 있는 미디어는 아니었던 거죠. 또, 텔레비전 프로그램은 책과 같은 면이 있어요. 기본적으로 전체를 책임지는 프로듀서가 있고 방송의 편집자가 있으니까요. 그렇게 만들어진 프로그램이 송출되어 가족의 미디어로 들어와 있었던 거죠. 그런데 지금의 미디어는 모바일 스마트폰이거든요. 개인의 손에 들려 있는 단말기에서 모든 게 일어나요.

이런 상황에서 문해력이 탄탄하지 않았던 사람들, 평생 동안 텍스트를 기반으로 지식을 쌓는다든가, 배경의 맥락을 파악하든가, 신문 기사나 책을 두루두루 읽어서 사회현상을 파악한 경험이 별로 없었던 사람들한테 전혀 다른 미디어가 주어진 거예요. 쉽게 소식을 접하거나 하고 싶은 이야기를 풀어놓는 데 어려움을 겪던 사람들한테 일종의 신세계가 열린 거죠. 이 세계에 대해 파악할 도구나 무기가 없었는데, 이제는 나에게 최신의 고급 정보가 실시간으로 들어오게 됐어요. 그 통로가 카카오톡이나 유튜브 동영상인 거죠.

이 상황이 전적으로 그분들의 잘못은 아니죠. 사회경제적인 토대가 약했기 때문에 먹고살기 힘들었던 거잖아요. 교육받을 기회 또한 상대적으로 적었고요. 흔히 말하는 비판적인 리터러시를 갖출 만한 조건이 주어지지 않았기 때문에 카카오톡이나 유튜브가 이분들의 세계가 되어버린 거예요. 저는 사회적·교육적 공백이 그런 분들을 만들어낸 것이라고 생각해요. 이 사회가 그 세대에게 체계적으로 리터러시를 키워주거나 비판적으로 신문이나 잡지, 책을 소화할 수 있는 토대를 쌓아준 적이 없었기 때문에, 사람들이 새로운 미디어의 거짓 정보에 쉽게 넘어갈 수밖에 없는 상황인 거죠. 소통과 표현에 대한 욕망이 둑 안에 갇혀 있다가 새로운 채널로 출구를 찾은 거니까요. 그런데 이 상황이 40대나 50대에게는 되게 한심해 보이는 겁니다. "도대체 노인네들 왜 저러냐?"

그러니까, 세대론으로 반듯하게 가를 수는 없겠지만 중간 세대가 양쪽을 업신여기며 비판하는 모양새가 되지 않았나 싶어요. 이런 모양새는 젊은 세대에게도 공정하지 않고, 60~70대 이상의 노인들에게도 불만스러운 거죠. 아까 말씀드렸던 《하버드 에듀케이션 리뷰》에서 다중 문해력이라는 개념을 거의 25년 전에 제시했음에도 불구하고, 한국사회는 여전히 텍스트 중심의 문해력, 성인의 문해력을 가지고 젊은 세대와 나이 든 세대 모두의 문해력 부족을 개탄하는 모양새가 된 거예요.

엄기호

사회과학을 하는 사람들은 '세대'라는 개념을 매우 조심스럽게 쓰는 경향이 있어요. 세대가 마치 경제적이고 정치적인 실체인 것처럼 이야기하는 것을 우려하기 때문인데요. 그러나 리터러시의 변화와 같은 문화적인 맥락에서는 세대가 유용한 분석 단위입니다. 미디어의 변화와 그에 따른 감각, 사유 방식 등의 차이가 세대를 통해서 잘 드러나지 않습니까.

제가 끊임없이 주장하는 게, '리터러시를 문제 삼는 사람들의 리터러시를 문제 삼아야 한다'는 것입니다. 선생님이 문제제기하신 것처럼 '이것이 리터러시다'라고 정의하는 것, 사회학적으로 보면 그게 바로 권력이거든요. 이것이 리터러시다 하면 저것은 리터러시가 아닌 것이 돼버려요. 그렇게 리터러시를 정의한 다음에, 그 범주에 들어가는 사람들은 문해력이 있는 사람이고 그렇지 않은 사람은 아무

능력이 없는 무능력자로 낙인찍는 것, 그것이야말로 권력이죠.

그 지점에서 선생님의 말씀 중에서 '성인 중심'이라는 말을 수정할 필요가 있다고 보는데요. 한국 현대사의 맥락에서 볼 때, 그런 권력을 가진 사람들은 그냥 성인이 아니에요. 명확하게 1970년대에 태어난 저 같은 사람을 포함하는, 넓은 의미에서의 86세대죠. 소위 86세대 이전에는 고등교육을 받은 사람들이 소수였어요. 그 정도의 문해력을 가진 사람들은요. 1960년대에 태어난 86세대부터 읽기가 대중화되었고, 그게 완전히 꽃핀 시기가 1970년대에 태어난 이들이 성장하던 때죠. 이들이 텍스트 기반 교육의 대중화에서 가장 수혜를 받았던 세대이고, 바로 문화권력을 가지고 있는 세대죠. 리터러시를 정의하는 데서도요.

그러다 보니 선생님이 말씀하신 것처럼 성인이라 해도 60대 이상은 제외되는 거죠. 60대 이상은 양쪽의 텍스트, 즉 교과서와 교과서 밖의 책을 다 읽으면서 키운 힘은 많이 없어요. 교과서의 지문을 읽고 그 안에서 정확한 의미와 괄호 안에서 빠진 단어를 찾는 역량은 시험을 치는 학교에서만 가능했기 때문에 학교를 다니지 않은 사람들은 키울 수가 없었습니다. 한편 우리 세대는 대중화된 제도교육의 수혜를 받으면서도 부모가 책을 많이 사줬잖아요. 가난한 집에서도요. 책을 읽으면서 텍스트 안에서 맥락을 파악하고 구성해낼 수 있는 문해력을 키울 수 있었죠. 그래서 굉장히 오만해요, 이 세대가. 자기들이 가지고 있는 문해력의 기준으로 보면, 젊은 친구들도 한심하고 태극기 들고 나오는 노인들도 한심하고, 이렇게 되는 거죠.

시험체제 바깥의 참조 대상은 극적으로
바뀌었습니다. 더 이상 다수의 사람들이
읽고 참조하는 것은 문자 텍스트가 아닙니다.
시험을 위해 읽는 도구일 뿐이고, 그 바깥에서
교양을 쌓기 위해서나 성찰을 하기 위해서 읽고
참조하고 해석하는 것은 문자 텍스트가 아니라
동영상입니다.

이모티콘과 느낌표가
내용보다 중요하다

엄기호

그러면 젊은 세대의 리터러시, 선생님이 말씀하신 멀티리터러시와 우리 세대의 리터러시는 어떻게 다른가를 파악해야 할 것 같습니다. 문자 기반의 리터러시라는 것은 단일 세계거든요. 어떤 의미에서 단일 세계인가 하면, 소설을 읽을 때 한국어로 읽다가 중국어로 읽다가 영어로 읽다가 하지는 않아요. 하나의 언어로 시작과 끝이 있고, 시작에서 끝까지 읽으면서 파악을 해나가잖아요. 그런데 선생님이 말씀하신 멀티리터러시의 공간은 이동이나 인터넷 등의 조건에서 보이듯이 기본적으로 여러 언어가 섞여 있습니다.

김성우

대표적인 예로 케이팝 스타들 관련 유튜브를 보면 영어 댓글이 많고요. 동남아 사람들은 동남아 쪽 언어로 댓글을 써요. "한국 노래인데 왜 한국어 댓글이 없어?"라는 댓글도 있더라고요. 지금의 세계는 예전과 다르게 특히 웹에서나 미디어에 대한 반응은 여러 개의 언어가 섞여 있는 상황이죠. 물론 그걸 우리가 다 읽어내야 하느냐, 이건 다른 이야기지만요. 어쨌든 세계가 전에는 없었던 방식으로 표현되고 있다는 점은 분명합니다.

몇 년 전까지도 한국 가수의 동영상에는 다 한글로 댓글이 달렸죠. 그러니까 이 사람은 이렇게 생각하고 저 사람은 저렇게 생각하고 그 사람은 그렇게 생각하는구나를 파악하는 것이 중요한 힘이었어요. 이런 맥락에서 해석이란 '의미를 해석'하는 것입니다. 의미를 해석하고 그 해석된 것을 전달하고 공유함으로써 공동체를 만들고 유지합니다. 문자 텍스트로 의미를 전달하고 의미를 해석하고 또 의미를 공유하는 것을 통해서 가치 있다고 생각하는 의미를 같이 추구하는 정치 행위도 일어나고요. 따라서 의미 해석을 중심에 두는 문자 텍스트의 등장과 보편화는 근대사회의 탄생에서 매우 중요한 역할을 했습니다.

그런데 지금은 이들이 무슨 이야기를 하는가를 일일이 알 필요는 없지만, 그것이 주는 정동(affect)이 무엇인가를 파악하는 것이 중요해졌어요. 정동은 언어로 의미를 파악하는 게 아니라 느껴지는 것이니까요. 인문사회과학에서 '정동적 전회(轉回)'라는 표현을 쓰는데요. 이것이 의미하는 큰 변화가 있습니다. 문자 텍스트 중심의 단일 문해력에서는 이해와 의미 파악이 중요했다면, 지금과 같은 멀티리터러시 상황에서는 의미를 파악하는 것이 아니라 어떤 정동이 발동되고 있는가를 알고 공명하는 게 중요해졌다는 것입니다. 케이팝 스타의 유튜브에 전혀 알 수 없는 태국 글자로 댓글이 달려 있고 또 한자가 적혀 있고 하지만, 거기 붙어 있는 이모티콘과 느낌표를 보면 어떤 느낌인지는 아는 거죠. 그렇기 때문에 지금은 정동적 독해라고 하는 게 의미론적인 독해보다 훨씬 더 중요해진 것 같아요.

김성우

　　가르치다 보면, 학생들이 미디어에 대해서 갖는 정동 중심적 태도가 다른 쪽으로도 흘러넘치는 것 같다는 느낌을 받을 때가 있어요. 강의 평가를 보면, 강의 내용에 대해 코멘트를 하기보다는 일부러 상처를 주려고 지독하게 쓴 것이 있어요. 웬만해서는 다른 사람에게 이런 말을 못 할 것 같은데 익명성에 숨어서 쓰는 경우죠.

　　제가 직접 겪었던 일인데, "내가 고를 수 있었다면 이따위 수업은 절대로 안 듣는다, 비싼 등록금 내고 이걸 왜 고르겠느냐."는 코멘트를 받은 적이 있어요. 상처를 주려는 의도가 너무나 명확했죠. 친구한테 물어봤어요. 강의 평가 주관식 항목에서 이런 표현들이 나오는데, 이게 굉장히 징후적인 것 같다, 어떻게 생각하냐고요. 그 친구의 대답이 인상적이었는데요. 전통적으로 지식이나 교사에 대한 학생의 태도는 주어진 텍스트를 '경전'으로 삼아서 그 텍스트를 읽는 활동에 기반했다는 거예요. 저 같은 경우도 전과나 참고서가 주어져 있는 상태에서 해당 내용을 읽고 최대한 소화해서 시험을 봤죠. 그런데 지금은 학생들이 기본적으로 강사를 인터넷강의에서 고르는 시대라는 거예요. 소비자로서 '쇼핑'을 하는 셈인데, 평생 그렇게 살아온 거죠.

　　유튜브에 가면 영상을 고르고 구독할 채널을 고르고 강사를 고르죠. 들어가서 딱 보고, 아니면 바로 바꿔 탈 수가 있어요. 영상을 틀었는데 말투가 아니네, 프로필 사진은 괜찮은 것 같더니 외모가 별로네, 보기보다 지루하네, 이러면 다른 강사로 가는 거죠. 이런 걸, 빠르면 초등학교 때부터 한다는 거예요. 긍정적으로 본다면 초등학교 때부터 강사를 골라 스스로 학습 환경을 구성할 수 있는 시대가 온 거죠. 그런데 대학은 일단 강좌를 신청하면 교수가 정해지거든요. 예를 들어서, 해당 학기에 제가 전공필수로 '응용언어학 개론'을 가르친다면 무조건 제 강의를 들어야 되죠. 강사를 갈아치울 수가 없잖아요. 이것에 대해 참고 있다가 마지막에 익명으로 이야기할 기회가 주어지면 불만을 터뜨리는 거예요. 그런 식으로, 자기가 할 수 없었던 것들에 대해 공격적인 코멘트가 터져 나오는 상황이 되는 거죠. 정서 표현을 무조건 피해야 하는 것은 아니지만, 감정만 표출하고 수업의 방식이나 내용에 대해 전혀 언급을 하지 않으면 강사로서는 난감할 수밖에 없죠.

엄기호

네, 그런 태도와도 연결이 되는 것 같아요. 정동적 전회라는 것이 반드시 좋지만은 않죠. 저는 이것도 '텍스트의 자식들'인 40~50대가 천박해 보인다며 젊은 세대를 비난하는 이유 중의 하나라고 생각해요. 우리는 글을 쓸 때 부사나 형용사는 가급적 빼야 한다고 생각하잖아요. 왜냐하면 부사와 형용사, 감탄사는 감정의 강도를 강조하고 과장하는 것이니까요. 솔직히 말씀드리면, 저는 소위 인터넷 논객이라는 제 아랫세대의 글을 못 읽을 때가 많아요. '씨바, 졸라'가 너무 많이 나와서요.

말과 글은 다르잖아요. 말로는 욕을 하거나 낄낄거릴 수 있어요. 앞에서 말한 것처럼, 말에는 연극적 요소가 있고 현장성이 중요하거든요. 거기 있는 사람들 사이에서 순간적으로 감정이 공명되는 순간이 있고, 공명이 되면 그 강도가 높아지는 경향이 있어요. 그래서 말에서는 순간적으로 격정적인 표현이 나오는 것을 피할 수 없습니다. 피하는 것이 좋은 것도 아니고요.

하지만 글은 다르죠. 아니, 우리 세대는 다르다고 생각하죠. 문자는 훨씬 차분하고, 성찰적이고, 이성적이어야 한다고 생각합니다. 그래서 부사나 형용사, 그리고 강도를 강조하는 접두사는 되도록 빼야 한다고 생각하는 것이고요. 그런데 말에서뿐만 아니라 글에서도 욕이나 '핵', '개', '존나' 같은 접두사와 수식구가 난무하는 것이니 글의 자식들이 보기에는 너무 천박한 거예요.

일본의 대중문화비평가이자 정신과 의사인 사이토 다마키는 《폐인과 동인녀의 정신분석》에서 이것을 감정의 강도를 소통하고 공유하는 관계라고 말합니다. 저자가 신주쿠, 하라주쿠, 이케부쿠로 등 일본의 대표적인 거리를 돌아다니면서 청소년들이 어떤 말을 하며 소통하는지를 살펴봤더니, 의미를 공유하는 게 아니라 감정의 강도를 공유하고 있더라는 것입니다. 공동체를 만들고 유지하는 핵심이 '의미'가 아니라 감정의 '강도'인 것이죠(사이토 다마키, 2005). 86세대 같은 근대주의자들에게는 될 수 있으면 자제해야 하는 것이 청소년 관계의 토대가 된 거예요. 말이 아니라 글에서도요.

김성우

5년 동안 미국에서 유학을 하고, 2012년도에 학위를 마치고 한국으로 돌아와 강의를 맡았어요. 강의 첫날 저녁 때 학생에게 문자메시지를 받았어요. "교수님 부교재가 뭐에요?????"라는 문자인데, 물음표를 5개나 단 거예요. 급한 일도 아니고 또 학기 초니까 아직 친해지지도 않았는데요. 제 생각에는 이런 사안은 이메일을 보내야 하는 건데 문자메시지를 보낸 거죠. 학기 초에 딱 한 번 본 사람에게요. 이 친구들한테는 핸드폰 메시지를 보내는 것이 스스럼없이 누구에게나 할 수 있는 일이 돼버린 거죠. 적어도 당시 학부 1, 2학년 학생들에게는요.

물음표 5개를 보는데, 왜 이렇게 가볍냐는 생각이 들었어요. 품위가 없다는 느낌이요. 그런데 그렇게 표현하는 게 그 학생만은 아니라는 걸 나중에 알게 됐어요. 느낌표를 겹쳐 쓴다거나 이모티콘을 넣는다거나 하는 게 몇 년 사이에 자연스러운 표현 방식이자 유희가 되었더라고요. 그 친구는 자연스러운데 저는 '이게 뭐야' 하는 거죠. 거기에서 서로 간의 오해가 발생하고요. 이런 요인들이 사소하지만 여러 측면에서 소통의 간극을 만들어내지 않나 싶습니다.

────────── **리터러시를 보는 또 다른 렌즈**

김성우

꼭 이야기해보고 싶은 주제가 있는데요. 저는 지금의 리터러시 논의에 크게 두 가지 편향이 있다고 생각합니다. 하나는 문자를 기본 미디어로 전제하려는 편향인데요. 문자를 기반으로 하는 리터러시가 모든 사람에게 동일하게 적용되어야 한다고 암묵적으로 가정하는 것입니다. 두 번째 편향은 문(文)이라는 것을 협소하게 정의해서 텍스트 중심으로 보고 있다는 거죠. 소통에 참여하는 사람이나 맥락에 대한 이야기는 별로 없다는 것입니다. 문해력에서 문이란 누군가와 소통하기 위해 글을 쓰거나 말을 하는 것을 뜻합니다. 그런데 관련 논의들에서는 관계 혹은 관계성이라는 것이 거세된 채, 내가 혹은 상대가 텍스트를 얼마나 잘 이해했느냐를 보는 경우가 많습니다. '나-텍스트', '너-텍스트'는 보는데 '나와 너', 궁극적으로 '현재의 맥락에서 텍스트를 공유하고 있는 나와 너'를 고려하지 않는 거예요. 이건 문제가 많습니다.

어떤 의미인지, 제가 겪은 일을 예로 들어보겠습니다. 제가 예전에 모 잡지에서 청탁을 받은 적이 있어요. 주제가 '잊을 수 없는 어머니의 말'이었는데, 그때 쓴 글이 제가 5년여 동안 어머니와 나눈 대화를 엮어《어머니와 나》(김성우, 2018)라는 책을 냈을 때의 이야기예요. 공부 때문에 타지에서 좀 오래 살았는데, 돌아와서 어머니와 단둘이 살게 됐어요. 그때 어머니와 이야기를 나누다 보니까 예전에 보이지 않던 것이 보이고, 느끼지 못했던 것들을 느끼게 되더라고요. 그래서 기억할 만한 대화를 녹취하기 시작했고 이게 5년여 쌓이니 꽤 두툼해졌죠. 평범한 일상의 대화들이었지만 대화를 기록하면서 리터러시에서 관계라는 측면에 대해 깊이 생각하게 되었습니다. 말을 나누고 이해한다는 게 단지 언어의 문제만은 아니라는 깨달음을 얻게 된 거죠.

그 책이 나온 다음에 어머니를 만나서 밥을 같이 먹고 지하철역에서 헤어지면서 책을 드렸어요. 그러고 나서 집에 와서 쉬고 있는데, 어머니한테 문자메시지가 왔어요. "성우야, 책을 다 읽었다."라고요. 책을 드린 지 4시간이 채 안 되었는데, 지하철 승강장 벤치에 앉아서 다 읽으셨던 거예요. 정말 놀라운 일이었죠. 판형도 작고 쪽수가 많지 않은 책이지만 한 권이잖아요. 솔직히 저는 서너 시간 동안 집중해서 책 한 권을 읽을 만한 능력이 어머니한테 없다고 생각했어요. 저희 어머니가 기독교인이라 성경을 읽긴 하시지만 문해에 익숙한 분은 아니라고 생각했거든요. 그런데 서너 시간 만에 책 한 권을 다 읽으신 거예요. "어떻게 다 읽으셨어요?"라고 물었더니 "우리 이야기잖아."라고 하시더군요. 저는 그 말에 적잖은 충격을 받았어요.

제 어머니 얘기를 왜 하냐면, 어머니는 성경을 여러 번 읽으셨다는 것을 제외하면, 사회의 기준에서 봤을 때 문해력이 부족하다고 판단할 수밖에 없는 인생을 사셨어요. 그런데 한자리에서 책 한 권을 다 읽어내신 거죠. 그것이 가능했던 이유가 자기 삶의 이야기였기 때문이에요. 자신의 삶과 유리된 글은 누구도 쉽게 읽을 수가 없거든요. 제게 법학자가 쓴 논문을 주고 읽으라고 하면 굉장히 힘들어할 것이고, 못 읽어내는 부분도 많을 거예요. 텍스트라는 것이 객관적이고 공평한 난이도를 가지고 있고, 훈련을 받으면 모두가 읽어낼 수 있다고 생각하는 경향이 있지만, 사실 삶과 권력의 문제에서 자유로울 수가 없는 거죠. 어떤 텍스트로 평가를 하느냐는 권력의 문제예요. 우리 어머니에게는 그 권력에 접근할 수 있는 힘이 없는 거죠. 내가 원하는 내 삶의 텍스트를 써내고, 읽어내고, 평가받을 수 있는 권력이 없는 거예요. 시험도 그렇고, 교육제도도 그렇고, 보편성과 일반성을 추구하는 과학이라는 체계 또한 그런 권력을 용인하지 않거든요.

기본적으로 학교에서 평가하는 것은 과학적 지식이에요. 그런데 지식은 과학적으로 구성되기도 하지만 내러티브적으로 구성되는 영역도 분명 있거든요. 삶의 내러티브, 시쳇말로 하면 삶의 지혜, 경험에서 우러나오는 통찰, 자기 삶에 대한 성찰적이고 비판적인 이해, 이런 것을 평가하지는 않아요. 그런 식으로 보면, 어머니는 텍스트 중심의 문해력, 과학 중심의 리터러시, 제도가 '용인'하는 리터러시의 변방에 있는 거죠. 이런 분들이 굉장히 많습니다.

엄기호

이 대담을 시작하면서 제가 글이 만들어낸 주체성에 대해 이야기한 것이 생각나는데요. 글은 읽는 존재를 주체로, 나머지 모든 존재, 철학에서 타자라고 하는 모든 존재를 주체인 내가 읽어주기를 바라는 수동적인 대상으로 설정하죠. 그래서 읽는 것은 의미를 파악하는 것이자 의미를 부여하는 적극적인 행위, 타자들에게 존재를 돌려주는 결정적인 행위가 될 것입니다.

선생님이 말씀하신 것처럼, 텍스트를 읽을 때 그 텍스트를 대상으로만 생각할 뿐 지금 나와 교감하고 소통하며 관계를 맺고 있는 존재로 생각하지 않는 이유가 이 주체성과 관련된 것 같습니다. 선생님의 어머님은 그 책이 선생님과 어머님 사이에서 지어진 글이기 때문에 '우리'라는 말을 쓰셨을 거예요. 글은 선생님이 쓰셨지만 함께 작업한 책이라고 생각하셨을 것 같아요. 무엇보다 관계란 혼자가 아니라 함께 세계를 짓는 일이니까요.

선생님이 쓴 책을 어머님이 쉽게 읽으실 수 있었던 것은 관계 내에서 있었던 내용이기 때문이죠. 예를 들어, 선생님이 그 책에서 리터러시라는 단어를 썼는데 어머님은 리터러시라는 단어를 모르실 수도 있어요. 하지만 읽으면서 리터러시가 무슨 뜻이겠구나 하고 짐작해내실 수 있어요. 이것은 순전히 선생님과 어머님의 관계 안에서 그 단어를 독해해내는 것이지, 사전에서 찾은 의미로 독해하는 것이 아니에요. 보통 리터러시라고 이야기할 때는 사전의 그것만을 가리키는 것이고요.

사전적인 의미의 문해력이 아무리 떨어진다 해도 대부분의 사람은 '우리' 사이에서 일어난 일은 다른 누구보다 더 잘 이해할 것입니다. 텍스트의 사전적 의미는 정확하게 이해하지 못하더라도 어머님과 선생님이 함께 겪었던 것에 대한 이야기이니 그 이야기 속에서 어머님이 텍스트를 해석할 수 있고, 당연히 그 해석은 다른 어떤 학자의 해석보다 분명한 그림을 머릿속에 그려줄 수 있는 거죠.

그런데 한국에서 전통적으로 권력화된 방식의 리터러시는 기호학적이고 추상적으로 다루는 역량만을 평가하고 그것만 리터러시라고 보는 거죠. 내가 어떤 이야기를 할 때 그 이야기를 누가 듣느냐, 누구와 함께하고 있느냐, 즉 선생님 말씀처럼 관계로서의 맥락이 빠져 있어요.

오자와 마키코가 《심리학은 아이들 편인가?》에서 비판하는 것도 바로 그것입니다. 학교는 늘 기호학적이고 추상적인 것을 다루는 역량을 가르치고 그것만 측정하고 있다는 거죠. 그렇기 때문에 기호학적이고 추상적인 지식을 삶의 맥락 속에서 위치시키는 힘은 잃어가고 있다는 것입니다(오자와 마키코, 2012). 저는 그런 비판을 전적으로 받아들이는 편이에요. 리터러시라는 것 자체가 삶을 위한 것이기도 하고 삶의 리터러시이기도 하잖아요. 그런데 삶의 리터러시, 즉 삶을 읽어내는 리터러시는 완전히 무시되는 거죠.

제가 학생들에게 잘하는 말인데, 학생들이 개떡같이 이야기해도 가르치는 사람은 찰떡같이 알아듣는 거, 그거야말로 가르치는 자의 윤리입니다. 그런데 권력화된 방식의 리터러시에서는 반대로 권력 자들의 말을 못 알아듣는 것을 문해력이 없다고 합니다. 이렇게 되면 리터러시는 백성을 계몽하고 민주주의를 운용하는 도구가 아니라 오히려 문화자본을 가지고 있는 자들이 권력을 공고히 하고 백성들을 배제하는 방식이 됩니다.

김성우

삶의 기예라기보다는 권력으로서의, 자본으로서의 리터러시가 힘을 얻는 상황은 우려스럽죠. 그런 권력을 가장 야만적으로 행사하는 장면을 인터넷에서 종종 보게 돼요. 우리는 누군가의 리터러시를 판단할 때, 이 사람이 어떤 텍스트를 얼마나 정확하게 이해했느냐를 봐요. 그런데 이 텍스트를 해석하는 권위는 자기한테 있다는 거예요. 자기가 원하는 대로 해석하면 잘하는 거죠. 특히 인터넷에서 문해력이나 리터러시라는 말이 쓰이는 맥락이 그렇습니다. 이게 얼마나 황당하냐면, 자기가 원하는 독해를 못 하는 사람한테 "이런 문해력 떨어지는 것들"이라고 비난한다는 거예요. 이 사람과 나의 관계에는 관심이 없고 내가 원하는 대로 이 텍스트를 읽어냈느냐만 보는 거죠.

맥락(context)이라고 하는 것이 크게 보면 두 가지라고 생각해요. 먼저 텍스트를 둘러싼 사회적 맥락이 있죠. 텍스트가 생산되고 공유되고 소비되는 방식과 관련된 맥락이에요. 또 하나는 내가 텍스트를 대하는 방식과 이 사람이 텍스트를 대하는 방식, 즉 각자가 텍스트에 접근하는 맥락이 있어요. 이 두 가지가 사뭇 다를 수 있다는 사실을 인식하는 것이 중요하다고 생각하거든요. 진리가 상대적이라는 이야기를 하려는 게 아니에요. 내가 이 텍스트를 대할 때와 저 사람이 텍스트를 대할 때는 굉장히 다른 지식과 태도를 갖고 읽어낼 수밖에 없다는 것을 인정해야 하는데, 내 방식대로 읽어내지 않으면 리터러시가 떨어진다고 비난하는 것, 이게 위험하죠.

엄기호

저는 그게 조금 한국적인 맥락 같아요. 외국에서는 그런 식으로 비난하는 것을 거의 못 본 것 같거든요. 내가 독해하는 대로 읽어내지 않으면 너는 독해 능력이 없다고 낙인찍는 것을 외국에서는 거의 본 적이 없어요. 그건 그대로 너의 해석이니 존중하거나, 혹은 의견에 대해서 의견으로 반박하지요.

김성우

저도 못 본 거 같아요. 컴퓨터 프로그래머이자 기업가인 폴 그레이엄(Paul Graham)이라는 사람이 쓴 에세이가 생각나는데요. 제목이 〈반대하는 법(How to disagree)〉이에요(Paul Graham,

2008). 논지는 간단해요. 소통이 많아지고 반대할 일이 잦아지는 상황에서 제대로 반대하는 법을 배워야 한다는 거죠. 그런데 거기에서 가장 저열한 반대 방식으로 제시하는 것이 '욕하기(name-calling)'예요. 논지와 전혀 관계없이 상대방에게 욕설을 퍼붓는 건데, 성소수자나 이주노동자 등을 비하하는 멸칭을 쓰는 경우가 대표적이죠. 사실 이와 비슷한 게 소셜미디어에서 텍스트에 대한 이야기를 나누다가 서로 인격을 물고 늘어지면서 '문해력이 떨어진다, 난독증이냐'라고들 하는 것 아닐까 해요.

엄기호

재밌는 것은 서로 난독증이라고 한다는 점이죠. 이런 점에서 리터러시는 상대방을 조롱하고 비판하기 위한 정치적 수사가 된 것 같습니다. 그런데 리터러시가 문제라면 왜 문제인가, 어떻게 문제인가는 논의하지 않는 거죠. 리터러시는 공적인 거잖아요. 내가 사유화할 수 있는 것이 아니거든요. 이 말은, 리터러시가 있다 없다를 내가 판단하는 것이 아니라는 의미입니다. 사실 이런 점 때문에 우리는 뭔가를 해석하고 난 다음에 불안해합니다. 불안해하는 게 당연하고 필요한 거예요. 내가 제대로 해석했나, 그게 불안한 거죠. 왜냐하면 리터러시의 세계에서는 "이것이 원래 이런 의미야."라고 할 수 있는 신은 아무 데도 없기 때문이에요. 혹시라도 신이 존재한다면 토론하는 과정에서 이뤄지는 합의겠죠.

인터넷상의 논쟁에서 상대를 비난하며 '문해력이 문제야, 난독증이냐'라고 하는 걸 볼 때마다, 이 어마어마한 주체성은 어디로부터

오는 것일까 하고 아연실색하게 돼요. 저는 제 전공 분야의 글을 독해할 때조차 혹시라도 잘못 해석한 게 아닌가 늘 불안해하거든요. 그러니까 물어볼 수밖에 없는 거고, 토론할 수밖에 없는 거죠. 둘 중 하나인 것 같아요. 리터러시를 사유화하든가, 자신을 신격화하든가. 아니면 의미란 해석을 하는 것이 아니라 비밀스러운 의식을 통해 이미 그 세계에 들어와 있는 사람들에게 비의적으로 전달된다고 보는 영지주의겠죠.

어떤 글을 본 적이 있는데요, 지독한 비문이라 도저히 읽을 수가 없었습니다. 그런데 그 글을 좋다고 평가하는 사람들은 "이렇게 명료한 글도 못 읽으면 글을 읽는다고 하지 말아야 한다."고 비아냥거려요. 한국어라고 하기에는 민망할 정도로 주술관계도 안 맞는 글이었는데 말이죠. 어떻게 그럴 수 있나 했더니, 사실 그분은 그 '글'을 읽고 있는 게 아니라 그 글을 쓴 사람을 추종하고 있었던 거예요. 한마디로 말해서 교주의 말이었던 것입니다. 그러니 거기에 '훔치훔치태을천상원군'라고 쓰든 '옴마니반메훔'이라고 쓰든 아무 문제가 없는 것이죠. 의미는 글에 있는 것이 아니라 이미 관계 자체에서 오는 것이니까요. 이심전심이고 불입문자예요. 세계를 텍스트로만 간주하고 관계를 무시하는 것만큼이나 관계 자체에 의미가 완전히 내재한다고 보는 이런 태도도 요즘 나타나고 있는 매우 우려할 만한 현상입니다.

다른 사람의 난독증을
문제 삼는 것

김성우

　큰 맥락에서 보자면, 우리 사회에서 리터러시의 변동은 두 영역에서 일어나고 있습니다. 외부의 변동이 있고 내부의 변동이 있는 거죠. 외부의 변동이라 하면 미디어 생태계의 변화와 그에 따른 정보채널의 다원화, 세대 간 커뮤니케이션의 단절 같은 요소들입니다. 사회문화적이고 기술적인 변화에 따라 여러 매체가 중첩되고 발달하는 멀티리터러시의 급부상에서 오는 변동이라고 할 수 있죠. 미디어의 지형이 요동치면서 언론, 교육, 관계 등의 영역에서 새로운 질서를 찾아야 하는 상황이랄까요.

　이게 외적인 변동이라면, 그 상황 속에서 일종의 자기 성찰성에 대한 긴박한 요구가 있는 거 같아요. 제도 차원에서 리터러시를 정의할 수 있고, 리터러시를 평가하는 도구를 선정하며 특정한 지표를 운용할 수 있는 사람들, 지배적인 리터러시의 형태들을 체화하여 사회문화적 자본으로 만든 사람들이 스스로에 대해 성찰하지 않는 상황, 이것을 리터러시 내부의 변동이라고 할 수 있겠죠. 전 외부의 변동이 만들어내는 이슈 못지않게 이 내부의 변동, 즉 성찰성의 부재가 심각한 문제라고 생각해요. 대표적으로 '이 문해력 떨어지는 것', '난독증 아니야', 또 제가 싫어하는 말 중의 하나가 '예절이 지능의 문제다, 지능 떨어지는 것들이 예절이 없다'는 식의 말이에요. 어찌 보면 상대방을 나와 다른 차원에 위치시키는 거죠.

엄기호

제가 너무 싫어하는 게, '탈출도 지능 순서다' 이런 말이에요. 너무 끔찍하지 않나요?

김성우

그게 끔찍한 이유가 본질화(essentialization)하기 때문이거든요. 사람이 가진 특징 중 일부를 들어서 그 사람의 전체를 판단해버리는 것이요. '흑인은 이렇다', '이주노동자는 이렇다', '연변에서 온 사람들은 이렇다'는 식의 발언에서 잘 드러나죠. 사실, 해당 집단에 속한 개개인 모두가 너무나 다양해서 한두 가지 특징으로 묶을 수는 없잖습니까. '한국인은 이렇다'는 식의 발언도 마찬가지 맥락에서 위험하고 또 비과학적이죠. 조심스럽기는 한데, 공사장에서 일하는 건설노동자들 중에 험한 말을 쓰는 분들이 간혹 있잖아요. 듣고 있으면 '무식해' 보이죠. 그런데 그 '무식하다는 느낌'을 역사적으로 또 사회문화적으로 해석해내지 않고 지능과 연결시켜버리면 그 사람이 속한 사회경제적인 계층을 '지능이 낮은 계층'으로 본질화해버리는 거죠. 지능이 낮으니 저런 일을 하고 있다는 생각인데, 정말 끔찍한 거예요. 이런 사고방식은 피부색으로 사람을 차별하는 인종주의와도 닿아 있고요.

그래서 난독증이다, 문해력이 떨어진다, 지능이 떨어져서 예의가 없다, 이런 말들은 문해력이나 지능을 들어 한 사람의 존재 자체를 무시해버리는 행위인 거죠. 그런 말들이 나오는 순간 대화는 끝나버리는데, 너무 쉽게 꺼내요. 텍스트를 오해한 상대의 리터러시가 문제가 될 수도 있겠죠. 하지만 그런 단정적인 말을 입 밖에 내는 사람의 성찰성이 더 큰 문제예요.

신영복 선생께서 사람이 살아가는 것은 어떤 방향을 잡아가면서도 끊임없이 나침반 바늘 끝이 떨리는 것이라고 이야기했죠. 떨림이 없는 나침반은 고장 난 거라고요. 이 점을 생각하지 못하고 다른 사람을 리터러시 떨어지는 사람이라고 낙인찍는 건 리터러시의 본질에 대한 성찰이 없는 거예요. 내가 읽고 해석하는 것이 얼마나 불확실할 수 있는가를 성찰하지 않기 때문에 타인에 대해 너무 쉽게 얘기하는 거죠. 나는 갖춘 사람, 상대는 갖추지 못한 사람. 나는 우월한 사람, 상대는 열등한 사람.

문해와 비문해를 이분법적으로 가르는 것은 철저히 비과학적입니다. 문해력이 좋다, 떨어진다로 생각하기보다는 문해력에 스펙트럼이 있고 종류도 굉장히 다양하다고 보는 게 적절하죠. 누구도 모든 맥락에서 통하는 완벽한 문해력을 갖고 있진 못하거든요. 제가 가끔 드는 예가 있어요. 제가 영어를 미국인만큼 못할 거 같냐고 물으면 사람들은 그럴 거 같다고 대답하죠. 하지만 제가 전공한 응용언어학이나 영어교육에 관해 이야기할 때는 미국인이나 영국인보다 제가 훨씬 더 잘하죠. 선생님도 사회학이나 문화인류학에 대해 얘기할 때는 일반 미국인보다 훨씬 더 많은 것을 영어로 이야기할 수 있는 거잖아요. 그러니까 이것도 스펙트럼이고, 스펙트럼 자체가 여러 영역에 걸쳐 있는 거죠. 그리고 그 스펙트럼 안에서도 떨릴 수밖에 없는 거예요, 내가 맞는 건지.

그런데 리터러시라는 개념이 인터넷상에서 사용될 때는 절대적인 것인 양, 리터러시가 있는 사람과 없는 사람으로 가를 수 있는 양, 그런 태도가 보이거든요. 리터러시를 깊이 들여다보면 이런 식의 구분은 전혀 과학적이지 않을 뿐 아니라 사람을 대하는 태도로서도 적절치 않은 거죠. 자기 성찰이 없는 거예요.

리터러시의 지형이 격변하는 시기인 만큼, 외부 변화에 대한 성찰도 중요하죠. 하지만 그 이상으로 중요한 것이, 그 변화 속에서 내가 갖고 있는 역량을 끊임없이 의심하고, 신중하게 겸양을 가지고 이야기하는 것이라고 생각합니다. 그게 없는 사람들이 얄팍한 자기계발서를 써서 '나를 따르라'고 말하는 거 같아요. "내가 이렇게 세상을 볼 수 있고, 그렇게 해서 여기까지 왔으니까, 똑같이 하면 여러분도 될 수 있어요, 할 수 있어요."라고 말하는데, 사실 황당한 거죠.

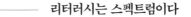 **리터러시는 스펙트럼이다**

엄기호

선생님과 저 사이에서는 이렇게 합의할 수 있는 거 같아요. 리터러시란 이분법적인 게 아니라 스펙트럼이다. 리터러시라는 것 자체가 스펙트럼으로 존재한다면, 그 가운데 나의 위치가 어디인가를 끊임없이 찾아낼 수밖에 없고, 너의 위치는 어디인가도 찾아내야 한다. 또한 그것을 찾아내는 과정에서 리터러시가 있다 없다를 판단하는 주어/주체는 내가 될 수가 없다, 이렇게요.

리터러시의 주어/주체가 내가 아니라는 것은 그 판단을 하는 과정 자체가 리터러시이기 때문이에요. 그렇다면 리터러시란 그 자체로 긴장하는 힘을 가리키는 것이겠죠. 신영복 선생의 말처럼, 끊임없이 긴장해서 떨리는 것입니다. 그런 떨림이 있기 때문에, 리터러시가 어떤 상태가 아니라 운동을 의미한다고 할 수 있을 것 같습니다. 많은 경우에 리터러시를 상태로 보는 것 같아요. 어느 수준, 어느 상태. 나는 높은 상태, 너는 낮은 상태, 이렇게요. 그렇지만 아무리 상태와 수준이 높다 해도 긴장하는 힘을 놓치면 소용이 없죠. 이 긴장을 선생님이 말씀하신 대로 성찰이라고 할 수 있을 것 같습니다.

이 성찰의 문제를 다시 선생님이 말씀하신 관계성의 문제와 연결 짓고 싶은데요. 성찰한다는 것은 저 사람이 한 말을 내가 제대로 이해했는가를 돌아보는 것 아니겠습니까. 이때 첫 번째로 돌아봐야 하는 것은 아마 저 사람이 한 '말'일 것입니다. 텍스트인 그 말을 내가 제대로 이해했는가, 혹시 틀리지는 않았는가를 돌아보는 것이 성찰이죠. 그러나 두 번째로 우리가 성찰해야 하는 것은 '저 사람'의 말이라는 점이에요. 말을 해석하는 것만이 아니라 그 말을 '저 사람'이 했다는 것을 보려는 게 또 성찰인 거죠. 말과 글의 의미는 저 사람과 나 사이라는 관계에서 발생하는 것이니까요.

김성우

양극단의 한 편향인 것 같아요. 문해력을 연구하는 학자들이 텍스트가 처음 대중화된 시기를 논의할 때 나오는 개념으로 '전달'이 있어요. 전달의 관점에서 리터러시를 보면, 글을 생산한 저자에게 모든 권위가 있습니다. 저자는 최종적으로 텍스트의 의미에 대해 판결을 내려줄 수 있는 재판장인 거예요. 독자의 의무는 저자의 논지, 즉 텍스트가 구현하려고 했던 의미를 알아내기 위해 부단히 노력하는 거죠. 그러니까 딱 정해진 답이 있어요. 시험 문제 제시문으로 가끔 나오잖아요. "글쓴이가 의도한 것은?" 이런 우스갯소리가 있죠. 작가한테 물어봤더니 "나 그거 의도한 거 아닌데? 내가 진짜 그런 의미로 썼나?" 했다는. 이게 전달의 관점인 거죠. 텍스트 내부에 확정된 의미가 있고, 이 의미를 최종적으로 판단할 수 있는 것은 저자다.

지금 인터넷에서의 논쟁에서 답답한 건 뭐냐 하면, 그 최종적인 판단자가 대부분 자기라는 거예요. 원 글의 저자도 아니고 말이죠. 내가 원하는 독해가 맞는 독해이고, 그것과 다르게 읽어내면 문해력이 떨어지거나 없는 거죠. 이것은 전달이라는 개념보다 더 황당한 거예요.

리터러시 행위를 정해진 의미의 전달로 보는 반대편에 수용자를 중심에 놓는 관점이 있는데, 흔한 오해는 수용자, 즉 독자가 천 명이 있으면 똑같은 텍스트의 의미도 천 개라고 보는 거죠. 이건 극단적인 포스트모던적 읽기관(-觀)이거든요. 조금만 생각해봐도 말이 안 되는 거예요. 예를 들어 대통령이 담화문을 냈는데, 천 명이 읽고 나서 다 다른 이야기를 한다고 해서 그 담화문이 천 개의 의미를 담고 있다고 할 수는 없는 거죠.

이론적으로 그런 포스트모던 해석 이론이 비판받고 있는데 정작 사람들이 인터넷에서 쓰고 있는 용어를 보면 극단적인 독자 수용 이론을 받아들인 것처럼 보여요. 그것도 자신에게 유리한 쪽으로요. 문해력이나 리터러시라는 말을 '자신이 정한 상대주의'의 틀 안에서 쓰고 있는 게 아닌가 우려스러워요.

또, 상대가 틀렸다는 확신이 든다 하더라도 '너 난독증이냐'라고 얘기를 하는 것은 다른 차원의 수사이고, 또 정치적 행위죠. 상대방과 논쟁하는 것과 '너 리터러시 없다'고 이야기하는 것은 전혀 다른 층위에 있거든요. 이게 굉장히 징후적이지 않나 생각합니다.

엄기호

'난독증이냐'라는 비아냥은, 근대적인 맥락에서 보자면 사람을 모욕하는 잔인한 방식입니다. 왜냐하면 이 말은 인간이 인간으로 살아갈 수 있는 가장 핵심적인 역량이 너에게는 없다는 선언이거든요. 앞에서 말씀드렸던 것처럼, 근대인에게 가장 중요한 역량은 읽는 역량이에요. 읽는 것을 통해 의미를 파악하고, 의미를 전달하고, 의미를 부여하기 때문이죠. 그렇기 때문에 읽는 역량이 너에게 없다고 말하는 것은 그 사람의 인격을 짓밟는 행위가 됩니다. 공동체의 동등한 구성원으로 보지 않는다는 말이고, 너는 나와 협력할 수 있는 존재가 아니라는 말이죠. 즉 공동체적인 의미에서 가치가 없는 인간이라는 선언이 됩니다.

사회학적으로 본다면, 이 시대는 극단적인 대립의 시대입니다. 어느 시대에나 늘 불화하는 지점이 있었고 그것이 나쁜 것은 아닙니다만, 지금은 거의 내전 상태에 가까울 정도로 분열되어 있습니다. 불화가 아니라요. 많은 사람이 우리 사회가 지금 전쟁 상태에 있다고 인식하지 않습니까?

이제 리터러시라는 말이 적을 없애는 무기로 돌변한 거 같아요. 근대문명 자체가 읽는다는 행위 위에 세워졌고, 인간이라고 하는 존재의 존엄성, 품위, 존재가치가 읽는다는 행위 위에 서 있습니다. 그렇기 때문에 '너는 읽지도 못하는 인간이다'라는 건 엄청난 인격모독이고, 나치가 했던 것과 똑같은 짓인 거죠. 비인간화하는 거예요. 일단 인간이 아니게 만드는 거거든요. 너는 인간이 아니니까 내가 마음껏 폭력을 휘둘러도 된다는.

김성우

읽는다는 행위가 인간으로서의 정체성에서 핵심이라는 말씀을 들으니 생각나는 사례가 있는데요. 2003년 미국에서 실시된 대규모 리터러시 조사에 따르면 7명 중 1명꼴로 문해력 부족이 심각한 상황이었어요(National Center for Education Statistics, 2017). 조사에서는 '비문해(illiteracy)'가 아니라 '기본 이하(below basic)'라는 범주를 사용했는데, 아주 간단한 질문에도 답하기 힘들어서 실생활에 지장을 받는 상황이에요. 실제 인구로 따지면 3,000만 명 정도의 미국인이 스펙트럼상에서 기본 이하 쪽에 놓여 있었던 거예요. 이 중에는 아예 글자를 모르는 사람도 상당수죠. 가장 심각한 경우엔 투표를 못 해요. 정당도 구별 못 하고 후보의 이름도 읽지 못하니 아예 투표를 할 수가 없는 거죠.

더 심각한 상황도 있어요. 응급상황에서 병원에 가면 바로 수술을 해야 할 때가 있거든요. 그때 수술동의서를 받잖아요. 응급상황에서 의사나 전문가와 길게 상담할 여유가 없으니 "읽어보시고 서명해주세요." 그러거든요. 그러면 이 사람들이 자기가 글을 못 읽는다는 걸 말하기 싫어서 그냥 서명을 해버리는 거예요. 수술을 받고 나와요, 근데 자기가 받아야 할 수술이 아닌 거죠. 미국에서 실제로 이런 경우가 있었다고 해요. 그러니까 글을 전혀 못 읽는다는 걸 밝히기 싫다는 마음이 생명이 위험한 응급수술 상황에서도 발동한다는 거죠. 자신의 정체성을 지키는 게 생명만큼 중요한 거예요.

리터러시란 무언가를 이해하고, 이해한 걸 바탕으로 어떤 행위, 즉 판단을 하거나 결정을 하거나 합의를 할 수 있는 능력이에요. 삶을 영위하고 관계를 풍성하게 만드는 역량인 거죠. 그런데 그걸 일종의 무기로 쓰려는 경우가 많아요. 우리와 그들, 더 심하게 말하면 나 빼고 다른 사람을 갈라버리죠. 그리고 그 선 밖에 있는 사람들을 근대적 의미로 인간의 요건을 갖추지 못한 사람으로 밀어내버리는 무기로 사용하는 거죠. 리터러시가 이해를 위한 도구가 되어야 하는데 배척하고 배제하는 장벽이 되어버린 거예요.

엄기호

선생님이 든 사례가 의미심장합니다. 지금 인문사회과학, 정치철학에서 얘기하는 것의 핵심이에요. 여기서 우리가 얘기하는 방식이 맞다면, 비문해, 읽지 못하는 존재는 근대의

'호모 사케르(Homo Sacer)'가 되는 거거든요. 호모 사케르란 그리스 시대에 있던 어떤 부류의 사람들인데, 아무나 막 죽일 수는 있어도 신에게 제물로 바칠 수는 없는 존재입니다. 얼핏 생각하면 아무 책임 없이 아무나 죽여도 되기 때문에 가장 손쉽게 제물이 될 수 있을 듯한데 오히려 그렇기 때문에 신에게 바쳐질 수가 없었습니다. 그래서 붙여진 이름이 아이러니하게 '신성한 인간'이라는 뜻의 '호모 사케르'입니다(조르조 아감벤, 2008).

호모 사케르의 핵심은 내 삶에 대한 처분권이 나에게 있는 것이 아니라 나를 다루는 사람에게 넘어갔다는 거예요. 선생님이 예를 드신 상황처럼 글을 못 읽는다는 게 부끄러워서 수술동의서에 서명을 해버리는 순간, 나를 보호할 수 있는 모든 법적인 권리가 벌거벗겨진 생명이 되는 거잖아요. 모든 권리와 명예가 발가벗겨진 존재, 이것이 호모 사케르입니다.

이 점에서도, 읽는다는 것은 이 시대에 우리가 살아가기 위해서 가장 중요한 역량이에요. 저희 어머니가 늘 하시던 말씀이 "모르면 당하고 산다."였어요. 관공서를 갔다 오시면 늘 그런 말씀을 하셨죠. 거기서 뭐라뭐라 하는데 무슨 말인지 알 수가 없으니 부끄러움을 감추려고 "예, 예." 하시다가 완전히 당한다고 말입니다. 그래서 안 속으려면 계속 물어보는 수밖에 없는데, 그렇게 계속 물으면 안 당할 수는 있지만 동시에 공개적인 장소에서 '무식한 인간'으로 낙인찍히고 발가벗겨지는 것을 회피할 수 없단 말이죠. 이렇게 해도 발가벗겨지고 저렇게 해도 발가벗겨지는 것입니다.

김성우

발가벗겨진다는 표현이 핵심적인 문제를 드러내는 것 같아요.

엄기호

네. 이처럼 읽을 줄 안다, 모른다를 결정하는 힘이야말로 삶을 좌지우지하는 결정적인 권력이 되는 거죠. 문제는, 이때 말과 글이 누구의 말과 글이냐는 것인데요. 관공서 사람들은 우리 어머니의 말을 이해할 필요가 없었죠. 그건 그 사람들한테는 말이 아니니까요. 하지만 우리 어머니는 살아남기 위해서, 속지 않고 당하지 않기 위해서 그들의 말을 이해해야 했던 거예요. 그런데 그게 너무 어려워요. 리터러시라는 말은 이미 '누군가'의 말과 글만 말과 글로 상정하고, 그 누군가가 아닌 사람들의 말과 글은 배제하고 출발합니다.

저는 이런 점에서도 리터러시에서 중요한 것이 상호성이라고 생각하는데요. '네가 말을 못 한다, 네가 글을 못 읽는다'가 아니라, '내가 너를 이해하지 못하는 것일 수도 있다'가 될 때에야 비로소 리터러시가 상호적인 것이 되고 서로가 성찰하게 만들어줍니다. 그리고 서로에 대해 귀를 기울이게 하고 관계를 구축하기 위해 힘쓰게 합니다. 그러지 않고, 내가 읽는 방식대로 읽지 않으면 '너는 문맹이야, 난독증이야'라고 하는 것은 관계를 짓는 일이 아니라 상대를 모욕하고 비인간화하는 일이에요.

리터러시가 바벨탑이 아니라
다리가 되려면

김성우

　　　　　　　　　리터러시를 단숨에 정의하기는 힘든 것 같습니다. 워낙 큰 개념이라서요. 하지만 리터러시를 이해하는 데 있어서 두 가지 방향이 있다고 생각해요. '머리에 든 게 많다, 학식이 높다' 이런 표현을 많이 쓰는데, 이런 관점에서 리터러시를 보면 개인이 무언가를 차분히 쌓아올리고 공부를 많이 해서 머리에 넣으면 리터러시가 점점 내 안에서 늘어나는 거죠. 조금 단순화시키자면, 나는 리터러시 100인데 쟤는 리터러시 80이야, 이렇게 숫자로 표시할 수 있는 거예요. 이렇게 정의되는 리터러시가 함의하는 메타포는 '쌓아올리는 빌딩으로서의 리터러시'예요. 그러니까 "나는 빌딩이 60층짜리인데 쟤는 20층짜리야."라고 말할 수 있는 것이죠. 다양한 영역에서 스펙트럼으로 존재하는 게 아니라 단일한 수직선 위에 높고 낮음으로 존재하는 거예요. 리터러시에 대해 논쟁하는 사람들은 대개 자신이 가장 꼭대기에 위치한다고 생각하죠. 리터러시는 거대한 사다리이고, 나는 내려다볼 수 있는 위치에 올라와 있는 셈이에요.

　그렇지만 전혀 다른 방향의 메타포도 가능하거든요. 일종의 브리지, 다리를 놓는 것이 리터러시일 수 있습니다. 저는 이것이 민주주의체제에, 또 다양한 담론이 쉼 없이 만들어지고 유통되는 지금의 사회에 맞는 메타포라고 생각하는데요. 이 관점에서 보자면, 나한테 리터러시 자원이 많이 있다는 것은 타인을 깔볼 자격이 있다는 것이 아니라 다리를 놓을 수 있는 능력이 많다는 의미가 되는 것이죠. 다른 면에서 보자면, 다리를 놓아야 하는 책무가 생기는 것입니다. 전혀 다른 메타포예요. 나는 60층짜리니까 거기서 내려다보는 게 아니고, 상대방으로 가는 리터러시라는 다리를 놓을 수 있는 역량을 갖춘 거예요. 그러면 이렇게 능력을 가진 사람은 다리를 놓아야 하는, 철학이나 문학에서 이야기하는 상호주관성(intersubjectivity)을 구축할 수 있는 윤리적인 책무가 생기는 거예요. 더 노력하고 더 이해하려고 애써야 하는 입장이 되는 겁니다. 지금은 이런 책무에 대해서는 생각하지 않고 줄을 세우는 방식으로 리터러시를 동원하는 경우가 많은 것 같습니다.

엄기호

　　　　　　　그 메타포의 빌딩을 바벨탑이라고 볼 수 있을 거 같아요. 자기 안에 일종의 바벨탑을 쌓아가는 거니까요. 성경에서 신은 바벨탑을 무너뜨립니다. 바벨탑을 무너뜨리고 서로 다른 언어를 사용하게 만들죠. 그 이유를 저는 이렇게 봅니다. 누군가가 딱 하나의 언어를 독점적으로 가지고 신에게 도전하고, 또 그 언어로 다른 이들에게 명령하고 깔보는 데 사용하지 말라고 한 것이라고요. 정말 해야 할 것은 바벨탑을 쌓는 게 아니라 말이 통하지 않는 인간들이 더 많이 소통하고 이해하기 위해 노력하는 거라고요.

　선생님이 하신 말씀에서 제가 제일 좋아하는 주제가 나왔습니다. 우리 사회는 리터러시가 어떤 윤리적인 책무, 소명, 의무를 불러일으키는가에 대해 관심이 없어요. 리터러시 능력이 더 뛰어난(?) 사람이 어떤 윤리적 책무를 가져야 하는가에는 관심이 없고, 이게 얼마나 권력적인 것인가에만 초점을 맞춥니다. 그러다 보니 지금 리터러시라고 하는 것이 인간의 사회를 만드는 데 도움이 되는 것이 아니라 오히려 인간의 사회를 서열화하고 지배와 피지배를 정당화하는 도구, 또는 누군가를 비인간화하는 도구로 사용되는 거죠.

김성우

노회찬 의원이 돌아가셨을 때, 저는 리터러시와 관련해서 우리 사회가 중요한 자산을 잃었다는 생각을 했어요. 한국 정치에서 찾아보기 힘든 상징적 자산을 잃었다는 거죠. 저는 정치를 잘 모릅니다만, 한국의 정치인 중에서 메타포를 가장 노련하게 다룬 분이 노회찬 의원이었다고 생각해요. 메타포, 은유라는 게 여러 가지 담화적인 또 사회적인 기능이 있는데, 그중 하나가 추상적이고 이론적인 논의들을 좀 더 구체적인 것과 연결시켜서 이해의 지반을 만드는 것이에요. 정치적인 논의에서 어떤 벽이 있을 때 원론적인 얘기나 단순 정보를 반복하면 정치를 둘러싸고 있는 대중, 정당에 관심이 별로 없는 사람들, 혹은 일반 뉴스 소비자들이 바로 이해하기가 무척 힘들죠. 이럴 때 적절한 메타포를 들어주면 대번에 이해가 되는데, 중요한 건 원래 사안의 핵심을 버리지 않고 메타포에 담는 것이죠. 그런 면에서, 빠르게 적절한 메타포를 구사하는 정치인은 굉장히 소중한 자산이에요. 노회찬 의원이 돌아가신 게, 단순히 유능한 정치인을 잃은 게 아니라 담론의 지형에서 순식간에 "아, 그렇게 말하니까 이해가 되네."라고 할 수 있게 해주는 이야기꾼을 잃은 거죠, 한국 전체가.

정치인이 담론의 영역에서 해야 할 가장 중요한 일이 뭐냐 하면, 사건이나 현상의 고갱이가 되는 걸 잡아서 정치적 영역과 대중 사이에 일종의 다리를 놔주는 거예요. 그때 가장 강력한 것이 정치인들이 사용하는 메타포라고 생각해요. 노회찬 의원이 그런 의미에서 보물 같은 존재였어요. 살아온 인생이 주는 울림과 메타포를 생산하는 능력이 맞물려 많은 이들에게 영감을 주었던, 다리를 놓을 줄 아는 탁월한 리터러시 실천가였던 것이죠.

이것과 관련해서 조금 더 가지를 쳐보자면, 리터러시가 권력관계, 다시 말해 바벨탑을 쌓은 사람과 그러지 못한 사람, 있는 자와 없는 자의 이분법적 구분으로 치환이 되면서 나타나는 동전의 앞뒷면 같은 현상이 '우리를 가르치려 하지 마라'는 말의 부상이에요. 우리를 가르치려 하지 마라, 우리도 읽을 수 있다, 우리도 충분히 다 파악하고 있다, 그러니까 우리한테 뭔가를 알려주려고 하지 마라. 특히 요즘 소셜미디어에서 사람들이 많이 쓰는 말이죠. 무언가를 알려주려고 하는 순간, 상대가 지식과 정보를 전달하려고 작은 제스처라도 보이는 순간, '꼰대'가 되고 '적'이 되는 거예요. 저는 이게 사회가 위험해졌다는 신호라고 봅니다.

가르침이 일어나기 위해서는 두 주체가 동일한 언어를 쓰지 않음이 전제가 됩니다. 생각의 지평 사이에, 또 언어 간에 도약이 있는 상황에서만 가르친다는 행위가 존재할 수 있는 것이죠. 가라타니 고진이 '가르치다'라는 단어를 '말하다'라는 단어와 비교하면서 간파한 게 바로 이 점이죠(가라타니 고진, 2010). 같은 생각을 가진 사람 사이에서 일어나는 대화는 '말하기-듣기'이지, '가르치기-배우기'가 아니라는 겁니다.

가르치려 들지 말라는 말에서 드러나는 건 우리도 당신들만큼 능력이 있으니까 가르침을 받을 필요가 없다는 거예요. 한편으로는 그런 상황이 이해가 되죠. 시쳇말로 꼰대처럼 설교를 해대거나 얼토당토않은 얘기를 늘어놓는 사람이 많으니까 짜증이 나는 거예요. 하지만 다른 한편으로는 이 말에 숨어 있는 태도를 성찰해야 한다고 봅니다. 저는 사회를 이루는 가장 중요한 인프라가 거저 가르치고 거저 배우는 것이라고 믿는 사람입니다. 학교에서만 가르치고 배우고, 학원이나 평생교육원에서만 가르치고 배우는 게 아니라, 우리가 태어나서 온전한 인간으로 성장하고 발달하는 시간 자체가 가르치고 배우는 과정이고, 이건 평생 동안 끊임없이 이어지죠. 보호자나 형제자매에게 수업료를 지불하거나 친구들에게 학원비를 지불하진 않잖아요. 여러 사람들과의 협력, 끊임없이 나누는 대화 자체가 서로에게 배움의 토양이 되고, 그걸로 인해 각자의 삶이 성장하고 풍요로워집니다. 형식을 갖춘 학습보다 더 근본적인 게 이렇게 시도 때도 없이 수많은 관계를 통해 일어나는 사회적 학습이에요. 그런 면에서, 거저 가르치고 배우는 행위는 페이스북이든 트위터든 그 어떤 장에서라도 기본적으로 인간이 사회적 동물로서 존재하기 위한 기반 같은 것입니다. 그런데 자기 생각과 조금만 다르면 가르치려 들지 말라고 한다? 저는 이게 징후적이라고 생각해요.

2000년에 한국사회에서 기념비적인 사건이 하나 있었는데, 오마

이뉴스의 창간이에요. '모든 시민이 기자다'라는 슬로건을 내걸었는데, 누구라도 자기 이야기를 공론장에서 펼칠 수 있다는 의미였죠. 중요한 것은 그 선언에 '기자'라는 말이 들어갔다는 거예요. 개별 시민이 아무 이야기나 내뱉을 수 있는 공간이 아니라 저널리스트로서의 정체성을 염두에 두어야 한다는 함의가 담긴 말이에요. 모든 사람이 기자가 될 수는 있지만, 기자라는 직업군이 가지는 책임감, 윤리성이 전제되어 있었던 것이죠. 반면 현재의 소셜미디어에서는 '모든 시민이 기자다'라는 말 속에 들어 있었던 일종의 사회적 약속, 윤리의식이나 책임의식이 거의 없어요. 오히려 강한 주장을 하는 사람들이 많은 이의 호응을 얻는 경우가 많고, 상대의 의견이 듣기 싫으면 끊어버린다는 태도가 널리 퍼져 있죠. 가르치려 들지 말라는 것과 함께 가르치려는 사람에게 적대적이 되고, 더 그러면 끊어버리고, 그게 너무 자연스러워졌어요.

선생님이 더 잘 아시겠지만, 앎이라는 건 기본적으로 도약이 있어야 되거든요. 차이가 있어야 돼요. 나와 똑같은 사람에게서는 배울 수 없어요. 그런데 내가 커뮤니티를 구성할 수 있고, 그 커뮤니티에 속할 사람들을 고를 수 있으면, 진정한 의미에서의 가르침이나 배움은 일어나지 않아요. 스스로 속이는 거죠. 그런데 정서적인 면이나 동기적인 면은 계속해서 강해져요. 어쨌거나 내 편을 들어주는 사람이 이렇게나 많은 걸 눈으로 확인하니까요. 소셜미디어가 없던 시절에는 내가 무슨 생각을 해도, 이렇게 생각하는 사람이 몇이나 될까, 이런 불안감이나 작은 의구심이 한쪽에 있었어요. 그런데 지금은 내 편을 들어주는 사람들이 눈에 보이는 거예요. 내 말의 정당성이나 윤리성을 지지받는 데 그 정도면 충분한 거죠. 그러니까 겁이 없어져요. 나침반 바늘이 흔들리지 않는 거죠.

이런 점을 개념화한 용어가 '반향실 효과(echo chamber effect)'예요. 좁은 욕실에서 노래를 부르면 자기 목소리가 울려서 성량이 풍부해진 것 같잖아요. 그렇게 소리가 잘 울리도록 설계한 방을 에코 체임버, 즉 반향실이라고 하거든요. 자기가 듣고 싶은 이야기만 해줄 사람들로 소셜미디어의 관계를 구축하고 비슷한 성향을 가진 사람들이 가득한 커뮤니티에만 가입하면 자기 목소리가 합리적이고 대세라고 느끼게 되죠. 지지하고 응원해주는 사람이 대부분이니까요. 저 또한 이런 '반향실 효과'에서 자유롭지 못해요. 중요한 건 자신이 만든 온라인 공간이 세계를 제대로 반영하지 못한다는 사실을 아는 것이라고 생각해요. 세계는 소셜미디어로 축소될 수 없어요. 그렇게 느끼는 건 분명 착각이죠.

엄기호

우리가 리터러시를 추구하면서 도달하려는 게 도약이잖아요. 모름에서 앎으로, 읽지 못함에서 읽음으로라는 전혀 다른 차원으로의 도약 말입니다. 리터러시가 일어나는 방식도 도약을 통해서이고, 크게 보면 교육이 그런 거죠. 내가 이제까지 모르던 것을 알아가는 과정이자 활동이 배움이 아니겠습니까. 모름에서 앎으로의 도약 말입니다. 문해력도 마찬가지죠. 내가 이제까지 읽어내지 못하던 것을 읽을 수 있게 되는 것이 바로 문해력이 생기는 것입니다. 혹은 지금까지 읽던 방식이나 내용과는 다르게 읽어낼 수 있는 힘이 생기는 것도 문해력이겠죠. 이런 것이 다 무지에서 앎으로, 단순한 앎에서 풍부한 앎으로의 도약이 일어나는 과정입니다.

그런데 이런 도약이 일어나기 위해서는 차이를 끊임없이 발견하거나 만들어야 돼요. 관건은 이 차이가 '유사 차이'가 아니라 '진정한 차이'여야 한다는 겁니다. 세넷이 썼던 개념으로는 견해의 차이 정도가 아니라 위상의 차이가 있어야 된다는 것이죠(리처드 세넷, 2013). 가르치고 배운다는 것은 정확히 위상의 차이 속에서 일어나는 일이거든요. 그래서 세넷은 말을 하고, 알아듣고, 다시 말을 건네는 것을 위상의 도약을 도모하는 행위라는 의미에서 '변위의 기술'이라고 얘기한 거죠.

이렇게 볼 때, 인터넷 커뮤니티 대부분의 의사소통은 동일한 언어들을 반복적으로 수행하는 것에 가까워요. 동일한 언어들이 반복되는 걸 잘 보여주는 단어가 바로 '동감합니다'인데요. 누군가가 쓴 글을 보니, 내가 생각하던 것을 이 사람이 썼어요. 그렇지만 아무리 평소 내가 생각하던 것이라 해도 다른 사람이 썼다면 나하고는 다르게 쓰거든요. 좀 더 디테일하게, 내가 생각하지 못했던 부분에서 좀 더 디테일하게. 대신 내가 좀 더 디테일하게 쓸 수 있는 부분은 빠져 있겠죠. 이런 격차, 차이가 존재하는데, 이 차이를 없애버리는 말이 '동감합니다'예요.

생각해보세요. 동의한다, 동감한다는 말은 나도 이미 그걸 알고 있다는 뜻이죠. 나도 이미 알고 있는 것을 확인하는 정도라면 거기에서 무슨 배움이 일어나고 도약이 일어나겠어요. 그저 강화만 될 뿐이죠. 그런 면에서, 도약의 반대편에 있는 게 강화라고 생각해요. 제 책《고통은 나눌 수 있는가》 3부에서 제가 강조했던 게, 이런 의사소통의 공간은 서로의 감정의 강도만 강화하는 공간이라는 겁니다(엄기호, 2019). 공감이라는 이름으로요. 문제는 이 공간이 전혀 성찰적이지 않다는 사실이죠. 최근에는 이 문제를 심각하게 다룬《공감의 배신》이라는 책도 출간되었습니다(폴 블룸, 2019).

뭔가 활발하게 가르치는 것 같고 배우는 것 같지만, 사실 강도만 세질 뿐 도약은 일어나지 않는 거죠. 저는 이렇게 도약이 일어나지 않는 것 자체를 비문해로 봐야 한다고 생각해요. 리터러시를 상태가 아니라 운동이라고 정의한다면, 한 상태에서 계속 강화만 되는 것은 비문해죠. 이런 점에서 보면 확실히 리터러시의 위기가 존재한다고 볼 수 있습니다.

읽기는

여전히

유효한가

읽기는 혁명이었다 ————————

엄기호

　　　　　이제부터는 본격적으로 '읽기'에 초점을 맞춰 얘기를 풀어봤으면 합니다. 우리가 리터러시를 문제화하는 방식으로 위기가 아니라 변동이라고 말한 것은, 읽기에 문제가 생긴 것처럼 보인다고 해서 그것을 리터러시 전반의 위기라고 규정하는 것은 곤란하다는 취지였습니다. 분명 리터러시가 고전적인 문자 텍스트를 읽고 해석하는 것을 의미한다면 문제가 있어 보입니다만, 그것만이 전부는 아니라는 것이 앞에서 한 이야기였습니다.

　그럼에도, 아무래도 문자 텍스트를 읽고 쓰는 것이 가져온 커다란 혁명을 이야기하지 않을 수는 없을 것입니다. 무엇보다 근대사회에서 읽고 쓰는 것은 보편적인 행위가 되었습니다. 구텐베르크의 인쇄 혁명이 일으켰고, 루터의 성서 번역이 이룩한 일이죠. 그 전에는 그저 시장에서 공중으로 흩어지는 말을 하는 것이 전부였던 민중이 이

제 글을 읽을 수 있게 되었습니다. 신학자, 성직자의 독점물이던 성서를 읽고 자기 나름대로 해석할 수 있게 되었습니다.

이렇게 보면, 읽기는 대단한 것이었죠. 자기만의 생각을 가질 수 있게 만들었으니까요. 의견을 가질 수 있게 된 거죠. 자기만의 생각과 의견을 가지고 공론장에 출현하는 존재들의 보편적 양식이 되었습니다. 이 존재를 시민이라고도 하고 개인이라고도 할 수 있습니다. 이처럼 아주 소수의 수도자나 철학자, 혹은 지배 계급이 아니라 인간이라고 불리는 모든 존재가 세상만사에 관해 토론할 수 있게 되었습니다. 공론장이 모두에게 열렸다는 점에서 이것은 분명히 혁명이죠.

더구나 읽기는 사유하는 방식, 그리고 진리를 주장하는 방식에서 그 전의 말하기와는 완전히 달라요. 매리언 울프는《다시, 책으로》라는 저서에서 책을 읽는 것이 사람들에게 '깊이 읽기'를 가능하게 했다고 주장해요. 읽기가 문자의 표면적인 의미를 따라가는 것이라면 깊이 읽기는 말 그대로 글 안으로 푹 들어가는 것을 말합니다. 글 속으로 푹 들어가서 주인공을 비롯한 등장인물이 돼보기도 하고, 때로는 저자가 돼보기도 합니다. 글을 읽는 것은 다른 어떤 것보다 인간이 다른 존재로 변신해보는 것, 그래서 다른 입장에서 생각해보는 것을 가능하게 했습니다. 이게 깊이 읽기입니다. 아렌트가 말한 역지사지로서의 사유가 가능해진 것이죠. 울프는 이런 깊이 읽기가 공감을 만들어낸다고 이야기해요.

또한, 읽는 행위는 말하는 것이나 보는 것과 달리 사유를 역사적으로 하게 합니다. 울프는 이를 "시간이 든다."는 표현으로 설명했습니다. 읽기는 시간의 노동이자 예술인 것이죠. 아무리 짧은 글이라도 찰

나에 읽을 수는 없지 않습니까? 처음부터 끝까지 흐름을 쫓아가며 시간을 들여서 읽어야 하고, 그 시간 동안 유추하고 분석하고 종합하죠.

이런 읽기가 어떤 역사적 맥락에서 출현했는지, 그리고 읽기의 등장과 함께 텍스트성이 어떻게 바뀌었는지를 전공자의 입장에서 선생님이 먼저 정리를 해주시면 좋을 듯합니다.

김성우

읽기의 역사적 변천을 살피기 위해 요구되는 작업이 있는데요. 텍스트라는 매체가 인간과 어떤 연관을 맺고 있는지 검토하는 일입니다. 이를 기반으로 리터러시 행위에 관해 좀 더 밀도 있는 이야기를 나눌 수 있을 것 같거든요.

문자의 도입과 인쇄술의 발달이 인간의 사고를 어떻게 변화시켰는지, 지식의 생산과 유통에 어떤 영향을 미쳤는지, 세계를 지각하는 방식을 어떻게 바꾸어놓았는지, 그리고 학문과 예술의 발달을 어떻게 추동했는지 같은 여러 질문을 다룬 대표적인 저작을 꼽으라면 아마도 많은 사람이 월터 옹의 《구술문화와 문자문화(Orality and Literacy)》와 마셜 맥루언의 《구텐베르크 은하계(The Gutenberg Galaxy)》를 꼽을 것 같아요. 이외에도 인쇄술의 영향을 깊이 다룬 엘리자베스 아이젠슈타인(Elizabeth Eisenstein)의 《근대 유럽의 인쇄미디어 혁명(The Printing Revolution in Early Modern Europe)》이나 마이클 콜(Michael Cole)과 실비아 스크라이브너(Sylvia Scribner)의 《리터러시의 심리학(Psychology of Literacy)》 등도 꽤 흥미로운 저작이죠. 이들은 조금씩 다른 방식으로 문자 및 리터러시의 발달과 인간의 사회문화적·인지적 변화 사이의 관계를 추적합니다. 이 저작들은 조금씩 다른 방향에서 문자문화와 인류의 관계를 추적하고 있어요. 예를 들어 맥루언은 미디어의 역사를 문자가 등장하기 이전 시기, 문자가 등장해서 퍼지기 시작한 시기, 인쇄술이 등장하고 문자가 폭발적으로 퍼져서 읽기가 변화한 시기, 마지막으로 텔레비전과 전기전자 미디어의 시기, 이렇게 분류했죠.

저는 이 중 비교적 덜 알려진 윌리엄 프롤리(William Frawley)라는 학자의 견해를 가지고 텍스트와 인간의 관계를 이야기해보고 싶습니다(William Frawley, 1987). 프롤리는 텍스트를 중심으로 인류의 역사를 크게 세 시기로 분류했어요.

첫째, 구술 시대예요. 문자가 발명되기 전 텍스트가 존재하지 않았던 시대, 즉 비텍스트성(non-textuality)의 시대죠. 둘째, 텍스트가 나와서 서서히 성장하던 시대예요. 인쇄가 나오기 전까지, 텍스트성(textuality)이 탄생하고 성장하던 시대죠. 셋째, 인쇄가 대중화되면서 텍스트가 급속도로 성장하던 시대입니다. 인쇄 기술에 의해 텍스트가 대량 생산되고 소비되던 시대예요. 이를 초텍스트성(hyper-textuality)이라고 부릅니다. 프롤리가 깊이 논의하지는 않았지만 인터넷의 발달과 웹문서의 폭발적 증가는 초텍스트성을 비약적으로 강화시켰죠. 각각 비텍스트성, 텍스트성, 초텍스트성의 시대라고 명명할 수 있겠네요.

프롤리가 이 주제를 갖고 쓴 책이《텍스트와 인식론(Text and Epistemo -logy)》인데 여기에 그의 문제의식이 잘 담겨 있어요. 텍스트의 탄생, 성장, 비약적 확대가 어떻게 인간의 앎, 즉 인식론에 영향을 주는가를 살피자는 거죠. 우리가 단지 문자를 활용한 것이 아니라 문자가 우리의 사고방식을 바꾸어놨다는 겁니다. 이걸 역사적인 맥락에서 보게 해줘요.

문자는 역사를
어떻게 바꾸었나

김성우

　　문자가 없었던 구술문화 시대에는 지금과 같은 문명은 없었습니다. 근대적 의미의 국가는 말할 것도 없고요. 생각해보면 당연해요. 무언가를 차곡차곡 기록할 수가 없는데 대규모의 사회체제가 발달할 수 없는 거잖아요. 대신 부족이나 지역 중심의 공동체가 형성되어 있는 경우가 많았죠. 이때는 문자가 없으니 지식이나 진실, 권위, 제도나 정치가 텍스트에 의존할 수 없었어요. 지금은 믿을 만한 지식이나 정보를 얻어야겠다 할 때 논문이나 위키피디아를 찾아보거나 권위자가 쓴 책을 참고하지만 당시에는 그럴 수가 없었죠. 문자가 없으니까요. 따라서 지식이나 지혜는 공동체 내에서 일종의 공동체지식(community knowledge)으로 존재하고, 그 중심은 동네의 어른, 부족장, 나이가 들어 어느 정도 권위를 갖게 된 이들이었죠. 내가 뭘 몰라서 알고 싶으면 문서를 찾아보는 게 아니라 누군가를 찾아가는 거예요. 가서 "이런 상황에서는 어떻게 해야 합니까?", "이런 싸움이 났는데 어떻게 하면 좋을까요?" 하고 말로 물어보는 거죠. 무엇(What)이 아니라 누구(Who)가 중요했던 거예요.

그다음은 텍스트성의 시대, 즉 문자가 사용되기 시작하고 조금씩 퍼져나간 시기예요. 파피루스나 필사본을 통해 문자 사용이 확산되면서 지식이 성장하기 시작합니다. 생각해보면 문자가 등장하고 기록이라는 게 퍼진 건 인류사에서 엄청난 사건이었어요. 인터넷과 모바일이 가져온 혁명 못지않았죠.

문자가 보급되기 전까지는 경험이 기록되지 못했고 기억의 상태로 각자의 머릿속에 담겨 있었죠. 문자 덕에 경험이 문서화되기 시작했어요. 물리적으로 인간의 외부에 남겨지기 시작한 거예요. 중요한 건, 기억이 텍스트로 변환된다는 것 자체가 지식의 확대를 함의한다는 점이에요. 모든 텍스트가 의미 있는 건 아니지만, 개개인의 경험을 기록하는 일은 필연적으로 지식의 성장을 수반합니다. 지식과 지혜가 존재하는 방식도 달라져요. 예를 들어 구술문화, 즉 비텍스트성의 시대에는 서열이 높은 사람이 죽으면 그 사람의 지혜가 사실상 사라집니다. 자식 혹은 다음 지도자가 자리를 이어받기도 하지만 그게 죽은 사람의 기억을 그대로 물려받는 걸 의미하진 않으니까요. 그런데 문자가 생기고 나서는 중요한 경험이 사라지지 않고 계속 존재할 수 있게 되었습니다. 그것도 디테일과 일관성을 유지하면서 말이죠. 지식이 쌓이고 세대를 넘어 전달될 수 있는 물적 토대가 마련된 거예요.

어휘와 지식 간의 관계도 완전히 변화했어요. 보통 어떤 언어에 대해 얼마나 많은 지식을 갖고 있느냐를 볼 때 어휘량을 측정하잖아요. 그런데 구술문화에서는 언어지식이 얼마나 많은가를 측정하는 것 자체가 불가능했어요. 말이 문자로 기록되면서부터 단어를 얼마나 많이 아는가가 개개인의 능력을 판단하는 중요한 척도가 될 수 있었죠.

마지막으로는, 인쇄가 등장하고 텍스트 양이 폭발적으로 증가한 초텍스트성 시대의 지식입니다. 프롤리는 이 시대의 지식을 '주석으로서의 지식'이라고 불러요. 이제는 지식의 중심이 몇몇 권위자가 아니에요. 누군가 말했다고 해서 그것이 진리인 양 가르치는 건 말이 안 되죠. 초텍스트성의 시대에는 많은 지식이 위계 없이 널려 있어요. 엄청나게 많이요. 그런 상황이 되니 누구도 넘볼 수 없는 유일하고 권위 있는 지식을 만들어내는 것은 불가능해졌죠. 물리학이나 천문학 같은 자연과학(hard science)이 아니라 인문사회과학 분야에서는 더더욱 그렇습니다. 이제는 지식의 생산이란 많은 텍스트를 섭렵하고 통합해서 거기에 독창적인 이야기를 더하는 것, 다시 말해 여러 의견을 모으고 참고문헌들을 종합하고 주석을 달아 새로운 주장을 만들어내는 것으로 바뀌었습니다. 여기서 등장하는 개념이 담론 공간(discourse space)인데요. 이제는 텍스트가 너무 많아서 한두 권의 논문이나 저서로 해당 영역의 지식체계를 단번에 뒤집는 것은 불가능하고, 복잡다단한 담론들 사이에 내 지식이 어떻게 자리를 잡는가가 중요해졌다는 거예요. 텍스트성이 발달하던 초기처럼 경전이 될 만한 중심 텍스트가 있고 거기에서 가지가 뻗어나가면서 지식이 만들어지는 게 아니라, 굉장히 많은 텍스트가 있고 그들 간에 위계가 거의 없다는 것이 특징입니다. 지식이라는 것이 근본적으로 복수성(plurality)을 띠게 된 거죠.

여기에서 지식체계에서의 교전, 독트린에 주목할 필요가 있습니다. 교전이란 모든 것의 모범이자 기준이 되는 문서죠. 텍스트가 없었던 시대에는 교전이라는 것이 존재할 수가 없었고, 동네 어르신이나 부족장, 샤먼 혹은 선지자가 중요했죠. 사회를 운영하는 모범적 원리가 텍스트가 아니라 사람으로 존재할 때에는 지식이나 지혜의 일관성이라는 게 지금과는 다를 수밖에 없어요. 내가 부족장이라고 할 때 평생 동안 일관성을 유지하면서 모든 케이스에 원칙을 적용하기는 어렵죠. 텍스트화된 교전이나 법전이 있을 때 이들이 적용되는 일관성과는 다른 거예요. 개인의 일관성과 텍스트의 일관성은 다를 수밖에 없죠.

텍스트성이 자리 잡은 문화에서는 텍스트 간의 관계, 위계가 중요해져요. 어떤 텍스트가 경전으로서의 가치가 더 큰가, 어떤 텍스트가 더 권위가 있는가, 이런 것이 중요해지죠. 리터러시 연구에 있어 기념비적인 저서 《구술문화와 문자문화》에서 월터 옹은 등위접속사에서 종속접속사로 넘어가는 것이 구술문화와 문자문화 사이의 큰 차이라고 얘기했어요. 쉽게 말하면, 구술문화의 특징은 발화가 and로 연결되는 데 반해 문자문화는 that과 같은 종속절이 주요한 특징이라는 거죠. 구술성의 주요한 특징이 문장이 첨가적으로 이어진다는 건데요. 아이들이 그렇게 말을 많이 해요. "이거했고 그리고 이거했고 그리고 이거했어." 이 말 속의 and에는 위계가 없어요. 계속 내용이 첨가되는 거죠. 하지만 문자문화에서는 위계가 생기죠. 영어로 I think that~이라고 하면 that절이 I think의 하위로 들어가죠. Before나 after 같은 접속사는 시간적인 순서를 규정하고요. 문자문화가 발달할수록 and로 연결되는 문장보다는 주절과 종속절이 결합된 문장이 많아지는 겁니다.

초텍스트성의 시대에는 해석의 기준이 되는 경전, 독트린이 또다시 사라집니다. 문자가 없었던 비텍스트성의 시대와는 반대로, 굉장히 많은 텍스트가 쉴 새 없이 쏟아져 나오는 상황이 펼쳐지기 때문이죠. 대부분의 영역에서 최종적 권위를 가지는 문헌, 즉 궁극적인 레퍼런스는 있을 수가 없습니다. 어떤 경우라도 지켜야 한다거나 어떤 상황에서도 진리라고 하는 경전은 더 이상 출현하기 어려워요. 흔히 말하는 거대담론이 해체된 대신 특정한 맥락 속에서 작동하는 텍스트의 기능, 언어의 권력이 굉장히 중요해졌습니다.

한 가지 더 얘기하면, 텍스트의 발전에 따라 역사(history)에 대해 우리가 갖는 생각이 확연히 달라졌어요. 텍스트가 없던 시대에는 지금 우리가 생각하는 역사라는 게 존재하지 않았죠. 현시대에서 생각하는 역사란 오랫동안 사회와 사람들이 겪은 바를 어느 정도 객관화해서 기록해놓은 것이거든요. 그게 지금 생각하는 역사, 즉 기록된 역사(written history)죠. 그러나 텍스트가 없던 시대에는 개개인이 과거를 물화시킬 도구가 없었어요.

텍스트는 과거를 대상으로 만들지만 구술문화에서는 언제나 과거에 대한 감각이 현재화돼요. 과거 얘기라 하더라도, "이거 30년 전에 우리 할아버지가 써놓은 거예요."가 아니죠. 아버지가 돌아가신 할아버지 얘기를 하면서, "할아버지가 이렇게 했다고 하더라. 그런 기억이 있다." 이렇게 얘기하는 거죠. 이것은 과거의 고정된 기록으로서의 역사가 아니라, 끊임없이 현재화되는 기억이에요. 이것이 쌓이는 기간은 길어봐야 2, 3대죠. 할아버지가 돌아가시면 손자의 기억은 아버지한테 기댈 수밖에 없는데, 이런 한계 때문에 장구한 역사는 존재할 수 없어요.

그런데 텍스트가 등장하면서 큰 변화를 겪게 돼요. 문서와 자료들이 축적되면서 과거가 대상화되었고, 텍스트가 광범위하게 생산, 유통, 활용되면서 우리가 생각하는 역사가 등장한 거죠. 텍스트가 모여 사료를 이루면서 과거에 대한 기억을 개개인의 발화에 의존할 이유가 없어졌고, 구술문화의 특징이었던 과거에 대한 이야기와 화자, 현재라는 맥락 사이의 끈끈한 연결이 사라졌어요. 비텍스트성의 시대에는 '지금의 나'가 기억하는 무엇, '지금의 우리'가 기억하는 무엇이 있었죠. 텍스트가 쌓이면서는 '200년 전 사람들'이 기록한 사건이 고스란히 남게 되었어요. 개개인에 의해 끊임없이 현재화되는 기억으로서의 역사는 사라지고 과거의 기록에 대한 객관적인 고증과 해석이 중요해진 겁니다.

프롤리는 여기서 복원성을 얘기해요. 구술문화에서는 과거가 발화자가 있는 지금 여기에 존재하기에 어떤 대상을 복원할 필요도 없었고, 가능하지도 않았죠. 기록이 없으니 어떻게 복원을 하겠어요. 그렇지만 텍스트로 경험과 지식이 축적되기 시작하면서 텍스트로 기록된 역사가 생겨났고, 그것을 당시의 맥락과 연결시켜 복원할 수 있는 사료가 쌓이면서 이들을 잘 엮어 유기적으로 구성하는 것이 역사학의 중요한 임무가 되었습니다.

초텍스트성의 시대로 넘어오면 이게 또 달라져요. 지금 대부분의 역사가는 텍스트를 기반으로 역사를 만들어요. 텍스트가 등장한 초기에는 인간의 경험이 끊임없이 텍스트화되면서 역사가 쌓여갔다면, 지금은 많은 역사가가 텍스트를 뒤져서 역사를 기술하는 거죠.

다시 말해, 대부분의 역사 연구가 사건의 목격이나 당사자 취재가 아닌 텍스트 발굴(text mining), 즉 텍스트를 잘 모아 분석하는 일에 기반하고 있어요. 경험과 텍스트가 동시에 축적되던 시대, 텍스트가 그렇게 많지 않았던 시대의 역사와는 또 다른 차원으로 와버린 것입니다.

정리하자면, 텍스트가 출현하고, 성장하고, 그리고 너무 많아진 이 상황에 따라서 우리가 지혜, 지식, 진리, 역사를 인식하는 방식이 달라진다는 거예요. 현대인은 문자가 너무나 익숙해서 그것에 관해 별로 생각을 안 하죠. 당연히 역사가 텍스트로 기록돼 있고, 텍스트에 의해 지혜를 얻을 수 있다고 생각하지만 그것은 사실 텍스트성과 초텍스트성이 가져온 결과예요.

프롤리의 논의가 재미있는 것은 텍스트를 당연시하지 않는 관점을 보여주기 때문이에요. 텍스트가 무색무취한 중립적 도구가 아니라 우리가 생각하는 방식, 역사관과 진리관을 송두리째 바꾸어놓은 거죠. 저는 주로 텍스트성에 기반해 말씀드렸지만, 구술사적인 리터러시나 방법론에서 얻을 수 있는 지혜도 있을 거라고 생각합니다.

저나 또래 친구들이 영상을 엄청나게 보지는 않는 듯해요. 선생님 경우에도 텍스트를 통해 삶이 죽 지어진 것으로 알고 있고요. 그 과정에 대해 메타적으로 생각해본 경험이 있으신지요? 메타적이라 함은, 텍스트를 읽고 쓰는 인간으로서 자신이 어떻게 변화해왔는가라는 질문이라고 할 수 있을 텐데요. 저는 이 질문에 대한 성찰이 중요하다고 생각해요. 아쉽게도 현재의 학교 리터러시 교육에서는 잘 던지지 않는 질문이죠.

이들이 개인일 수 있는 이유가 읽기라는
행위에 있다고 봅니다. 읽는 순간에 인간은
고독해지거든요. 인간은 글을 읽으며 생각을
하잖아요. 생각은 대부분 혼자 하는 것입니다.
특히 깊이 있게 골똘히 생각할 때 인간은 다른
사람과 같이 있는 순간조차도 잠시 사람들
사이에서 물러나 혼자 있게 됩니다.

엄기호

　　사실 저는 100퍼센트 읽기의 자식입니다만 구술에 상당히 매혹된 사람입니다. 그러니 학문 방법론으로도 질적 방법론을 좋아하는 것이죠. 사람들 이야기를 듣는 것이 저는 재밌거든요. 책을 읽는 게 보다 정갈하다면 말은 중구난방입니다. 제대로 정리가 안 되어 있고 반복이 심하고 앞뒤가 안 맞는 이야기도 많습니다. 과장도 있고요. 그래서 문제를 일으키기도 하죠.

　　그러나 구술, 이야기에는 책과는 다른 매혹적인 요소가 많이 있습니다. 어릴 적 생각이 나는데요. 저는 시골에서 나고 자랐습니다. 작은 누나가 학교 숙제로 동네 어른을 만나서 그분의 노동요를 채록하러 갈 때 따라간 적이 있었어요. 나이가 많은 할머니였는데, 누나는 그 할머니의 이야기를 듣고 받아 적고 저는 그 옆에서 두 사람을 구경했습니다.

　　할머니는 노래를 부르다가, 그 노래의 유래를 이야기하다가, 그 노래와 얽힌 자기 이야기를 하다가 그랬어요. 순서가 정해진 것 같지는 않고 제멋대로 하는 듯하면서도 할머니의 이야기는 막힘없이 냇물처럼 경쾌하게 흘러갔죠. 할머니가 불렀던 노래가 어떤 가락인지, 할머니의 인생사가 어땠는지는 기억이 안 나지만, 그분의 표정은 생각나요. 노래를 부를 때는 왠지 신이 난 듯도 싶었고 한탄하는 듯도 싶었고, 유독 한숨을 많이 쉬셨어요. 아마 사는 게 고달픈 것이구나, 이런 생각을 어렸는데도 했던 것 같아요.

누나는 그 할머니의 이야기를 열심히 받아 적고 있었어요. 그런데 말의 속도를 글이 따라갈 수가 없잖아요. 그러니 누나는 할머니에게 "잠깐만요, 다시 말해주세요."라고 계속 부탁했죠. 당연히 할머니의 말은 그때마다 끊어졌고요. 잘 흘러가던 냇물이 둑 같은 것에 막히는 느낌이라고 할까요, 걸리는 느낌이라고 할까요. 할머니의 청산유수 같은 이야기와 그 흐름을 끊던 누나의 받아 적기가 어린 시절 제 선명한 기억 중의 하나예요.

아마 이 기억이 선생님이 말씀하신 구술과 읽기/쓰기의 차이를 최초로 목격한 순간인 듯싶네요. 체계적으로 정리되어 일관된 의미를 가지고 있는 글과 즉흥성에 기반한 구술의 차이에 대해서요. 할머니의 노래/이야기에서는 과거와 현재, 미래가 구분되지 않고 지금 이 순간에 다 섞여 있어요. 따라서 그 순간의 현장성과 즉흥성이 매우 중요합니다. 사람이 빨려 들게 하는 매혹이 있죠.

그에 반해 글은, 말씀하신 것처럼 기록이죠. 과거를 이 자리에 불러와 현재화하는 구술과는 달리, 지금 이 순간을 과거로 만들어 미래에 남기는 것이 글의 기본적인 역할입니다. 그리고 무엇보다 이렇게 쓰인 글은 해석을 기다리는 그 무엇이 됩니다. 대담을 시작하며 말씀드린 것처럼, 읽는 사람은 세상 모든 것을 텍스트로 여기고 그 의미를 해석해야 합니다. 그리고 그 해석은 자기만의 해석이 됩니다. 의견이 되는 것이죠. 이렇게 고독하게 자신만의 완결적인 의견을 가지기 위해 노력하는 것, 이것이 근대적 시민이고 개인이라고 할 수 있을 것입니다.

그렇기 때문에 저는 텍스트라는 매체, 읽기라는 행위가 '개인을 출현시켰다'고 생각해요. 이건 제 얘기가 아니라 서양의 많은 철학자가 말하는 것이기도 합니다. 구술문화와 문자문화를 구분해주신 것처럼, 구술문화에서는 지식 자체가 공동체지식이죠. 여기서는 지식의 주체가 공동체예요. 부족장이나 어른이 지식을 가지고 있다 해도 개별화된 지식으로 존재한 것이 아니었어요. 절기에 맞춰 마을 단위에서 이뤄지는 전통 의례 행위 같은 것도 조금씩 변하잖아요. 이런 연행(演行) 행위도 마을 어른들의 지도 아래 다른 사람들이 협업하면서 살아 움직입니다. 다들 조금씩 보태가면서 공동 창작의 형태로 발전시킨 지식입니다.

근대가 개인을 전면화시켰지만, 그 이전이라고 개인이 없었던 것은 아닙니다. 아리스토텔레스 같은 지식인, 특히 불교의 승려들은 다 개인이었어요. 이들이 개인일 수 있는 이유가 읽기라는 행위에 있다고 봅니다. 선생님의 질문에 대한 대답이기도 한데, 읽는 순간에 인간은 고독해지거든요. 인간은 글을 읽으며 생각을 하잖아요. 생각은 대부분 혼자 하는 것입니다. 특히 깊이 있게 골똘히 생각할 때 인간은 다른 사람과 같이 있는 순간조차도 잠시 사람들 사이에서 물러나 혼자 있게 됩니다. 이런 의미에서 읽기는 고독한 작업이죠. 구술문화에서 듣는 것은 계속 공동체에 참여하는 행위예요. 이와 달리, 읽는다는 것은 그 공동체에서 떨어져 나와 여행을 떠나는 거거든요. 제가 어렸을 때 책을 읽었던 이유가 그거였어요. 단칸셋방에서 다섯 식구가 살았지만, 책을 읽을 때만은 내가 그 방 소속이 아니게 되거든요. 많은 사람이 읽기를 여행에 비유하는데, 저는 비유가 아니라 실제적 행위라고 생각해요.

여행은 내가 속한 공동체를 떠나서 낯선 곳으로 혈혈단신 가는 것이죠. 개인이 된다는 것에서 고독은 매우 중요한 문제예요. 그 첫 번째 이유는, 고독해진다는 것은 내가 속한 공동체에서 떨어져 나가는 것이라 '그렇다면 나는 누구인가'라는 자아정체성에 대한 질문을 던지게 되기 때문이에요. 두 번째로는, 자아정체성에 대한 질문을 던지면서 자기를 대면하게 된다는 것이에요. 자기를 대면해야만 내면이 탄생합니다. 내면이 형성되는 계기는, 아주 예외적인 경우를 제외하면 대부분 읽는 행위에서 비롯되죠.

읽기가 어떤 역량을 키워주는가라는 주제와 결합시켜본다면, 저는 읽기라는 행위가 두 가지 역량, 고독해질 수 있는 역량과 고독을 견딜 수 있는 역량을 키워준다고 생각해요. 아렌트가 구분한 개념으로 보면(한나 아렌트, 2006), 읽는 능력이 없는 사람이 공동체에서 떨어져 나가면 고독해지는 게 아니라 외로워집니다. 추방되는 것에 가까운 엄청난 두려움이 밀려와요. 그렇기 때문에 외로움이 아니라 고독이라고 느끼고 받아들이는 것이 굉장히 중요한 역량인데, 바로 이것이 읽기와 관련해서 더 깊이 얘기해야 할 주제라고 생각해요. 읽기는 개인을 어떻게 만들고 어떻게 성장시키는가.

다음으로 문자와 읽기가 키워주는 역량이 무엇이냐, 저는 역사에 대한 감각이라고 봅니다. 인간은 생각하는 존재입니다. 그런데 어떻게 생각하는가, 아무렇게나 생각하는 게 아니라 사건을 시간의 순서에 따라서 사유한다는 게 중요해요. 역사적으로 사유한다는 것은 흐름을 파악하는 것이고 흐름에 사건들을 엮을 줄 안다는 것이죠. 우리는 어떤 현상을 볼 때 자동으로 역사적으로 사유합니다. 예를 들면, 지금 벌어지고 있는 한일문제 같은 현안이 생길 때, 과거에 무슨 일이 있었기에 지금 이 일이 벌어지는가, 또 과거에는 이 일을 어떻게 다루었기에 여전히 그 여파가 지금에 미치는가, 그러면 우리는 지금 어떻게 해야 미래를 바꿀 수 있는가라는 식으로 사유한다는 거죠. 이게 역사적 사유예요.

역사적으로 사유하는 존재의 특징은, 현재를 똑 떨어진 시공간으로 보는 것이 아니라 시간의 연속성 속에서 본다는 것입니다. 선생님이 텍스트성이 생기고서야 기록된 역사가 시작되었다고 말씀하신 것처럼, 긴 역사에 대한 감각이 있어야 자기 자신을 연속선상에 놓고 사유할 수 있게 되거든요. 짧은 역사를 갖고는 역사라고 할 수가 없는 거죠. 짧은 역사에 대해 우리가 쓰는 개념은 '당대'예요. 3대라고 해도 사실 당대죠. 당대를 넘어서야 역사적 감각이 생겨요.

제가 재밌는 예를 들어보겠습니다. 일본의 이름 중에는 첫째 둘째, 이런 이름이 많죠. 이치로가 첫째고요. 그리고 북유럽식 이름에서 안데르센은 안데르의 아들이라는 뜻이죠. 이걸 인도네시아 발리에서 이름을 짓는 원리와 합쳐서 이렇게 이름 짓는 걸 생각해봤습니다. 이를테면 엄기호라는 사람이 있다면 그의 자식들 이름은 엄첫째, 엄둘째, 엄셋째가 돼요. 그들이 자식을 낳으면 다시 엄첫째첫째, 엄첫째둘째, 엄첫째셋째, 다음 세대는 엄첫째둘째첫째, 엄첫째둘째둘째, 이런 식이 되죠. 그런데 3대가 넘어가면 리셋(reset)돼요. 다시 엄기호가 되는 거죠. 왜냐하면 3대까지만 서로 연관이 있다고 보니까요. 제 추측인데, 옛날에는 수명이 짧아서 3대 이상 산 사람이 거의 없었기 때문인 거 같아요.

이런 식으로 본다면, 3대라는 건 역사가 아니라 당대를 구성하는 동시대인인 거고, 동시대를 넘어가면 나랑 무관한 전설의 영역, 설화의 영역이 되는 거죠. 그런데 역사적 사유란 당대를 뛰어넘고 동시대를 뛰어넘는 것이라서, 그러려면 기록이 있어야 하는 거죠. 기록이 있을 때에만 당대라는 동시대를 넘어서 당대 이전에 무엇이 있었기에 당대가 이렇게 구성되었나를 볼 수 있기 때문이에요. 그렇다면 읽기라는 것은 개인과, 동시에 역사적 존재로서의 인간을 만들어내는 행위가 됩니다.

또 하나, 제가 주체성의 문제에서 무척 중요하다고 생각하는 변화는 거대주체의 소멸이에요. 역사적 존재로서의 자기, 역사적 존재로서의 인간, 이걸 생각하게 되면서 거대주체가 소멸하게 되었다고 보는 거죠. 담론의 공간, 주석으로서의 지식 생산이라고 말씀하신 것이 이런 의미일 텐데요. 이제 바보가 아닌 다음에야 다 알거든요, 자기가 천재가 아니라는 것을요. 특히 자연과학에서는 하늘에서 뚝 떨어진 지식이라는 게 거의 불가능하죠.

제가 이걸 중요하다고 생각하는 이유는, 거대주체를 종식시켰기 때문에 인간이 더 겸손해질 수 있다고 보기 때문이에요. 만능감을 제거할 수 있죠. 많은 연구자가 처음에 어떤 주제를 떠올리면서 이건 정말 기발하다고 생각해요. 그렇지만 논거를 대기 위해 다른 사람들의 저작을 읽다 보면 자기가 하려는 게 대부분 이미 연구되어 있다는 것을 깨닫게 되죠. 인류 전체의 거대한 축적 위에 올려지는 작은 벽돌 하나라도 되면 그나마 다행이라는 생각을 하게 됩니다. 정말 겸손해지거든요. 아주 예외적으로 읽기를 반복할수록 자기가 대단하다고 생각하는 사람도 있긴 합니다만 대다수의 사람은 읽으면 겸손해집니다.

이런 점에서 저는, 개인을 만들고 역사적 주체를 만들되, 동시에 거대주체가 아닌 작고 소박한 주체를 만들어낸다는 것이 읽기라는 행위가 가진 매우 독특한 특징이라고 생각해요.

글이 영상보다 자유로운 이유

김성우

선생님이 읽기와 개인의 탄생, 역사적 사유 주체의 탄생에 관해 말씀해주셨는데요. 저는 쓰기에 관해 조금 덧붙여보려고 합니다. 쓰기와 읽기는 동전의 양면처럼 밀접하게 엮여 있죠. 사회적으로 볼 때 리터러시 행위는 쓰는 주체가 텍스트를 매개로 읽는 주체를 만나는 것이라고 생각할 수 있습니다. 읽기와 쓰기는 씨줄과 날줄처럼 엮여서 글을 기반으로 하는 담론 공동체를 형성하는 것이니까요. 쓰기에 대해 살펴보기 위해 먼저 다른 미디어, 특히 이미지나 영상과 비교할 때 텍스트가 갖는 두드러진 성격을 이야기해보려고 합니다.

먼저, 텍스트의 유연함을 들 수 있어요. 영상에 비해 문자매체가 갖는 강점 하나는 머릿속에 있는 생각을 어떤 식으로든 언어화할 수 있다는 거예요. 앉은 자리에서요. 어디서든 상관이 없죠. 슥슥 글로 풀어내면 되는 거니까요. 영상은 그럴 수가 없죠. 내가 아무리 아이디어가 좋아도 아무렇게나 영상화할 수가 없어요. 상상 가능하다고 뚝딱 만들어낼 수가 없는 거죠. 게다가 어떤 아이디어는 엄청나게 많은 돈을 투여해야 해요. 그러니까 SF나 판타지의 세계는 천문학적인 돈을 넣어야 영상으로 겨우 만들어낼 수 있는 반면, 문자로는 버스를 타고 있든 화장실에 있든 상관없이 끄적이고 타이핑할 수 있는 도구만 있다면 얼마든지 머릿속의 개념을 언어화할 수 있는 거죠. 영상에 비해 생산단가가 낮고 경제성이 월등한 겁니다. 물론 그렇게 나온 텍스트가 얼마나 깊이나 가치를 갖느냐는 다른 문제지만요.

다음으로 검색과 인용에서 텍스트의 강점을 생각해볼 수 있어요. 질문을 던져보죠. 텍스트 검색 및 인용의 유연함을 영상이 따라올 수 있을까요? 다양한 소스를 엮어 하나의 논리적 구조로 만드는 일에 있어 단어의 연쇄라는 동일 포맷을 유지할 수 있는 텍스트에 비하면, 장르, 해상도, 구성, 색감, 음악, 내레이션 등의 요소들이 울퉁불퉁하게 엮일 수밖에 없는 영상이 같은 수준의 유연성을 확보하기는 쉽지 않을 겁니다. 다시 말해, 텍스트매체의 경우 수많은 텍스트를 모으고 변형해서 다른 텍스트로 만들어내기가 비교적 수월해요. 하지만 영상의 경우에는 그게 쉽지 않죠. 전혀 다른 스타일의 영상들을 묶어서 하나의 영상으로 만드는 건 까다로울 수밖에 없어요.

유연성, 경제성에 이어 텍스트에서 유독 두드러지는 특징 하나가 추상성이에요. 영상이 추상적일 수 없다거나 텍스트가 구체적일 수 없다는 말은 아니에요. 밀도 있는 묘사나 추상을 이미지화한 영상도 있을 수 있으니까요. 하지만 미디어의 속성상 문자매체는 시각매체에 비해 추상적이고 일반적인 개념들을 아주 잘 다뤄요. 예를 들어 우리가 '부재(不在)와 관계'라는 주제를 이야기한다고 해보죠. '존재하지 않는 것', '대상과 대상이 맺어지는 방식'에 대해서 말이죠. 이때 '부재와 관계'라는 텍스트가 가진 추상적 의미를 유지하면서 영상을 만들어낸다는 것은 사실상 불가능하죠. 영상으로 만들어지는 순간 시각매체가 되면서 '세상의 모든 부재와 관계'라는 추상화된 의미와는 다른 의미가 만들어지는 거예요. 그런 면에서, 텍스트는 우리가 갖고 있는 미디어 중에서 추상도가 매우 높은 편에 속한다고 할 수 있을 거 같아요.

물론 구체성에 있어서는 텍스트가 영상을 따라갈 수가 없어요. 멀티미디어가 세계를 그대로 복사하고 포착할 수 있기 때문인데, 이런 건 유튜브가 잘하는 거예요. 예를 들어 신발 끈 묶는 법, 레이업숏 하는 법, 뜨개질 하는 법 같은 것들은 아무리 말로 해봤자 영상으로 보는 게 백배 낫습니다. 하지만 추상적 개념을 매개로 하는 사유, 예를 들어 존재라든가 과정, 관계, 사랑, 자유, 평등, 이런 것들을 개념화하고, 이를 체계화해서 사유의 틀, 나아가 이론을 만들고 소통하는 것은 영상으로 하기가 굉장히 힘들죠.

이 대목에서 사람들은 '영상도 잘 만들면 철학 교과서가 되고 과학서가 될 수 있지 않는가'라는 질문을 던지곤 해요. 텍스트가 할 수 있는 일을 영상도 훌륭하게 해낼 수 있다는 거죠. 그런데 잘 생각해보면 그런 경우는 영상매체를 만드는 데 있어서 글이 녹아들어간 경우로 봐야 합니다. 쉽게 말해 스크립트를 써서 완성도 있는 영상을 만든 거예요. 글이 기반이 된 영상매체인 것이죠.

추상화 능력은 세계를 다양한 수준에서 이론화할 수 있는 능력을 뜻합니다. 시공간상에 복잡하게 얽혀 있는 세계를 개념적인 패키지(package)로 만드는 거예요. 추상적 개념 안에 세계가 쏙 들어가는 거죠. 예를 들어 추상성이 높은 '관계'라는 말에는 주어도 없고 목적어도 없고 관계라고 하는 순수한 개념만 있어요. 그러니까 제가 잘 쓰는 표현으로, '관계'라는 어휘를 글로 쓰는 순간 이 세상의 모든 관계가 그 안에 딱 들어가는 거예요. 이런 관계, 저런 관계가 아니라 모든 관계가. 그런데 영상은 그게 아니죠. 영상은 이미지라는 매체로 세계랑 딱 붙어 있기 때문에 그게 안 되는 거예요. 이것은 사실 알파벳적인 사고와도 연결돼요. 알파벳은 소리를 표시하지 그 자체에 필연적인 의미는 없거든요. 세계와 문자 간의 관계가 사실 없는 거예요.

엄기호

그렇죠, 자의적이죠.

김성우

네. 소쉬르가 말하는 언어의 자의성인데(페르디낭 드 소쉬르, 2006), 이 앞에 있는 물건을 탁자라고 하건 데스크라고 하건, 그것은 어떤 사회적 상황에서 누구와 얘기하는가에 따라 달라지는 거지, /탁자/나 /데스크/라는 말소리 자체에 의미나 개념이 들어 있지는 않아요. 자의적인 거죠. 비유적으로 말하자면, 의미하는 대상과 언어 간의 거리가 엄청나게 먼 거예요. 거의 관계가 없는 거죠. 그런데 영상은 관계가 상당히 가깝죠. 관점이 개입되고 편집이 들어가긴 하지만, 찍는다는 것은 재료가 현실이거든요. 영상이 재현(represent)하는 미디어라면, 언어는 어떤 세계의 사태나 사건, 현상이나 대상을 상징(symbolize)하는 거예요.

언어와 대상 사이의 거리가 멀거나 관계가 없는 건 마찬가지인데, 말과 글은 또 쓰임이 굉장히 달라요. 말은 발화자와 구체적인 맥락 모두를 담고 있어요. 언제나 구체적인 시간과 장소에서 일어나는 발화 사건(speech event)을 생각할 수밖에 없죠. 하지만 글은 구체적인 맥락이나 말하는 사람에게서 어느 정도 독립적이에요. 또 말은 호흡이 짧아요. 하지만 글은 우리의 생각을 표현하고 확장하는 일종의 저장 장치가 되죠. 외장 하드디스크 드라이브 같은 역할을 한달까요. 그래서 엄청나게 긴 스토리나 논리를 전개하는 게 가능한 겁니다. 예를 들어, 순수하게 말로만 헤겔의 《정신현상학》을 쓸 수 있을까요? 이건 안 되는 거거든요. 말로 《토지》를 풀어내는 것, 구술로 하는 것은 거의 불가능해요. 대충은 가능하다 하더라도 소설이 가진 정교함과 플롯, 그 정도의 스케일과 캐릭터를 말로써 짓는다는 것은 불가능한 일입니다. 철학자 헤겔이, 박경리 선생이 글로 썼기 때문에 가능한 거예요. 텍스트가 있었기에 세상을 바꾼 작품들이 우리에게 올 수 있었던 겁니다.

그런 면에서, 쓰기라는 건 말을 그냥 옮겨놓는 게 아니에요. 말이 문자화되는 순간, 문자가 그 자체로 해낼 수 있는 영역이 생기는 거죠. 예를 들면 길고 촘촘한 내러티브를 만들어내거나, 방대한 스케일의 역사적인 사건을 자세하게 기술하는 일, 또 고도의 추상성을 갖춘 이론적인 체계를 구축하는 일 등이 있죠. 만약 문자가 없었다면 우리가 마르크스나 헤겔, 도스토옙스키 같은 사람들의 생각을 향유하거나 우리의 삶에 적용하는 게 가능할까요? 당연히 불가능하죠. 그걸 가능하게 하는 미디어가 쓰기라는 겁니다.

제가 영화 〈매트릭스〉 1편을 굉장히 좋아합니다. 거기에 모피어스가 네오를 하얀 방에다가 불러놓고 네가 지금 보고 있는 것이 현실이냐 시뮬레이션이냐 하고 묻는 장면이 있는데, 그 공간의 이름이 '컨스트럭트'예요. 컨스트럭트(the construct)는 우리가 상상하는 그 무엇이든 불러들일 수 있는 공간입니다. 그게 무기가 될 수도 있고 싸움이 될 수도 있고 세계가 될 수도 있죠. 즉 생각나는 대로 바로바로 로딩(loading)해서 시뮬레이션을 해볼 수 있는 곳이 컨스트럭트라는 공간이에요. 근데 그게 언어랑 되게 비슷해요. 언어를 통해 머릿속에 내가 상상하는 그 무엇도 로딩할 수 있습니다. 그것도 순식간에 가능하죠, 상상하는 거니까. 그리고 그 안에서 다양한 시뮬레이션을 해볼 수 있습니다. 로딩과 시뮬레이션이 가능하다는 게 인간에게 커다란 자유를 줘요. 그런데 이걸 글로 하면 로딩과 시뮬레이션의 스케일이 엄청나게 커지는 겁니다. 구술 시대라면 방 안에 가구 몇 개 들여오기 정도의 시뮬레이션이 가능했다면, 이젠 철학사도, 장편소설도, 시즌 10개로 이루어진 드라마도 시뮬레이션할 수 있는 겁니다. 글이 있으니까요.

이걸 자유도라는 관점에서 볼 수 있을 거예요. 텍스트가 우리를 자유롭게 하는 부분이 있는가 하면 영상이 자유롭게 하는 게 분명히 있어요. 그런데 지금의 영상 편집 기술이나 소프트웨어 발전 단계에서 우리가 텍스트를 통해 누리는 자유로움을 영상을 찍고 만드는 것으로 대체할 수 있는 것인가, 이건 좀 의문이에요. 언어를 매개로 해서 세계를 로딩하고 편집하고 그걸 통해서 지식을 만들어내고 우리가 경험한 것을 성찰하고 나눌 수 있는 힘, 그것을 영상이 아직은 따라갈 수 없다고 생각해요. 텍스트의 역사가 그만큼 길기 때문에, 영상 기술이 아무리 빨리 성장한다고 해도 십 몇 년 안에 이걸 뒤집어엎을 만한 힘을 얻기는 힘들다고 보는 거죠. 글을 쓰고 다듬는 속도로 영상을 생산하고 편집할 수 있는 시대는 아직 멀었어요. 결국 선생님이 말씀하신 것처럼 역사에 대한 감각, 긴 시간에 대한 감각, 제가 말씀드린 추상성에 대한 감각 등은 영상, 특히 현재 기술 수준의 영상에서보다는 텍스트에서 훨씬 더 잘 구현될 수 있고 자유자재로 시뮬레이션할 수 있다고 봅니다.

그런 면에서, 책 읽기든 영상 보기든 둘 중 하나만 잘하면 된다거나 혹은 지금은 영상 시대니까 영상 만드는 것만 잘하면 된다고 말하는 건 무책임할 수 있습니다. 어떤 매체를 가르칠 것인가를 고민할 때 '요즘 뭐가 대세라더라'를 중심으로 생각해서는 안 돼요. 인간에게 어떤 사고의 도구를 줄 것인가에 대해서, 그 도구가 우리를 어떻게 변화시킬 것인가, 그러한 변화가 개인과 사회에 어떤 결과를 초래할 것인가를 고민해야 하는 것이지 대중성만을 좇아서는 안 된다는 겁니다.

엄기호

　　말씀하신 것처럼, 문자와 관련된 읽기와 쓰기라는 행위가 키워주는 가장 큰 역량이 추상화하는 힘입니다. 추상화의 정도가 높으면 높을수록 거기에 담길 수 있는 것이 점점 더 많아집니다. 그런데 추상성이 높다는 것은 그저 여러 개를 아무것이나 막 담을 수 있다는 뜻은 아닙니다. 그렇게 되면 의미가 붕괴되니까요. 모순되고 충돌하는 것들이 마구 담기면 의미를 갖는 것 자체가 불가능해지죠. 그래서 추상성이 높으면 높을수록 더 체계적이고 정교해져야 해요.

　선생님이 말씀하신 것을 정리하면, 글을 쓰고 읽는 것이 말을 하거나 영상을 보는 것과 달리 인간의 사유하는 역량을 비약적으로 전환시켰다는 것입니다. 한편에서는 추상성이 높아짐으로써 보다 본질적인 것을 사유하게 되었다면, 다른 한편에서는 그 본질적인 것에 대한 나의 이야기가 그저 추상적인 것이 아니라 매우 체계적이고 치밀해야 합니다. 따라서 내 이야기가 얼마나 체계적이고 치밀한지를 생각하지 않을 수 없는 거죠. 바로 이것이 글을 읽고 쓰는 것이 인간의 사유역량을 비약적으로 높였다고 말하는 이유겠죠. 말로는 이 치밀함과 체계성을 도저히 담을 수 없거든요.

　선생님도 조심스럽게 말씀하셨고 저도 조심스러울 수밖에 없습니다만, 영상이 문자만큼의 추상성이나 유연성(flexibility)이 있느냐 하면, 아직은 영상이 도저히 문자를 못 당한다고 봐요. 많은 사람이 소설을 읽고 나서 그걸 원작으로 한 영화를 보고 나면 실망하는 이유가, 소설을 읽으면서 내 머릿속에서 상상되었던 그 스케일과 디테일이 영상으로는 잘 안 담기기 때문이거든요. 그런 면에서, 문자와 읽기라는 것이 상상력의 스케일과 디테일함을 키워준다고 봅니다. 이게 구닥다리들의 얘기일지 모르겠지만요.

물론 문자와 읽기의 추상성과 기호성이 너무 높아서 생기는 문제도 있습니다. 오자와 마키코가 얘기한 것처럼, 현재 학교에서 학생들에게 너무 일찍이 추상적이고 기호학적인 것을 다루게 함으로써 현실을 망각시킨다는 점입니다. 삶의 구체성은 놓치게 되는 것이에요. 소위 구체적 보편성이라고 하는 것에서 보편성을 생각하기 위해 추상적으로 사유하는 것은 불가피하지만 그것이 구체성을 망각하는 형태로 가면 반쪽밖에 못 취하는 것이 되겠죠.

김성우

맥루언을 비롯해 미디어학자들이 얘기했다시피, 어떤 미디어를 장착해서 그것에 연결된다는 것은 그 미디어의 장점을 받아들이는 동시에 그것이 할 수 없는 것까지 받아 안는 것이거든요. 보통 자원(affordance)과 제약(constraint)이라는 개념을 많이 쓰는데, 특정한 매체에서 얻을 수 있는 유익이 있고, 이를 얻는 동시에 어떤 제한이 생긴다는 거죠.

언어적 사고, 텍스트적 사고에는 분명 대가가 따릅니다. 예를 들면 그 사고는 화가나 디자이너가 그림이나 도형을 통해 사고하는 것과는 분명 다르고, 춤을 추는 사람들이 몸을 통해 사고하는 것과도 다르죠. 그러니까 텍스트를 통해 사고하는 게 최고다, 이건 절대 아니에요. 그렇게 주장하는 사람은 텍스트밖에 모르는 사람이라고 말하고 싶어요. 각각의 매체가 갖는 자원으로서의 유익과 반대의 제한점이 있다는 걸 모르는 거죠.

엄기호

　　　　　　　　　선생님이 예로 드신 '관계'라는 개념을 학교에서 어떻게 가르치는지를 봐도 그렇죠. 우리 눈앞에서 벌어지고 있는 관계에 대해 사유하고 다루는 능력은 키워주지 못하고, 단지 인식하는 능력만 키워주거든요. 인식하기만 있지 다루기는 없는 거예요. '1 더하기 1은 2다'라고 할 때, 이것의 실제는 잘 몰라요. 머릿속에서 숫자만 나열되지. 오자와 마키코는 몽골의 말로 비유를 하죠. "말 한 마리가 있는 마구간에 또 한 마리를 넣으면 몇 마리일까요?"라고 물으면 서양 아이들은 "두 마리."라고 대답하죠. 하지만 몽골 아이들은 "0이다."라고 대답한다는 거예요. 말은 절대 한 마구간에 두는 게 아니래요. 싸워서 두 마리 다 마구간을 박차고 나가기 때문에 0마리라는 거죠. 실제적인 것을 더하는 게 숫자의 문제가 아니라는 건 우리 생활에서 많이 볼 수 있습니다. 귤을 예로 들어볼게요. 겨울에 귤을 살 때 보통 박스 단위로 사게 되죠. 그걸 그대로 두면 귤이 금방 상하게 돼요. 하나가 썩으면 갑자기 연쇄적으로 썩기 시작하잖습니까. 그래서 아는 분들은 귤을 사 온 그대로 박스에 담아두지 않아요. 특히 층을 지어서 쌓을 때는 귤 사이에 신문지를 넣어두라고 조언해요. 그래야 안 상하고 오래 먹을 수 있다고 하거든요. 생활의 지혜입니다만 여기서는 1 더하기 1이 2가 아닙니다. 1과 1은 거리를 둬야 하는 거죠. 이런 게 실제예요. 선생님이 하나의 역량이 생기면 하나의 제한이 따른다고 얘기한 것과 상통합니다. 텍스트와 읽기라는 게 상상력과 추상성에 대한 역량은 엄청나게 키워주지만, 그런 역량이 커지면 커질수록 반대급부로 현실을 다루는 힘은 약해지는 문제가 생겨요.

김성우

리터러시 교육과 삶의 관계를 생각해볼 때 균형이 반드시 필요한 것 같아요. 결국 하루에 주어진 시간은 정해져 있거든요. 모든 걸 다 잘하자, 책 읽기도 잘하고 쓰기도 잘하고 영상 촬영도 잘하고 편집도 잘하자. 또 요즘엔 코딩에 AR, VR 뭐 이런 것까지 나왔죠. 이 모든 걸 잘하라는 건 무책임하고 교육적이지도 않다고 생각해요. 살면서 우리가 가장 기본적으로 키워줘야 할 역량, 삶의 토대가 되는 지적 · 정서적 · 사회적 역량이 무엇이냐에 대해 지금 이 사회가 고민해야 하지 않을까 합니다.

제가 주로 영어교육과에서 수업을 하니까 최근 대학에 입학한 학생들의 영어 수준이 떨어진다는 얘기를 종종 듣거든요. 수능에서 영어가 절대평가가 되다 보니 수리나 언어 영역 공부에 시간을 많이 쓰고 영어 공부에는 점점 시간을 덜 쓰게 된 것에 대한 불만이 많으세요. 그런데 생각을 해보면, 영어보다 다른 과목에 더 시간을 쓰는 것은 입시라는 구조 내에서 분명 합리적인 선택을 한 결과예요. 영어를 못해서 '멍청하다'고 할 수 있는 게 아니죠. 영어에 시간을 덜 쓰는 게 대학을 가는 데 더 유리하기 때문에 선택한 결과일 뿐이고, 구조 내에서 나름대로 살길을 찾고 있는 거예요.

이런 관점에서 보면 우리 사회가 여러 교과뿐 아니라 매체들 간의 관계, 다양한 리터러시 사이의 균형에 대해 고민해야 할 때라고 봐요. 무엇보다 중요한 건 삶과 어떻게 접속하느냐죠. 각 매체의 가능성과 한계를 잘 알기 위해서는 삶 속에서 매체를 활용하는 경험이 많아져야 합니다. 텍스트에 대해 이야기하자면 책 속이나 문제집 안에서가 아니라 사람과 사람 사이에서 말글을 사용하는 경험을 해야 하는 것이죠. 그런 경험을 통해 텍스트라는 기술을 유연하게 다루는 역량을 키워갈 수 있기 때문입니다. 현재 우리 사회가 그런 '삶을 위한 리터러시'를 잘 키워주고 있는지에 대해서는 의문이 들어요.

우리는 읽기/쓰기를 제대로 가르친 적이 없었다

김성우

　　　　　　제가 재밌게 생각하는 현상이 있어요. 요즘 책을 쓰는 게 유행처럼 되고 있잖아요. 독서모임도 붐이죠. 글쓰기, 책 쓰기 강의도 많고, 그에 관한 책들도 우후죽순 쏟아지고 있어요.

Literacy 02   읽기는 여전히 유효한가 ————

쓰기라는 건 말을 그냥 옮겨놓는 게 아니에요. 말이 문자화되는 순간, 문자가 그 자체로 해낼 수 있는 영역이 생기는 거죠. 예를 들면 길고 촘촘한 내러티브를 만들어내거나, 방대한 스케일의 역사적인 사건을 자세하게 기술하는 일, 또 고도의 추상성을 갖춘 이론적인 체계를 구축하는 일 등이 있죠. 만약 문자가 없었다면 우리가 마르크스나 헤겔, 도스토옙스키 같은 사람들의 생각을 향유하거나 우리의 삶에 적용하는 게 가능할까요?

여기에 유튜브 플랫폼이 부상하면서 전통적인 문화자본과는 다른 새로운 문화자본이 만들어지고 있어요. 유튜브의 권력이 생겼죠. 이렇게 미디어 지형이 바뀌면서, 사람들이 기존에 자신이 갖고 있던 텍스트 중심의 문화자본을 영상 기반의 새로운 자본으로 만들려는 움직임처럼 보여요. 이를테면, 예전부터 해오던 독서라는 행위가 특별할 게 없어 보이지만 아니다, 사실 되게 있어 보이는 거다. 그리고 유튜브만 그런 게 아니라 책 쓰는 일이 사업을 하거나 자기계발을 하는 데 도움이 된다, 이렇게 가는 거죠. 이에 대해 지나치게 상업적이라거나 독서의 목적이 협소하다는 등의 비판도 있는데, 이게 꼭 부정적으로만 생각할 일인가 싶어요. 문자 기반의 소통이 필수인 현재의 시민 사회에서 쓰기와 읽기 활동이 확대되는 건 고무적인 일이거든요. 온라인과 학교라는 공간을 뛰어넘어 오프라인으로 연결된 사람들이 함께 책 공부, 글공부를 하면서 성장하는 것 또한 값진 일이고요.

이런 트렌드에 비판적인 입장을 취하기 전에, 우리가 여태까지 텍스트를 다루는 방식 혹은 텍스트에 가치를 부여하고 나누는 관행에 잘못은 없었는지 성찰해야 할 시기 아닌가 싶습니다. '독서와 글쓰기를 제대로 배우고 가르친 적이 있었던가?'라는 질문에 진지하게 답해야 할 때라는 겁니다. 워낙 큰 주제이니 제 경험을 중심으로 좀 더 말씀드릴게요. 대학에서 영어 논문 쓰기 강의를 2년 정도 맡았는데, 학생들한테 많이 들었던 얘기가 대학원 석박사과정에 이르기까지 글쓰기를 제대로 배운 적이 없다는 말이었어요. 영어로 글을 쓰는 건 고사하고 한국어 글쓰기도 본격적으로 배운 적이 없다는 것이었죠. 글쓰기를 위해 생각을 확장하는 방법, 글의 구조와 내용을 다루는 전략, 글쓰기에 대한 태도와 윤리 등에 대해 거의 배운 적이 없다고 했어요. 글 쓰는 사람으로서 성장하는 길을 가르쳐준 사람이 아무도 없었다는 거예요. 그러면 지금까지 어떻게 배웠냐고 물었더니 그냥 논문 포맷 가져다가 쓰고, 지도교수가 쓰라고 하면 눈치 봐서 쓰고, 피드백 받으면 그대로 고치고 한 거지, 체계적인 훈련을 받은 적은 전혀 없다고 말하더군요. 몇몇 학생은 '전혀'를 강조해서 말했고요. 이런 경험에 거의 예외가 없었어요. 슬픈 일이죠.

쓰기라는 행위가 이런저런 강점이 있다고 말은 했지만, 지금까지 읽기/쓰기 교육이 텍스트의 강점을 키워주는 역할을 잘 해냈냐 하면, 그렇다고 할 수 없는 것 같습니다. 저는 지금이 이 대목에 대해 전 사회적으로 성찰해야 할 적기라고 봐요. 미디어 전체 생태계의 변동기이니만큼 기존 미디어 교육의 역사에서 교훈을 얻어야 하고, 텍스트를 중심으로 교육을 이끌어온 세대의 책임과 기존 리터러시 교육의 과오에 대한 면밀한 검토 또한 따라야 한다고 생각합니다.

엄기호

네, 바로 그것을 규명하기 위해 이 자리를 마련한 것이죠.

구술이나 영상과 비교할 때 텍스트라는 매체, 읽기와 쓰기라는 행위를 통해 얻을 수 있는 가장 큰 강점이 무엇이냐, 이에 대해 우리는 추상성, 자유도, 개인이자 역사적 인간의 탄생 등을 언급했습니다. 이와 관련되는 게 길이의 문제 같습니다. 선생님이 헤겔의 《정신현상학》이나 박경리의 《토지》를 예로 드셨듯이, 글을 쓸 때에 상상할 수 있는 시간의 길이는 영상이나 구술과는 비교도 안 되게 길죠. (한국에서 대유행 중인) 유발 하라리 같은 경우에는 인간이 생기고 나서 지금까지의 역사를 몽땅 포괄하는 책을 썼고요. 이런 걸 가능하게 하는 게 텍스트예요. 기록을 남길 수 있기 때문이죠.

텍스트는 역사적인 길이뿐만 아니라 사유 자체의 길이가 굉장히 길어지게 만들었습니다. 머릿속에서 생각만 할 때는 그렇게 길어질 수가 없거든요. 앞에 생각했던 걸 다 까먹어버리잖아요. 책을 쓴다는 건 처음에 생각했던 걸 써놓고, 그다음에 생각하고, 그다음에 생각하고, 이렇게 생각한 걸 다 이어 붙여야 가능한 일이죠. 텍스트라는 게 사람을 체계적으로 사고하게 만든다는 말입니다. 그러니까, 체계를 만들어낼 수 있다는 거죠. 사실 글을 쓰는 것뿐 아니라 사회를 만드는 데 있어서 체계, 시스템을 어떻게 짤 것인가의 문제는 정말로 중요합니다.

시스템을 짠다는 것은 사유로써 가능한 것이지, 말로써는 부분밖에 못 해내요. 글로 써봐야 이 부분과 저 부분을 이으면서 한편에서는 길이를, 한편에서는 스케일을 확장시킬 수 있는 거죠. 그냥 길이와 스케일만 늘려놓는 게 아니라 논리적 정합성, 인과적 정합성이라는 것을 분명하게 밝혀야 그걸 체계라고 말할 수 있는 거죠. 소설 하나를 읽을 때도, 어떤 인물이 왜 등장했는지를 밝히지 못하면 잘 못 쓴 것이라고 비판하지 않습니까. 논리적인 정합성을 가지고 길게 생각하고 크게 생각하게 하는 데서 텍스트 이상의 수단이 아직은 없어요.

그렇기 때문에 저는, 글쓰기 교육이 제대로 되지 않는 것은 결국 읽기의 문제와 결합돼 있다고 봐요. 예전보다 독서를 안 한다고 한탄하는 사람이 많은데, 읽는 양으로 보면 지금 훨씬 많이 읽어요. 아침부터 저녁까지 스마트폰만 들여다보고 있거든요. 양으로 보면 압도적으로 많이 읽는데, 한 이벤트의 길이라는 면에서 보면 굉장히 짧아졌어요. 길이가 짧아졌다는 게 무엇을 의미하는가, 제가 볼 때는 사유의 길이와 스케일이 짧아지고 작아진 것입니다.

저는 수업을 하면서 학생들에게 쪽글도 쓰게 하고 긴 글도 쓰게 합니다. 처음에 일단 쓸 수 있는 만큼 조금이라도 써보라고 하면, 대부분의 학생이 A4 용지 한 장 정도 써요. 제가 그 글에 대해 여기에는 사례가 들어가는 게 좋을 것 같다, 이 부분은 논리적 정합성이 떨어지니까 학자들을 인용하거나 해서 정당화를 하고 연결고리를 만들어야 한다, 에피소드의 삽입이 아니라 논리적 연결고리 혹은 묘사를 풍부하게 하는 것이어야 한다, 이런 코멘트를 하면서 조금씩 쓰는 글의 양을 늘려가게 하죠. 이러다 보면 A4 한 장 분량이 책 한 권이 될 수도 있다고 말하면서요. 그런데 거의 대부분의 학생이 A4 용지 세 장 분량으로 늘리지를 못해요. 그 이상으로 갈 수 있는 길이는 경험해본 적이 없는 거예요. 써본 경험도 없지만, 실은 읽은 경험이 풍부하지 않은 거죠. 머릿속에 있는 길이만큼만 표현할 수 있는 거니까요.

말씀하신 것처럼 지금 글쓰기가 대유행입니다만, 저는 좀 냉소적입니다. 읽기가 기반되어 있지 않은데 쓰기가 가능할 것인가 싶거든요. 글을 쓰는 건 어려운 일입니다. 저는 이걸 받아들여야 한다고 생각해요. 앞에서도 이야기했지만, 글은 체계적이어야 합니다. 게다가 글을 쓸 때는 그 글이 당대를 넘어 후대에 어떤 의미와 가치를 가질 것인지에 대해 생각해야 합니다. 글은 말과 달리 기록이잖습니까. 그러니 글을 쓰는 것은 추상성을 높여 치밀하게, 체계적으로 구축함으로써 한편에서는 보편성을 획득하면서 동시에 구체적인 모습 또한 보여주는 일이어야 합니다. 한 권의 책이란 하나의 세계이기 때문에, 그 세계 내의 정합성과 논리성과 인과성과 핍진성을 다 맞춰내야 하는 거죠.

그런 걸 읽어보지 않은 사람이 쓸 수가 있느냐? 저는 불가능하다고 생각해요. 그런데 쓰게 하더라고요. 매뉴얼이 있어요. 공장에서 제품이 나오는 것처럼 매뉴얼에 맞춰서 집어넣으면 되는 거예요. 그렇게 매뉴얼에 맞춰 썼을 때 그 사람이 과연 저자(author)가 되는 거냐, 아니죠. 그 글에 무슨 독창성(authenticity)이 있겠어요. 자기 사유가 없는데 독창성이 있을 리 없죠.

저는 이게 매뉴얼의 역설이라고 생각합니다. 인터넷에서 돌아다니는 '사과의 매뉴얼'이 좋은 예가 될 것 같습니다. 그 매뉴얼에 따르면, 사과문에 절대 들어가서는 안 되는 표현의 리스트가 있습니다. '본의 아니게', '의도는 아니지만', '무례했다면', 이런 말을 피해야 한다는 것입니다. 그런 말은 책임을 통감하는 것이 아니라 미루는 비겁한 말이라서 사과를 받아야 하는 사람에게 더 큰 상처를 준다는 이유예요. 맞는 말이죠. 그런데 저렇게 매뉴얼에 따라 매끈하게 쓴 글이 과연 제대로 된 사과이겠습니까? 사과라는 게, 잘못한 쪽에서 아무리 사과를 하더라도 받는 사람이 받아들이지 않으면 성립되지 않는 것이에요. 하는 쪽에서는 불가능한 어떤 것이라는 말이죠. 그래서 사과문은 울퉁불퉁할 수밖에 없습니다. 사과하는 사람의 미안함을 담아낼 수 있는 표현이나 그릇은 없으니까요. 저라면 차라리 온갖 변명으로 점철되었더라도 저런 매끈한 글보다는 횡설수설하는 글을 더 본질에 가까운 사과로 받아들일 것 같아요.

사실, 이렇게 매뉴얼화하는 것이 한국 글쓰기 교육의 고질적인 문제라고 할 수 있을 것입니다. 매뉴얼은 사유를 촉진하는 것이 아니라 방해하죠. 매뉴얼은 그대로 수행하게 하지, 그것을 응용하거나 비판하거나 유연하게 활용하게 하지 않습니다. 관료조직 같은 곳에서는 매뉴얼대로 처리하는 것이 정석이겠습니다만, 글을 매뉴얼대로 쓰는 것은 사유하고 의견을 만들어 세상에 참여하는 개인으로서 시민, 시민으로서 개인의 형성을 방해합니다.

선생님이 텍스트성의 역사를 말씀하시며, 초텍스트성 문화에서는 더 이상 정전이라는 게 없다고 하셨습니다. 이제 정전은 없고, 주석으로서의 지식, 의견의 세계로 넘어갔어요. 의견의 세계에서 내 의견을 보태기 위해서는 이미 제시되어 있는 의견'들'을 알아야 합니다. 그런데 이것은 듣기로 되는 게 아니고 읽기로만 가능해요. 듣는 것은 단수성이거든요. 이걸 듣고 다음 걸 들을 때는 and로 연결이 된다는 말이죠. 이것과 저것을 비교하는 게 아니라, 이건 이거고 그다음에 저건 저거, 이렇게 단수성이 죽 연결되는 거죠. 단수성이 연결된다고 해서 복수성의 세계가 만들어지지는 않습니다. 복수성의 세계란 시간적이기만 해서는 안 되고 시간을 공간화해야 가능한 것이기 때문이에요. 한 공간에 여러 개가 있어야 복수성이라고 인지되니까요. 어찌 보면 기록이라는 것, 읽기라는 것은 시간을 공간화해놓은 거죠. 한 공간에서 죽 읽게 되는…… 글을 쓴다는 것도 시간적으로 연결되어 있지만, 써놓는 순간 책이라는 공간에 들어가기 때문에 복수성이 담보될 수 있는 거예요. 복수성에 대한 역량, 정확하게 얘기하자면 복수성에 대한 감각이 없다면 글을 쓸 수가 없습니다. 복수성에 대한 감각이 있기 때문에 자신이 이 복수성 안에서 어떤 위치에 있고, 어떤 담론을 생산할 것인가를 가늠해낼 수 있죠. 그렇기 때문에 복수성에 대한 감각을 역량이라고 하는 것입니다.

그런데 지금 한국에서 텍스트를 가르치는 방식은 역량을 만들어 내지 못해요. 문해력 자체가 역량을 함의하는 개념임에도 말이죠. 세넷이 말한 것처럼, 내가 여기서 이걸 한 번 할 수 있었으면 다른 데 가서도 해낼 수 있어야만 그걸 역량이라고 할 수 있어요(세넷, 2010). 역량은 내 몸에 쌓이는 힘이고, 그 핵심은 유연함이에요. 왜냐하면 상황이라는 건 늘 바뀌니까요. 내게 추상화해내는 힘이 있다면 그 추상화한 개념을 구체화하는 힘이 생겨야 하는데, 이 방향은 깨져 있는 거죠. 사실 추상화하는 힘도 있다고 하기는 어렵지만요.

───────── **'시험을 위한 읽기'에서
'읽기를 돕는 시험'으로**

김성우

현재 한국의 리터러시 교육, 그중에서도 평가체제에 수반되는 문제가 있죠. 제 전공인 영어교육과 제2언어 리터러시에서 보자면 읽기 중심의 교수에서는 글을 읽고 그것을 얼마나 잘 파악했는가를 평가하는데, 여기에 함정이 있어요. 많은 학생이 수능에 나온 지문이 너무 길다고 합니다. 하지만 현실에 기반해서 가감 없이 말하자면 길어봤자 쪽글이에요. 본격적으로 읽기를 배우기에는 지문이 너무나 단편적이라는 말입니다. 사람들은 흔히 영어인데 그 정도면 긴 거 아니냐고 생각하지만, 우리가 단락글을 위주로 구성된 독해 문제집에 익숙해져서 길게 느껴지는 것뿐이죠. 조금만 더 생각해보면, 아무리 짧은 책이라도 몇 십 페이지는 되잖아요. 그러면, 책 읽기 능력으로서의 리터러시를 평가한다고 할 때, 적어도 그것의 몇 분의 일은 되는 지문을 읽고 그에 대해 동의를 한다거나 저자의 입장을 요약한다거나 자신의 의견을 개진하는 형식으로 평가를 해야 되죠. 그런데 실상은 쪽글을 읽고 그게 무슨 뜻이냐, 다음에는 무슨 내용이 나올 것 같냐 등등을 묻고 있어요. 여기에 문제가 있다는 겁니다.

과거에는 영어 시험 문제가, 괄호에 들어갈 말을 찾게 하거나 밑줄 그은 문장 다음에 들어갈 내용을 물었죠. 문장과 문단 순서는 어떻게 되느냐 같은 걸 물어보기도 했고요. 이런 문제는 기본적으로 읽기 전략을 키워주기 위해 활용되는 거예요. 성인은 책을 읽으면서 예측도 하고, 질문도 던지고, 모르는 한자어가 나오면 그게 무슨 뜻인지 문맥을 통해 추측도 해보죠. 이런 건 모국어에서는 거의 자동으로 되는 것이에요. 그런데 리터러시 발달 단계를 보면, 이런 능력이 저절로 생기는 건 아니에요. 지문을 보고 제목을 정해보거나, 제목을 보고 무슨 내용이 나올지 추측도 해보고, 모르는 단어가 나오면 주변 맥락에서 의미도 추측해보고, 글의 키워드나 주제 문장을 골라보기도 하면서 읽기 전략이 키워지는 거죠.

교수자로서 읽기 전략을 키워준다는 건, A라는 지문을 통해 특정한 능력을 키워서 B나 C의 글을 읽을 때에도 그 능력을 자동으로 적용할 수 있게 만드는 거예요. 그러니까 문제집을 푸는 것 자체가 잘못은 아니라고 봐야죠. 다양한 유형의 문제를 풀면서 여러 가지 전략을 반복해서 훈련할 수 있으니까요. 그러면 뭘 해야 하냐? 그 지문이 아니고 다른 지문을 읽으면서 그 전략들을 적용해보게 하는 게 리터러시 교육인 거죠. 종류가 다른 글, 길이가 긴 글, 새로운 소재를 다룬 글 등으로 확장해보는 겁니다. 선생님이 "역량의 핵심이 유연함이다."라고 말씀하신 것처럼, 맥락을 바꾸어가며 유연하게 활용해보는 거예요.

그런데 지금 이 부분에서 문제가 있습니다. EBS 연계지문이라는 게 있어요. EBS 교재에서 특정한 지문을 다루면 그 지문이 수능시험에서 그대로 나와요. 학생들이 읽었던 글을 그대로 내는 거예요. 그래서 어떤 일이 벌어지냐 하면, 상당히 많은 학생이 해당 지문을 영어로 공부하는 게 아니라 그 지문의 해석을 외워요. 한글 해석본을 달달 암기하는 거죠. 그 내용을 알아야 문제를 빨리 풀 수 있으니까요. 정말 황당한 일이죠. 이건 영어교육이 아니에요.

EBS의 연계지문이 중요한 상황에서, 학생들은 수능 영어를 공부할 때 나름의 전략을 강구하게 돼요. 예를 들어 논리 구조가 복잡한 지문을 만나면 '이렇게 구조가 복잡한 글이라면 요약하라고 할지도 몰라. 그럼 요약문을 미리 보면 도움이 되겠네.'라고 생각하고 요약문을 열심히 익히는 거예요. 수미쌍관식으로 주제가 제시되는 지문을 발견하면 '첫 문장이 주제문인데 마지막 문장도 주제문으로 손색이 없는 것 같네? 그럼 마지막 문장을 빈칸으로 낼 수도 있겠군. 이 문장을 꼭 기억해놓자.'고 생각하는 겁니다. 문제집도 이런 식의 시험 대비 전략을 강화시켜요. 지문을 조각조각 분석하면서 '문제가 나올 포인트'를 짚어주는 식이죠. 이 지문에서는 A, B, C 지점에서 어법이나 접속사, 요약 등을 출제할 가능성이 높으니 이에 집중해서 학습하라는 식의 해설이 곁들여지는 거예요. 이런 상황에서는 지문이 정보와 경험을 제공하고 독자의 생각을 자극하기보다는 '다양한 출제 가능성을 포함하고 있는 시험의 재료'로 기능하게 돼요. 글을 잘 읽으라고 문제가 있는 건데, 도리어 문제를 잘 풀 수 있는 방식으로 글을 읽게 되는 상황이 발생하는 거죠. 지식과 정보의 보고가 되는 글이 문제의 제시문으로 강등당한 형국이라고 할 수 있습니다.

이런 상황에서 뒤집어 살펴볼 지점이 있습니다. 왜 학생들이 유튜브에 빠져들 수밖에 없는가? 저는 이게 자유와 연결된다고 생각해요. 이미 세상에서 권위를 가진 유일한 텍스트, 교전이라는 게 사라졌는데도, 수능시험과 대학 입학을 위해 있는 그대로 암기해야 할 텍스트들이 존재하는 거죠. 그런데 유튜브에 가면 신세계잖아요. 뭔가를 보면 연관된 걸 자꾸 알려줘요. 마치 아마존에서 물건 추천하는 것처럼요. 보다 보면 재밌거든요. '보다 보면 재밌다'는 게 단순히 시간을 때우는 게 아니라 학생들한테 자유로움을 준다고 생각해요. 학교에서는 느끼지 못했던 자유죠. 학교에 가면 몸에 맞지 않는 갑옷을 입어야 되는 상황이라면, 이곳에 오면 입어보고 싶은 옷을 마음껏 입어볼 수 있고, 하고 싶은 놀이를 마음껏 할 수 있는 그런 자유로움이 느껴지는 거죠.

어느 정도 텍스트에 익숙해진 사람들은 책을 꼭 끝까지 읽어야 된다거나 완벽하게 읽어야 된다고 고집하지는 않아요. 책의 서문만 볼 수도 있고, 목차 중에서 흥미로운 장만 골라 읽을 수도 있어요. 학술서라면 색인을 펼쳐서 흥미로운 키워드를 뽑아서 볼 수도 있죠. 자신의 공부 방향에 따라 특정한 주제, 흐름을 가지고 책을 읽으면서 지식을 쌓고, 생각의 자리를 마련하면서 일종의 담론 공간을 만들어내죠. 거대한 지식의 세계에 작지만 자기 생각이 자리할 수 있는 공간을 짓는 거예요. 그런데 많은 학생은 아직까지 그런 역량이 부족해요. 그걸 키워주려면 텍스트를 기계적으로, 문제의 재료로 대하게 해서는 안 되죠. 무조건 암기하거나 어떻게든 문제를 풀어서 답을 맞혀야 되는 세계, 텍스트가 평가에 압도당하는 세계가 아니라, 재미를 추구하면서 자유롭게 여행할 수 있는, 나아가 새로운 의미를 디자인할 수 있는 재료이자 영감으로서 텍스트를 경험해봐야 하는 거예요. 하지만 그런 경험을 과연 학교 수업시간에, 특히 국어, 영어, 과학, 사회 시간에 할 수 있는가를 생각하면 한계를 느낄 수밖에 없어요. 의미 있는 시도가 늘어나고 있지만, 학교 교육 전반이라는 틀에서 보면 학생들은 아직까지 텍스트의 세계가 갑갑하고 자신을 속박한다고 생각하는 경향이 강해요. 텍스트와 평가의 분리가 불가능한 상황인데, 기본적으로 평가가 리터러시를 성장시키기보다는 주어진 틀에 맞추려고 하기 때문이죠. 그런데 유튜브에 가면 그게 사라지는 거예요. 영상의 바다를 끝도 없이 항해할 수 있는 거죠.

잠재적 교육과정(hidden curriculum)이라는 게 있잖아요. 공식적으로는 말과 글에 대한 열정과 관심을 키워주는 게 리터러시 교육의 목표이지만, 실제로 학생들이 배우는 건 그 반대인 경우가 상당히 많습니다. 읽기는 따분하고 교조적이다, 권위 있는 텍스트는 묻지도 따지지도 말고 받아들여야 한다, 문제를 풀기 위한 읽기가 최고다, 이런 생각을 자기도 모르게 하게 되는 거죠. 기성세대가 그런 태도를 심어주고 있는 건 아닌가 깊이 성찰해야 돼요.

텍스트에 대한 고정관념을 깨야만 다양한 글을 접하고 자신에게 맞는 책을 골라서 또 비판적으로 읽을 수 있는 토대가 마련되겠죠. 그런데 다양한 문자매체를 경험하고, 거기에서 의미 있는 지식을 뽑아내고, 나아가 자신의 문화자본으로 삼는 건 계급적으로 분배될 가능성이 높은 능력이에요. 오히려 진짜 잘사는 집에서는 자녀들한테 인문적인 소양, 과학적인 지식을 강조하죠. 물론 사회경제적으로 어려운 처지에 있는 부모들도 노력은 하지만 물적으로, 시간적으로 지원할 수 있는 여유가 생기지 않을 때가 많아요. 자녀들이 택할 수 있는 문화적 경험의 폭도 좁아질 수밖에 없죠.

이 때문에 웹에서 일어났던 비극이 재현될 기미가 보여요. 경제자본, 문화자본이 풍부한 가족의 경우에는 인터넷의 좋은 점을 잘 활용해요. 정보 습득, 학습, 엔터테인먼트 등을 위해 좋은 콘텐츠를 선별해서 활용하는 거죠. 그에 비해 '방치된' 아이들은 웹을 떠돌며 시간을 하염없이 보내기 일쑤죠. 균형 잡힌 리터러시 경험 또한 이렇게 불균등하게 주어진다는 점을 우려하지 않을 수 없습니다.

긴 텍스트를 읽어내는 능력의 중요성은 쉽게 사라지지 않을 거예요. 과학과 테크놀로지, 학문과 비평의 언어가 이미지나 영상으로 쉽게 바뀌진 않을 테니까요. 하지만 지금과 같은 미디어 생태계의 성장과 소비행태, 사회경제적 불균형이 지속된다면 텍스트를 지긋이 읽어내는 능력이 소수 '엘리트'의 전유물이 될 가능성이 높아요. 리터러시 전문가들은 영상과 텍스트를 모두 소화해내는 유연한 역량을 키우자고 말하지만, 그런 능력이 계급적으로 불평등하게 분배될 가능성이 점점 높아지고 있다는 이야기예요. 이것은 소통의 위기, 공동체의 위기, 나아가 민주주의의 위기로 봐야 합니다. 이 상황에 대해 좀 더 면밀한 분석과 함께 그에 기반한 리터러시 지원 생태계의 구축이 필요하겠죠. 결국 리터러시 발달은 미디어나 교육을 넘어서 사회경제적 환경의 문제입니다.

리터러시의 불평등, 민주주의의 위기

엄기호

제가 앞서 말씀드린 매뉴얼화된 읽기와 쓰기, 또 선생님이 지적해주신 교육과정과 평가체제가 모두 같은 문제를 안고 있습니다. 작게는 리터러시 능력을 키우지 못하고, 크게는 의견을 가진 시민으로서 개인, 개인으로서 시민의 형성을 방해한다는 것이죠. 제가 보기에는 여기서 역설적인 일이 벌어집니다. 책을 읽는 것은 마치 여행을 하는 것처럼 공동체를 떠나서 고독감을 느끼다가 돌아오는 거잖아요. 여행이란 모르는 세계로 떠나는 것이고, 그래서 우연에 열려 있어야 하거든요. 다음에 어디로 여행할 것인가는 지금 이 여행에서 내가 무엇을 느끼고 어떻게 생각하는가, 누구를 만났는가, 그 사람이 무엇을 추천하는가에 따라 결정되는 거죠.

책 읽기도 마찬가지예요. 하나의 지문이 있고 그 지문을 정확히 해석했는가 아닌가, 선생님이 말씀하신 것처럼 교조적 해석과 교조적 방향이 있으면 안 되는 거죠. '읽어보니 재밌네, 그럼 다음엔 뭘 읽지?'라는 데 열려 있어야 하고, 그러려면 주변 담론 공간에서의 교조적이지 않은 방식의 추천과 그 추천 속에서의 선택이 있어야 하는 거죠. 그 공간이 도서관과 서점일 테고요. 선생님도 비슷하실 텐데, 저는 어떤 책을 사야겠다 해서 서점에 가지만, 내 쇼핑 리스트에 전혀 없던 책도 사게 되거든요. 제 친구인 정혜윤 피디가 말한 것처럼, 서점이라는 공간은 여행하는 곳이기 때문이죠.

그런데 한국 교육에는 교조적 해석과 교조적 리스트만 있어요. 이걸 읽고 나면 다음엔 저걸 읽어야 되고, 이걸 읽으면 저걸 생각해야 한다는 식으로요. 그런 점에서 보면 완전히 배신인 거죠. 처음에 읽기라는 게 약속했던 일종의 오디세이를 배신하고 훈련만 남는 거예요. 반면 유튜브는, 처음엔 요거만 봐야지 하고 보기 시작하지만 '보다 보면' 이것도 딸려오네, 저것도 재밌겠네 하면서 계속 보게 되는 거죠. 동영상을 보는 행위 하나하나는 읽기와 다를지 모르겠습니다. 하지만 그것이 만들어내는 흐름은 우리가 읽기에서 처음에 상상했고, 또 읽기를 잘하는 사람들이 하는 방식이에요. 그것이 유튜브에서 일어나고 있는 거죠. 다음 것 다음 것 하면서 신비로움과 호기심을 연속시켜내는 것 말이죠.

책 읽는 것을 즐기는 몇몇 학생 말고는, 무엇을 읽고 나서 그다음 책에 관심을 갖는다는 게 거의 불가능해요. 학생들이 읽기를 너무나 두려워해요. 자기가 잘못 읽었을까봐요. 나는 어떤 책을 어떻게 읽었나, 그리고 나서 무엇에 호기심이 생기나, 무얼 읽고 싶은가, 그렇게 연결이 되어야 하는데 그게 안 되죠. 교조적 해석이 정답이 되다 보니 내가 읽은 게 틀렸나 맞나, 제대로 읽었나 아닌가에만 초점을 맞추게 됩니다. 그러니까 다음으로 못 넘어가는 거예요. 여행이 안 되는 거죠. 비유하자면, 관광만 있습니다.

김성우

교전 중의 교전이 종교 경전일 텐데요. 불경을 읽거나 성경을 읽거나 코란을 읽을 때, 어떤 구절에서 나오는 내용을 삶에 적용시켜 여행을 하는 사람이 있고, 끊임없이 내가 올바르게 읽었는지 불안에 싸여 사는 사람이 있잖아요. 물론 최악의 경우는 자신의 해석만이 신의 뜻이라고 철석같이 믿는 사람들이고요. 종교의 텍스트를 가지고 수많은 맥락을 여행하며 삶을 풍요롭게 하는 사람이 있고, 텍스트에 매여서 오히려 삶이 쪼그라드는 사람도 있는 거죠. 저는 종교가 줄 수 있는 긍정적인 면이 있다면 개별 종교가 가르치는 진리를 통해 수많은 맥락에서 자유를 누릴 수 있는 거라고 생각해요. 경전의 구절이 맞고 틀리고를 절대적 기준으로 신앙을 쌓으면 자기도 모르게 세상에 대해 경직된 태도를 갖게 되죠. '내가 정확하게 독해했나?' '너는 왜 그따위로 읽어내는 거냐?'라는 식으로요.

그처럼, 현재 리터러시 교육의 문제는 사람들을 줄 세우면서 "이런, 글도 제대로 못 읽는 것들!"과 같이 상대를 깎아내리는 태도를 은밀하게 키워준다는 거예요. 반면에 유튜브 세계는 하루를 순삭(순간삭제)시키는 자유가 있어요. 선생님이 말씀하신 것처럼, 영상 본 걸 가지고 네가 본 건 몇 점이고 내가 본 건 몇 점이다 하며 평가하지 않아요. 그러니까 자유롭게 계속 보고 싶은 거죠. 유튜브 등의 콘텐츠가 모두 좋을 리는 없지만, 사람들이 누리게 되는 자유로움에 대해서는 깊이 생각해봐야 한다는 거죠. '유튜브가 너희를 자유롭게 하리라'가 아니라 '읽기와 쓰기가 우리를 자유롭게 하리라'가 될 수 있을까? 문해를 가르치는 모든 사람이 한 번쯤 붙잡아봐야 할 화두 아닌가 싶습니다.

엄기호

텍스트와 읽기가 가져다주는 역량이라는 면에서 빠뜨릴 수 없는 것이 또 하나 있습니다. 앞에서 잠시 언급했던 《다시, 책으로》에서 매리언 울프는 텍스트와 읽기가 공감능력을 키워준다는 얘기를 합니다. 마키아벨리의 사례를 드는데, 마키아벨리는 저자가 살았던 시대의 옷을 입고 책을 읽었다고 해요. 예를 들자면, 12세기에 쓰인 책을 읽으면 12세기 때 옷을 입고 영국 사람이 쓴 책을 읽으면 영국 옷으로 바꿔 입고 읽었다는 거죠. 책을 읽는 것은 그 세계로 들어가는 것이기 때문에 그 진지함과 흥분을 유지하기 위해서라고 합니다.

울프는 이걸 공감능력이라고 부르면서 그것이 책과 책 읽기가 제공하는 고유의 역량이라고 하죠. 그런데 사유라는 측면에서는 공감능력이라기보다는 역지사지의 사유역량이라고 봐야 할 것 같습니다. 저는 이것을 '변신'이라고 말하기도 하는데요. 그리스 신화가 '변신 이야기'이지 않습니까. 변신은 인간의 오랜 꿈입니다. 하지만 신이나 천사 같은 존재와 달리 인간은 변신을 할 수가 없죠. 다른 존재가 되는 것, 그 가능성이 봉쇄되어 있는 것이 인간이고, 이런 점에서 인간은 가능성을 빼앗긴 존재라고 할 수 있습니다. 그런데 정말 인간이 다른 존재가 되는 가능성을 빼앗긴 것인가, 그렇지 않습니다. 생각을 통해 완전히 다른 존재가 되기도 합니다. 현실에서는 불가능한 것을 상상할 수 있게 하는 것이 바로 인간의 언어예요. 우리가 뭔가 비현실적인 것을 상상할 때를 한번 생각해보죠. 이미지들이 떠오릅니다만 그 이미지들이 다 언어적이죠. 말과 글입니다. 다른 존재에 공감하는 데 그치는 게 아니라 다른 존재로 변신할 수 있게 하는 것, 생각에서라도 남이 되어보는 것, 그것이 역지사지이며, 아렌트는 그것을 사유라고 했습니다.

저는 이 사유역량을 공감이라고 말하는 것에 대해서는 비판적입니다. 최근에 발간된 《공감의 배신》의 저자 폴 블룸도 비슷한 입장입니다. 공감이라는 게 다른 존재의 입장이나 처지가 되어보는 것, 즉 역지사지하는 사유를 자극하는 게 아니라 오히려 방해할 수도 있다고 보는 게 폴 블룸의 시각입니다. 그의 주장처럼 저 역시 우리에게 필요한 것은 공감능력이 아니라 역지사지하는 사유역량이라고 생각합니다.

반복합니다만, 인간의 사유역량의 스케일을 획기적으로 키운 것이 읽기죠. 이론적으로 보면 내가 아직 읽지 못한 무한대의 텍스트가 있습니다. 그 무한대의 텍스트가 나의 어떤 상상력을 자극할지 모릅니다. 변신의 폭이라는 점에서 글은 시공간을 넘어 무한대의 경험을 지금 이 자리에서 책을 읽고 있는 나에게로 끌어오죠. 말의 세계에서는 거의 불가능에 가까웠던 일이에요.

그럼, 과연 이렇게 사유역량을 확장시키는 것이 읽기만의 특권일까요? 물론 저는 읽기가 일으킨 혁명을 부인할 수 없다고 생각합니다만, 그것을 읽기만의 특권이라고 보기는 곤란하다고 봐요. 오히려 읽기를 이렇게 특권화하는 것이 사유에 진입하는 장벽을 높이 쌓는 일이 될 수도 있을 것 같습니다. 이에 대해서는 제가 다시 말씀드리기로 하고요. 언어학자로서 선생님은 사유역량에서 읽기의 특권화에 대해 어떻게 생각하시는지요?

—————— 사유역량은 읽기의 특권인가

김성우

영상은 기본적으로 지각(perception)의 매체죠. 내가 언어를, 소리를, 또 이미지를 인지하는 거예요. 반면 텍스트는 그 자체를 인지하는 게 아니라 그걸 기반으로 내 몸이 시뮬레이션

하는 것입니다. 소설을 읽을 때, 그 묘사가 구현되는 곳은 종이 위가 아니라 내 머릿속입니다. 영상을 보면 그 화면 속에 구현돼 있는 걸 보는 거잖아요. 100만 명이 보면 100만 명이 다 똑같은 걸 봐요. 신경 과학적으로 엄밀히 보면 약간의 차이는 있겠지만 현격한 차이는 없어요. 화면의 색깔이나 물건 배치 같은 건 다 대동소이하게 보잖아요. 하지만 〈로미오와 줄리엣〉 같은 희곡을 100만 명이 읽으면 100만 개의 세계가 만들어지거든요. 추상성이 높은 시는 더 말할 것도 없고요.

인지과학에 '체화된 시뮬레이션 가설(embodied simulation hypothesis)'이라는 게 있는데요. 쉽게 말하면, 언어는 의미를 전달해주는 게 아니고 의미작용을 격발(trigger)시킨다는 거예요. 그러니까 책 위의 문자 자체로 의미가 된다기보다는 문자가 전해주는 설명, 묘사, 정서적 분위기, 이런 것들이 제 머릿속에 있는 지식과 경험, 정서와 사회성의 총체의 어떤 부분을 자극하는 거예요. 이때 텍스트와 제 뇌 속의 기억이 만나서 시뮬레이션을 일으키는 거죠. 그러니까 〈로미오와 줄리엣〉을 100만 명이, 대충 보는 게 아니라 정독을 했다면, 100만 개의 〈로미오와 줄리엣〉 시뮬레이션이 생성되는 거예요. 비유를 들자면, 셰익스피어가 각본을 제시하고 이에 기반해서 우리 뇌가 연기를 하는 셈이죠.

그러니까, 역지사지의 사유역량이 만들어지는 메커니즘이 영상과 책은 달라요. 영상은, 내가 좋은 영화를 봤다 할 때는 누가 보든 객관적으로 그런 상황, 색깔, 크기, 말투, 이런 것들이 소리와 시선을 통해 전달되는 반면, 문자는 큐만 주는 거죠. 단어의 배열은 말 그대로 시나리오고, 그것이 구현되는 곳은 내 머릿속이에요. 우리는 문자를 통해 정보를 전달받는다고 생각하지만, 사실은 전달받은 정보를 가지고 자기 인생과 지식, 경험을 거기에 넣어서 이야기를 만드는 거죠. 둘 다 외부에서 자극이 들어오는 것이기는 하지만, 끊임없이 머릿속에서 시뮬레이션해야 하는 문자라는 매체와, 외부에서 거의 완제품으로 들어오는 영상이라는 매체는 당연히 머릿속에서 돌아가는 방식이 같을 수가 없어요.

그런데 저는 사유역량을 키운다는 측면에서 볼 때 텍스트만이 역할을 해내는 건 아니라고 봅니다. 웹툰도 가능하고요, 동영상이나 영화도 가능하다고 생각해요. 다만 방식이 다른 게, 타 매체와 비교했을 때 텍스트는 나의 인생과 지식, 경험을 다분히 의도적으로 동원하는 방식의 사유라는 점이죠. 이런 차이는 생각보다 커요. "왜 그걸 책으로 읽어, 복잡하게. 영상으로 잘 나와 있으니까 영상을 보면 되지." 라고 하는 사람이 있을 텐데, 그 차이를 간과하는 거죠. 책을 읽을 때는 나의 참여와 관여가 꾸준히 높은 수준을 유지해야 돼요. 적극적으로 개입하지 않으면 졸리고요, 자게 돼요. 하지만 잘 만든 영상은 보고 있으면 그냥 보게 돼요.

이건 언어의 추상도와 관련이 있습니다. 어떤 사람은 자유라는 말을 들으면 얼마 전에 읽었던 《힐빌리의 노래》의 맥락을 떠올릴 거고, 어떤 사람은 좌파가 생각하는 자유를 생각하겠죠. 똑같은 문장을 읽어도 사람들 머릿속에서 활성화되는 게 다 달라요. 사람들이 말을 통해 소통한다고 생각하지만, 언어를 기반으로 한 소통이란 사실 완벽한 공감이나 정보의 교환이 아니고 적당한 선에서 계속 타협하는 거거든요.

제가 수업시간에 잘 드는 예가 있습니다. 제가 "나 두통이 심해." 그러면, 친구가 "그럼 이거 먹어." 하면서 진통제를 줍니다. 그런데 과연 친구는 제가 말하는 두통을 이해했을까요? 제 머리 어느 쪽에 두통이 있는지, 심하다고 한 것은 어느 정도인지, 사실 친구는 잘 모르죠. 저는 심하다고 생각하는 두통이지만 그 친구에게는 그 정도의 두통이 별거 아닐 수도 있어요. 잘 모를 수밖에 없죠. 몸이 다르고 살아온 궤적이 다르기 때문이에요. 그런데도 "그래, 진통제 줄게." 하면서 주고, 저는 그걸 먹고 나을 수도 있죠. 그러니까 우리가 엄밀하게 두통이라는 걸 정의한 적도 없고 심하다는 게 어느 정도인지 합의한 적도 없지만, 사회 속에서 소통을 하면서 그럭저럭 살아가는 거죠. 아니, '살아지는' 거라고 해야 할까요? 그게 언어가 갖고 있는 강점이자 약점이라고 봅니다. 다 이해하지는 못하지만 다 이해한 척 사는 거고, 그래도 서로에게 아주 큰 피해를 주지 않고 살아가는 것. 물론 예외는 있지만요.

완벽한 이해는 당연히 불가능한데, 책을 읽었을 때와 사람을 만나서 표정을 보고 말투를 들었을 때, 영상을 봤을 때, 이해나 사유의 방식이 다 다른 거죠. 그 방식들을 골고루 균형 있게 성장시키는 게 필요하다고 봅니다. 영상이 막 뜨고 있으니까 이제 영상 능력을 키워줘야 되고 책은 됐다, 이렇게 판단할 일은 아니라는 것이죠. 도리어 저는 이렇게 말할 것 같아요. "여러분, 영상 잘 만들려면 책을 많이 읽어야 돼요. 여태까지 인류가 쌓아온 지식의 대부분이 텍스트로 되어 있기 때문에 그걸 싹 무시하고 좋은 영상을 만든다는 건 만용이에요.

그리고 글도 많이 써보는 게 좋아요. 글이 갖는 특징과는 다른 영상만의 특징을 구현해내는 능력을 키우기 위해서라도요."

그리고 더 비판적으로, 조금 회의적으로 보자면, 여태까지 우리 사회가 텍스트를 기반으로 한 교육이나마 제대로 시킨 적이 있었는가라는 질문도 반드시 던져야 합니다.

사실 저희 할머니 세대는 텍스트를 처음 접한 세대죠. 간단한 편지를 쓸 수 있다면 그 세대에서는 상당히 글공부를 많이 한 편이었어요. 생각해보면 구텐베르크 혁명 이후에 수백 년이 지났다고 하지만, 실제로 한국에서 텍스트 중심의 소통체계가 만들어진 건 해방 이후, 짧게 보면 1960~70년대 이후거든요. 길지가 않아요. 1940~50년대 대중이 글을 써서 서로 소통하고 사회적인 논의를 전개했던 건 아니었잖아요. 시민대중이 공론장에서 글을 쓰고 읽기 시작한 게 몇 십 년 안 되는 거죠. 폭발적으로 성장한 건 2000년대 중후반 이후고요. 그렇게 길지 않은 시간 동안 우리는 과연 텍스트를 중심으로 한 소통, 관계성을 생각하는 문해력을 제대로 가르쳤냐고 묻는다면, 많은 부분 실패한 게 아니었나 하는 생각이 듭니다. 이에 대한 성찰이 반드시 필요해요. 개인적 차원이 아니라 사회적 차원에서요.

텍스트의 아우라와 진입장벽

엄기호

　　텍스트를 기반으로 한 리터러시 교육을 제대로 해왔는가를 반성할 때, 반드시 생각해봐야 하는 것이 진입장벽의 문제라고 생각합니다. 읽기가 혁명적인 것은 틀림없지만 진입장벽이 높다는 사실을 결코 간과해서는 안 된다는 것이죠. 그 진입장벽의 핵심이 추상성이에요. 텍스트의 가장 큰 장점이자 단점인 추상성때문에, 읽는 사람은 보는 사람과는 달리 자기 머릿속에서 그 추상적인 개념들로 그림을 그려야 합니다. 그렇지만 어떤 텍스트는 읽어봤자 시각화되는 게 하나도 없으니까, 계속 읽어낼 수가 없죠. 그에 반해 영화는, 예술영화든 통속영화든 보이는 게 있으니까 보려고만 하면 계속 갈 수 있는 거죠. 이게 무얼 의미하냐면, 이 추상적인 글을 시각화하기 위해서는 나한테 개념, 명제, 배경지식, 이런 자원들이 있어야 한다는 말이에요. 영상과 비교하면 현격하게 높은 자원이 필요한 거예요. 선생님이 말씀하신 영화 〈매트릭스〉의 공간 이름인 컨스트럭트-건설을 해야 합니다.

　　바로 이런 요소가 읽기를 굉장히 엘리트주의적인 것으로 만듭니다. 어떠한 방식으로 사유역량이 만들어지며 유지되는지는 아예 못보고, 비문자적인 것은 천박하고 저급한 방식이라고 일축하며 읽기를 통한 것만이 고상하고 고급한 것인 양 평가하게 만들죠.

　　그래서 저는 읽기의 사유역량을 특권화하는 것은 굉장히 위험하다고 생각해요. 오히려 읽기의 진입장벽이 무엇인지를 첫 번째로 봐야 해요. 두 번째는 그 진입장벽을 낮추거나 뛰어넘으려는 교육을 해왔 느냐, 이것이 성찰의 지점이 되어야 한다고 봅니다. 선생님이 말씀하신 것처럼, 우리 교육이 그것을 뛰어넘을 수 있는 자원을 대중적으로 만들어왔는가를 묻는다면, '아니다'라고 대답할 수밖에 없으니까요.

김성우

읽기가 발달하기 위해서는 최소 몇 년, 좀 길게 보면 십수 년의 훈련이 필요해요. 사실 읽기에서 완성이란 없고, 평생 발달한다고 봐야겠죠. "우리 애는 두세 살 때부터 한글을 줄줄 읽었다."고 자랑하는 분들이 있는데, 글을 소리 내 읽을 줄 아는 것과 깊이 이해하는 건 전혀 다른 얘기죠. 소리 내 읽는 능력은 리터 러시의 초반에 발달합니다. 언어 발달의 초기 단계에서는 언어가 일 정 자모로 이루어져 있다는 것을 인식해요. 소리의 특정한 구성요소를 바꾸면 단어가 달라진다고 인식하게 되는 거죠. 이걸 음소 인식이라고 합니다. 음소 인식을 하게 되면서 해당 언어의 글자를 습득하기 시작하죠. 이때 인간의 말소리가 알파벳, 혹은 한글 자모와 연결이 된다는 걸 학습해요. 소리와 글자의 대응관계를 배우는 거죠. 영어교 육에서는 이걸 파닉스(phonics)라고 부르는데요, 사실 파닉스는 읽기 교육의 첫 단추일 뿐입니다.

이후 중요한 건 아는 단어가 늘어나는 거예요. 그런데 어휘 발달 은 단순히 단어량의 증가가 아닙니다. 단어의 의미를 계속 확장시켜 나가고 깊게 만드는 거죠. 이게 다양한 맥락에서 단어를 적절하게 쓸 수 있는 능력과 연결돼요. 예를 들어 자유라고 하면, 어렸을 때 자유는 아무것도 안 하는 거나 놀 수 있는 걸 의미했다면, 경험과 지식이 커지면서 학생의 자유가 되고 시민의 자유가 되고 인간의 자유가 되면서 '자유'라는 말의 폭이 커지는 거죠. 아울러 문법적인 능력도 발달하는데요, 문법적인 능력은 10대에 어느 정도 완성이 돼요. 물론 세밀한 부분이 좀 더 발달할 수는 있지만 10대 후반이면 모국어 문법에서 어려운 요소는 별로 없죠. 하지만 어휘는 평생 발달해요. 그런 말 많이들 하잖아요. 작가들은 단어 공부를 평생 한다고요.

이런 과정들이 쌓이고 쌓여서 긴 글을 이해할 수 있는 능력, 저자의 관점을 파악하는 능력, 주어진 정보를 조합해 새로운 사실을 추론하는 능력, 여러 글을 엮어서 자기 생각을 구성할 수 있는 능력, 텍스트로 설명하고 공감하고 논쟁할 수 있는 능력이 발달해요. 리터러시의 본령이라고 할 수 있는 능력들이 발달하는 거죠. 이걸 위해서는 굉장히 긴 시간이 필요합니다. 아까 진입장벽이라고 말씀하셨는데, 진입장벽을 통과하는 게 특히 어려운 영역이 '쓰기'죠. 어렵기 때문에 갖게 되는 쓰기에 대한 태도가 있다고 생각해요. 텍스트의 아우라가 있는 거죠.

엄기호

　　　　　요즘 들어 사람들이 다 책을 쓰고 싶어하는 게 그 아우라 때문이죠.

　　　　　　네, 그렇게 긴 기간이 필요하기 때문에 갖게 되는 아우라가 있고 그래서 더 가치 있게 여기는 태도가 있습니다. 텍스트에 대해서, 그중에서도 책이라는 매체에 대해서요. 그 아우라가 잘못되면 바람직하지 못한 방향, 즉 엘리트의식이나 식자로서의 권위의식으로 자랄 수 있죠. 그런데 한편으로는 그게 삶을 가꾸어나가는 중요한 방식 중 하나예요. 팔아먹으려고, 사업하려고 어떻게든 책을 써내는 그런 거 말고요. 꾸준히 글을 읽고 써내는 일은 자신을 돌보고, 성장시키고, 삶을 지어가는 방식으로 볼 수 있는 거죠.

　본격적인 읽기/쓰기로 진입하기 위한 장벽을 넘기 위해서 사회적인 도움이 필요해요. 이게 참 중요한데, 그렇기 때문에 리터러시의 뿌리는 사회에 있다고 볼 수밖에 없어요. 사회적으로 필요한 자원과 환경이 엄청나죠. 대표적으로 학교는 결국 각종 리터러시, 그러니까 언어, 사회, 과학, 환경 리터러시 등을 키우기 위한 기관이고요. 사회적으로는 도서관, 서점, 또 교양과 관련된 평생교육 프로그램 등이 배치되어 있고요. 그래서 리터러시는 단지 개인이 잘 읽고 쓰는지의 문제가 아니라 그 진입장벽을 넘어설 수 있는 길을 사회가 얼마나 잘 닦아놓았느냐의 문제인 거죠.

　리터러시의 문제를 그저 개개인의 역량 부족으로, '문해력을 갖추지 못한 사람들'의 책임으로 돌리는 것은 안이하고도 위험합니다. 리터러시의 위기는 근본적으로 이야기되어야 할 것들이 묻히는 상황에 터하고 있어요. 한 사회가 자신의 이슈를 발굴해내고 이를 사회문화적인 공론장으로, 나아가 제도정치의 영역으로 가져올 수 있는 역량을 갖추었는가, 이것이 리터러시의 척도인 겁니다. 말해야 할 것에 침묵하면서 자신의 이익에 복무하는 이야기만을 늘어놓는 '말할 수 있는 자'에게서 리터러시의 근본적인 문제가 발생하죠. 그런 면에서 리터러시의 위기에 대한 책임은 기본적으로 '문해력을 갖춘' 이들, '말할 수 있는 채널을 가진' 이들, 나아가 이들을 운용할 자본을 가진 이들의 것으로 봐야 합니다. 빈곤이 가지지 못한 자의 책임이 아니듯, 비문해는 문해력 습득에 실패한 자의 책임이 아니죠. 오히려 그 반대 아닐까 싶어요. '배운 놈들이 더한다'는 말은 리터러시를 철저히 사유화한 이들에 대한 이 사회의 경고일지도 몰라요.

그렇기 때문에, 리터러시의 지표가 국제학업성취도평가에서 학생들이 몇 점을 받았냐, 이것이 되면 안 돼요. 더 중요한 건, 집에 리터러시와 관련된 환경이 갖추어져 있는가, 가족과의 대화를 통해 생각을 펼쳐낼 기회를 갖는가, 걸어갈 수 있는 가까운 거리에 동네 도서관이 있는가, 도서관에 가면 내가 읽을 만한 책을 추천해줄 사서가 있는가, 나는 사서 선생님과 친해서 말을 나눠볼 수 있는가, 또 내가 소셜미디어를 한다면 거기서 책을 읽는 사람이나 책에 대해 얘기를 하는 사람들과 이야기를 나누는가, 읽고 쓰기와 숙고하기가 일상에 얼마나 녹아 있는가, 의미 있는 리터러시 활동에 쓸 수 있는 예산은 어느 정도인가 등이에요. 이런 것들이 리터러시에서 훨씬 더 중요한 지표인데, 점수만 보는 거죠. 내가 독해 지문을 읽고 문제를 몇 개나 맞히는가, 이건 빙산의 일각일 뿐입니다. 진짜 중요한 건 그 아래에 있는 걸 보는 거예요. 문해력의 발달 단계에서 한국사회는 이제야 도서관과 책 읽기의 중요성에 대한 인식, 독서모임과 토론문화의 확산 같은 빙산의 밑둥이 만들어지기 시작했다고 봐야죠.

　다시 돌아가자면, 텍스트 리터러시의 발달은 다양한 측면에서 지난한 준비 과정을 필요로 합니다. 그렇기에 우리 어머니 세대에게 "책도 안 읽는다."라고 말하는 건 잘못이죠. 왜냐하면 그 진입장벽을 넘어가는 길이 가시밭길이었거든요. 그걸 개인한테 강요할 순 없어요. 먹고살기 바빴고, 교육 기회도 제대로 주어지지 않았고, 게다가 주변에서 책을 구할 수도 없었고, 책 읽는 사람도 드물었고, 좋은 책을 소개해주는 사람도 없었잖아요. 당연히 문자매체와는 멀어질 수밖에 없었던 거예요. 이제는 사회가 어느 정도 자각을 하기 시작했고, 오히려 그렇기 때문에 유튜브로 급부상하는 멀티미디어 시대가 텍스트 교육의 역사를 성찰하기에 적기인 것이죠.

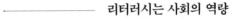

리터러시는 사회의 역량

엄기호

　　선생님이 말씀하신 것처럼, 리터러시를 개인의 역량으로만 보고 그 개인의 역량을 비판하는 것은 사회의 책임을 외면하는 일입니다. 우리가 앞에서 이야기한 것처럼 읽기와 쓰기는 다른 매체와 달리 진입장벽이 분명히 높습니다. 그리고 그 높은 진입장벽에 의해 엘리트주의적인 요소가 있죠. 저는 이것은 읽기의 장점이 가진 근본적인 한계라고 생각합니다.

　이를 극복하는 방법은 사람들에게 진입장벽을 넘을 수 있는 역량을 키워주는 것이겠죠. 저는 읽기와 쓰기가 어렵다는 것, 재밌지 않다는 사실을 솔직하게 이야기하고 출발하는 것이 중요하다고 생각합니다. 예를 들면 대하소설을 읽을 때, 대하소설까지도 아니고 300쪽짜리 장편소설을 읽을 때에도 처음 50쪽 정도는 정말 지겹거든요. 앞으로 어떻게 전개될 것이라는 밑밥을 놓는 대목이기 때문이에요. 그것만 읽어서는 어떻게 될지 모르는 거죠. 대하소설은 몇 권짜린데, 그러면 최소 두 권을 읽을 때까지는 계속해서 밑밥만 깔아둔 것이니 당연히 재미가 없죠. 그림이 안 그려지니까. 그렇다고 해서 단편소설만 읽힐 수는 없잖아요. 단편소설에 문제가 있다는 말이 아니라, 각각 장점이 있는데 하나를 포기하고 하나만 선택할 수는 없다는 말입니다. 쉽고 재밌게만 가르쳐서 될 문제가 아닌 거죠.

김성우

　　　　　　　　네, 진입장벽이 있다는 걸 인정하고 그것에 대해 사회적으로 또 국가교육과정을 통해 지원을 해야죠. 그래도 긍정적인 건 공교육에서 많은 선생님이 학교 내 독서모임을 활성화하고 있다는 거죠. 홍천여고의 사례가 대표적이죠? 독서를 통해 학교 자체를 변화시키고, 학생들이 소통하는 방식, 지식과 세계에 대한 태도를 변화시킨 사례 같아요. 제가 제일 감명 깊었던 건, 적지 않은 고3 학생들이 점수에 안 들어가는데도 계속 독서모임을 했다는 거예요. 학생들이 그걸 무척 자랑스러워하고 기뻐하며 얘기하더라고요.

엄기호

　　　　　　　　홍천여고 사례는 리터러시가 어떤 면에서 사회적 역량인가를 아주 분명히 보여주죠. 그래서 대안을 다룰 때 좀 더 상세하게 이야기를 나누고 싶습니다. 초등학교에서 고등학교까지는 몸부림들이 있거든요. 어쨌든 바뀌어야 한다고 생각하고 어떻게든 하려는 마음들이 있는데, 아무 생각이 없는 게 대학이죠. 그 단계의 교육이 성공했는가 실패했는가, 무얼 만들었는가는 그다음 단계에서 알 수 있잖아요. 이를테면 초등학교 교육은 중학교에서 알 수 있는데, 그런 면에서 대학 수업이 얼마나 실패했는가, 또 얼마나 고인 물인가는 대학원 수업을 해보면 알 수 있어요. 그런데 못 읽고 안 읽어요.

김성우

　　　　　　　　오히려 대학이 더 심각한 상황이죠. 사려 깊게 읽고 쓰기, 그리고 이것을 다시 지금 여기의 삶과 연결시키는 리터러시라는 관점에서 수업을 하는 게 아니라 으레 하던 대로 지식 암기 위주의 수업을 하는 경우가 많습니다. 학생들 또한 '하던 대로'에서 조금만 벗어나도 싫어하고 불만을 갖고요.

　　대학의 책임도 깊이 생각해봐야 할 것 같습니다. 물론 저를 포함해서 말이죠. 대학의 교원들은 종종 학생들의 글쓰기에 대한 아쉬움을 토로합니다. 어떻게든 대학이 학생들의 학술 문해력을 키워야 한다는 점에는 대부분 동의하죠. 하지만 막상 수업 안으로 들어가보면 지식의 전달이 거의 전부인 상황이에요. 대학 국어 혹은 글쓰기 수업이 있지만, 여기에서 다루는 역량이 전공 및 교양 수업에 유기적으로 통합되지 못하는 경우가 많고요. 저는 이와 관련하여 두 가지가 핵심이라고 생각하는데요. 먼저, 대학은 지식을 전달하는 것이 아니라 다루도록 교육해야 한다는 겁니다. 잘 정리된 지식의 전달에 그치지 않고 지식을 매개로 사유하고 실천하는 법을 가르쳐야 하겠죠. 다음으로, 글쓰기야말로 지식을 유연하면서도 심도 깊게 다룰 수 있는 최적의 기예라는 점을 명심해야 합니다. 이 점을 생각한다면 거의 모든 수업에서 글쓰기가 주요 과업으로 설정되어야 합니다.

엄기호

선생님이 말씀하신 것처럼 리터러시는 개인적인 역량이 아니라 사회적인 역량이에요. 그런데 이 리터러시의 역량을 개인화해버릴 때, 우리는 필연적으로 양극화를 맞이할 수밖에 없어요. 특히 영상과 달리 텍스트는 추상성의 문제 때문에 진입장벽이 더더욱 높아서 양극화를 피할 수가 없죠. 결국은 책 읽는 인간과 책 안 읽는 인간, 이렇게 나뉘는 거예요. 선생님이 지적하신 것처럼 문화자본이 계급적으로 분배되는 거죠.

리터러시 역량의 개인화에 대해 제가 더욱 우려하는 것은, 소위 무지한 사람들에 대한 혐오가 정당화되는 거예요. 지금 한국사회에서 나타나는 많은 혐오, 그게 여성 혐오든 노인 혐오든 이주노동자에 대한 혐오든, 그 바탕에는 리터러시 문제가 깔려 있거든요. 만날 하는 말이 "노인네들 유튜브 그만 보고 책 좀 읽어라, 신문 좀 읽어라."인 이유 또한 그들의 지적 능력에 대한 비하를 통해서 혐오를 정당화하기 위해서죠. 그 뿌리에 리터러시의 개인화가 분명 존재합니다. 그렇기 때문에, 리터러시가 개인적 역량이지만 그 역량을 키우는 것은 사회적 역량이라는 인식을 가져야 합니다. 그게 사회적 역량이 되었을 때만 많은 부분에서 나타나는 혐오의 문제를 넘어설 수 있어요. 앞에서 말한 것처럼, 노인 혐오는 대표적으로 리터러시를 무기로 삼은 혐오예요. 무지하고 무식하다는 혐오죠. 이들은 무지하고 무식하여 자기 생각이 없으니 선동에 쉽게 넘어간다는 것입니다. 선동에 쉽게 넘어가는 자들은 공론장을 오염시키고 민주주의를 타락시키는 위험한 자들이기에 배제되어야 한다는 논리인데, 리터러시의 이름으로 혐오가 정당화되는 겁니다. 여성이나 소수자, 이주노동자들에 대한 혐오도 여기에 뿌리를 둔 것이 많습니다.

literacy

3

읽기에서

보기로,

미디어와 몸

**다른 매체가
다른 신체를 구축한다**

김성우

텍스트가 사유를 촉진하는 방식과 영상이 사유를 촉진하는 방식이 다르다고 말씀드렸는데, 미디어가 변화시키는 건 결국 몸이 아닐까 싶어요. 매체의 사용이 몸의 일정한 움직임을 만들고, 이것이 쌓이면서 몸의 반응 패턴으로 자리 잡는 거죠. 학생들이 영상에 빠져드는 시간은 비교적 짧아요. '펭수' 비디오를 보기 위해 많은 준비가 필요하진 않죠. 그런데 대하소설, 장편소설에 빠져들려면 최소 몇 시간이 필요하거든요. 선생님 말씀대로 책, 특히 소설은 일단 읽기 시작하면 앞부분 5분의 1 정도는 힘들어도 어쨌든 읽어내겠다 하는 의지가 작동해야 돼요. 그렇게 읽고 나면 그때부터는 텍스트에 깊이 들어가는, 몰입이라는 경험을 하죠. 반면 영상은 처음 1~2분 동안 몰입이 안 되면 안 보거든요. 딱 봐서 아니다 싶으면 꺼버리는 거예요.

이건 좀 조심스러운 가설인데, 자주 접하는 매체에 대한 태도가 체화되면 사람들 간의 대화에도 어느 정도 영향을 미친다는 생각이 들어요. 예를 들면, 예전에는 학생들이 강의가 재미가 없더라도 의미 있는 얘기라고 생각하면 '좀 참고 들어보자.' 하는 태도를 보였죠. 이제는 시작하면서부터 재미가 있지 않으면 그걸 들어낼 만한 의지력, 이게 안 생기는 거예요. 머리로는 들어야 한다고 생각할지 모르지만 몸이 그렇게 움직이지 않는 거죠. 선생님들은 '내가 무슨 엔터테이너도 아닌데, 애들을 웃겨야 돼?'라는 고민을 하게 되는데, 학생들의 몸은 동영상에 오래 익숙해져서 '몰입할 만한지 좀 보고, 아니면 만다.'는 태도에 젖어 있는 거예요. 재미가 없으면 의지나 집중력이 안 생기는 거죠. 그러니까 학생들에게 왜 그러냐고 하기가 힘들어요. 같은 텍스트를 읽을 때라도 종이책으로 세계문학전집을 읽을 때와 모바일 기기에서 웹소설을 읽을 때 눈의 움직임이나 손가락의 까딱임, 책을 넘기기 위한 제스처가 다 다를 수밖에 없죠. 결국 다른 매체의 사용은 다른 신체를 서서히 구축해가는 거예요. 가랑비에 옷 젖듯이 뇌가, 눈이, 손가락의 움직임이 바뀌는 거죠.

엄기호

　　　　　　　　　문화연구를 하는 사람으로서 관심을 가질 수밖에 없는 주제가 '몸'입니다. 미디어가 바뀐다는 것은 미디어를 통해 세계를 만나는 감각과 방식, 그리고 의미를 구성하고 대하는 방식 전체가 바뀌는 것을 뜻한다고 할 수 있겠죠. 미디어를 도구라고 하지만, 사실 미디어는 단순한 도구를 넘어 인간의 감각을 만들어내는 몸 자체라고 볼 수 있어요.

선생님이 말씀하신 것처럼, 읽기에서 보기로의 전환은 몸이 바뀌는 것으로 이해하는 것이 더 적절할 듯합니다. 이와 관련해, 보기 중심의 미디어 환경에서는 어떤 일들이 일어나는지를 중심으로 현재의 리터러시에 관해 말해보는 것이 어떨까 해요. 긍정적인 부분도 있을 것이고 부정적인 부분도 있을 테니까요.

여러 차례 언급했습니다만, 미디어의 변화 속에서 가르치는 일을 하는 사람들이 한결같이 하는 말이 있습니다. 학생들이 긴 글을 읽지 못하고 너무 지겨워한다는 말입니다. 현상적으로 볼 때는 저도 많이 경험하고 있는 일입니다. 글을 좋아하는 소수의 학생을 제외하면 대부분 긴 글을 읽지 못하고, 대하소설은 엄두도 못 내는 경우가 많습니다. 교사들도 학생들이 책 한 권 전체를 다 읽은 경험이 너무 없다고 걱정합니다.

읽기가 주는 역량에 대해 다시 얘기하면, 긴 글을 읽는 게 지루하고 재미도 없지만 그럼에도 사람의 역량을 강화하는 데 중요한 역할을 합니다. 하나를 간단하고 명료하게 파악하는 것만큼이나 사람에게 중요한 능력이, 복잡한 것을 복잡하게 인식하는 것이라고 생각해요. 우리가 살아가는 세상은 이미 충분히 복잡하며, 단순화되지도 않을뿐더러 단순화하는 게 좋은 것도 아니에요. 단순하게 인식하는 것은 위험하기까지 합니다. 선악 이분법적으로 바라보는 등의 문제가 얽혀 있어요. 학문의 세계에서는 복잡성의 과학 등이 등장하면서 진리는 단순하다는 인식을 경계하는 분위기인데, 대중적으로는 여전히 진리는 단순하다느니 명료하게 인식해야 한다느니 하면서 복잡한 현상을 복잡하게 인식하는 것의 중요성을 간과하는 분위기가 있어요. 이것은 한 사람의 역량으로 볼 때도 문제지만, 한 사회의 문제를 풀어나가는 데서도 문제적인 일이 되죠.

복잡성을 인식하기 위해서 반드시 긴 글을 읽어야 하느냐는 문제 제기를 할 수 있어요. 짧은 글도 충분히 복잡성을 가지고 있을 수 있죠. 시가 대표적입니다. 시는 함축적인 언어를 사용하죠. 그래서 앞에서 이야기한 대로 추상성이 매우 높습니다. 해석이 풍부할 수 있지만 동시에 난해합니다. 그런데 지금 짧은 글을 시를 읽듯이 대하는 것 같지는 않습니다. 인터넷 중심의 글 읽기에서 상징적으로 말하는 '세 줄 요약' 같은 걸 보면 긴 글을 읽지 않을 뿐 아니라 그걸 폄하하는 분위기마저 느낄 수 있습니다. 길게 설명하면 "뭘 그렇게 복잡하게 생각해."라는 댓글이 붙습니다. 글을 쓰는 사람들도 글 마지막에 "설명충이라서 미안하다."고 너스레를 떨면서 읽는 이들을 위해 '세 줄 요약'을 달아주곤 하죠. 긴 글을 읽지도 않으며, 글을 길게 쓰는 것은 민폐라고 생각하는 것 같습니다.

김성우

읽기의 호흡이라는 면에서 고려해야 되는 건 영상의 영향만은 아닌 거 같아요. 지금도 웹문서가 굉장히 많지 않습니까. 1990년대 중반 이후 웹문서가 폭발적으로 증가했는데, 그중에는 전문성을 갖춘 긴 텍스트도 있어요. 인문사회과학에서 대표적인 게 철학하는 분들이 많이 찾는 '스탠퍼드철학사전(Stanford Encyclopedia of Philosophy)'이에요. 해당 분야 전문가들이 집필한 텍스트를 일종의 백과사전으로 집대성한 건데, 예를 들어 최근에 많이 얘기되는 '체화된 인지(embodied cognition)' 항목을 찾으면 굉장히 긴 문서가 나옵니다. 전공 분야 참고서적과 비교할 만한 수준으로 쓰여 있죠. 그런데 그런 문서는 학자나 전문가가 연구하기 위해 보는 것이고, 대부분의 사람은 그 사이트에 아예 가지를 않죠. 사람들이 많이 보는 건 포털이나 온라인 백과사전이에요. 포털의 블로그나 카페 포스트, 뉴스 기사, 위키백과 정도만 읽는데, 사실 그것도 다 읽기보다는 원하는 정보만 취사선택하는 용도로 쓰는 경우가 대부분입니다.

전통적인 인쇄매체, 책으로 대표되는 매체에서 인터넷매체로 넘어오면서 어느 정도 양분이 돼서, 출판된 책 수준의 품질을 유지하는 문서도 있지만, 개인 수준의 트윗, 블로깅, 소셜미디어 포스트 등의 텍스트가 소비되기 시작했죠. 그래서 미디어 리터러시에서 강조하는 것이 웹문서의 신뢰성(credibility)을 파악하는 거예요. 텍스트의 품질을 좌우하는 요소들, 즉 누가 썼는지, 발행 기관은 어디인지, 삽입된 이미지나 영상의 출처는 어떻게 되는지, 영향력 있는 언론매체나 과학 웹사이트의 내용과 일치하는지, 인용하고 있는 정보는 믿을 만한지, 검색하면 다른 주요 매체에서 관련 내용을 다루고 있는지 등을 종합해서 해당 텍스트의 신뢰성을 판단하는 거죠.

유튜브에는 깊이 있는 논의나 강연 동영상도 있지만, 기본적으로는 짧은 영상이 많아요. 몇 페이지, 몇 십 페이지짜리 문서를 영상으로 다루면 아무도 안 보겠죠. 그래서 엑기스를 뽑아서, 요약본을 동영상으로 만드는 경우가 많습니다. 책이나 영화 소개 영상이 대표적이죠. 특히 한 주에 몇 번씩 업데이트되는 콘텐츠는 호흡이 짧은 경우가 많습니다.

딱 세 단계로 나눌 수는 없지만 단계성이 있는 것 같아요. 격식을 갖춘 책의 정보와 일반 웹문서의 정보, 다음에 동영상의 정보. 각각의 영역을 일반화할 수는 없지만, 동일한 주제를 다룬다고 했을 때 책, 위키피디아 등의 웹문서, 동영상의 차례로 지식의 호흡이 짧아지는 경향이 있는 거죠. 여기서 중요한 문제가 하나 제기되는데, 가짜 뉴스는 완전히 틀린 정보를 주는 거지만 요약본은 누군가에 의해 편집된 정보를 준다는 거예요. 가짜라고 볼 수는 없지만 굉장히 주관적으로 요약될 수밖에 없어요.

--- **세 줄 요약과 읽기의 호흡**

엄기호

편집이라는 거 자체가 주관을 가지고 새로운 것들을 만들어내는 과정이니까요.

김성우

네. 책의 경우에는 호흡이 길기 때문에 편집을 하더라도 한 주제를 여러 측면에서 두루 조망하는 매체적 특성을 갖습니다. 그렇지만 5분짜리 동영상을 만들 때는 최선을 다한다고 해도 사태의 복잡성과 다면성을 담을 수는 없기에 관점과 정보의 공백이 있을 수밖에 없어요. 해당 사안을 바라보는 맥락의 두께가 굉장히 '얇을' 수밖에 없는 거죠. 사람들은 이걸 시쳇말로 '메뚜기 뛰듯 하면서' 소비를 하고요. 계속 말하지만, 동영상을 본다고 해서 바보가 된다고 생각하지는 않아요. 좋은 동영상이 계속 만들어지고 있고, 점점 많은 사람이 동영상으로 지식을 생산하고 전파하면서 쓸모 있는 지식을 습득할 수 있는 세상이 되고 있죠. 코세라(Coursera)나 에드X(EdX), 퓨쳐런(FutureLearn) 같은 대규모 온라인 공개수업(Massive Open Online Course, MOOC) 사이트에서 제공하는 강의 모음이나 시리즈로 된 동영상은 상당한 깊이와 내공을 담고 있는 경우가 많아요. 그런데 중요한 것은, 여전히 많은 사람이 단편적인 정보를 담은 동영상을 보고 있는데, 그렇게 요약되고 편집된 동영상을 기본 미디어로 삼아서 지식과 정보를 얻다 보면 일종의 관성, 아비투스가 생긴다는 거예요. 내가 알고 싶은 걸 빨리, 흥미롭게 전달해주는 건 소화를 하는데 그렇지 않은 미디어를 접하면 지루해서 끝까지 볼 엄두가 안 나죠. 이런 변화 속에서 미디어를 편식하게 되고요. 몸은 점점 특정한 길이와 포맷의 영상에 익숙해지죠.

읽기와 보기를 중심으로 이야기하고 있지만, 쓰기와 영상 제작이라는 매체 생산의 영역으로 넘어오면 조금 다른 이야기를 할 수 있을 것 같아요. 제가 학부모들께 종종 받는 질문 중 하나가 "글을 다루는 능력이 언제까지 중요할까요?"거든요. 쉽게 답하기 힘든 질문이죠. '글, 텍스트를 다루는 능력' 자체를 정의하기 어렵고, '언제까지'를 특정하기는 더더욱 힘들죠. 그래서 범위를 좁혀서 학술 커뮤니케이션에 대해 말씀을 드리곤 합니다.

결론부터 말씀드리면, 학술매체로서 텍스트의 위상이 쉽게 추락할 것 같지는 않아요. 영상과 이미지의 시대가 된다고 해도 지식과 과학의 언어가 시각매체로 대체될 시기는 한참 멀었다고 봅니다. 정확히 얼마나 멀었는지 말할 능력은 안 되지만요. 이렇게 생각하는 이유를 '인용'이라는 키워드를 통해서 말씀드려볼게요.

학술 글쓰기를 배울 때 인용(citation)은 '양념'처럼 다루어지는 경향이 있어요. 문장 쓰기, 문단 쓰기, 문법 및 구두점 용례, 내용 구조 등을 두루 배우고 나서 마지막에 '이것도 알면 좋다'는 식으로 던져지는 거죠. 하지만 인용은 학술 커뮤니케이션에서 핵심 중 핵심이에요. 학술 글쓰기는 자기 경험에 기반해 논지를 만들어내는 것이 아니라 타인의 연구와 주장에 기반해 자기 논지를 '조립'하는 작업이거든요. 내러티브와는 다르게 학문 공동체가 쌓아온 자산이 글의 바탕이 되죠. 동료/선배 학자들이 차려놓은 밥상에 수저 한 짝 올리는 일이라고도 할 수 있겠네요. 인용(가능성)이라는 측면에서 볼 때 텍스트와 영상의 사용 패턴은 사뭇 다르죠. 학술 텍스트는 밑줄 그어지고, 요약되고, 재진술(paraphrase)돼요. 이게 차곡차곡 쌓이고 정제돼서 나의 글에 새로운 스토리로 자리 잡게 되죠. 무엇보다 텍스트는 선형적(linear)이에요. 논문 50개를 요약해 하나의 글로 만든다고 해도 최종 산물은 선형적 텍스트죠. 워드프로세서로 말끔하게 편집할 수 있어요. 이런 면에서 텍스트는 해체/변형/재조립/재구조화에 매우 적합한 매체입니다.

하지만 영상의 해체/변형/재조립/재구조화는 여전히 소수 영상

전문가들의 영역으로 남아 있어요. 이것은 영상 편집 기술 습득의 문제라기보다는 영상매체를 대하는 사람들의 태도, 습속에 기인한다고 봐요. 예를 들어 자신이 관심을 가진 주제를 가지고 수십 개의 영상에서 필요한 부분만 뽑아 다시 보는 경우가 있을까요? 영상 프로듀서가 아니라면 거의 하지 않을 행동이죠. 영상을 영상으로 요약하거나, 영상의 특정 부분을 '재진술'하는 영상을 만드는 것은 불가능에 가깝고요. 사실 영상의 특정 부분에 대해 언급할 때는 다른 영상을 만든다기보다는 해설을 하게 되죠. 해설은 기본적으로 말글에 기반해 있고요.

여러 면에서 영상을 재조립하기 위해 필요한 장치들은 아직 부족합니다. 넷플릭스에서 '감동받았던 장면들에 북마크를 하고, 이를 모아서 30분짜리 영상으로 만들기' 기능을 제공하지 않는 이유가 있는 거죠. 영상을 수집, 재조합, 변형해서 리믹스하려는 사람이 없으니까 그걸 쉽게 할 수 있게 하는 기능을 군이 제공하지 않는 거예요. 사용자들의 태도와 플랫폼 제공자의 기능 제한이 동전의 양면같이 엮여 있죠. 또한, 영상을 모아 새로운 영상을 만들었을 때 그 영상이 부드럽게(seamlessly) 이어지기는 매우 힘들어요. 그런 이유로 여러 영상 소스를 기막히게 편집한 몇몇 영상은 열광적인 환호를 받죠.

그런데 생각해보면 이런 '리믹스'는 수백 년간 텍스트로 이루어져 왔던 관행이에요. 여기서 던지고 싶은 질문은 학술 논문의 '리믹스'를 보면서 수십 개의 영상 소스를 기막히게 엮어낸 동영상을 볼 때만큼의 감동을 받을 수 있는가예요. 사실 학술적 글쓰기가 겨냥해야 할 지점 중 하나는 '모으고-엮고-재조립하고-변형하고-재구조화해서-나온-글'에 대한 경탄을 느낄 수 있게 하는 것이죠.

이런 요인들로 인해 종합, 이론화, 주석, 추상화, 재진술, 재구조화 등을 주요한 과업으로 삼는 학술 커뮤니케이션에서 영상이 텍스트를 쉽게 대체하기는 힘들 것으로 예상할 수 있죠. 주목할 것은 과학과 학술 담론이 권력이라는 사실이에요. "텍스트의 시대가 가고 있다."고 말하는 것은 이 엄연한 권력을 간과하게 만듭니다. 영상의 외연이 넓어지고 역할이 다양해지고 있는 건 분명하지만, 쉽게 텍스트의 몰락을 예견해서는 안 되는 이유가 여기 있어요.

다시 텍스트와 몸의 관계에 대한 논의로 돌아가면, 텍스트 읽기의 경우에는 기본적으로 진입장벽이라고 표현하신 관문, 기호체계의 습득, 태도나 의지, 주의집중 같은 요소가 필요하죠. 그래서 의식적으로 노력하고 인내해야 할 부분이 분명히 있어요. 그런데 영상은 봐야 한다는 의지가 필요한 경우가 상대적으로 적어요. 여차하면 중간에 끊어버릴 수 있고요. 이런 차이는 수많은 리터러시 연구자가 지적한 말과 글의 차이에서 기인해요. 말은 특수한 예외를 제외한다면 모두 자연스럽게 습득해요. 생물학적 본능인 거죠. 동영상은 생물학적 본능에 따라 발달하는 능력에 기반을 둔 미디어예요. 이에 비해 글을 이해하고 생산하는 문해력은 순수하게 사회문화적인 훈련에 의해 발달하는 능력이에요. 그러니까 장벽이 높을 수밖에 없죠.

빌렘 플루서가 쓴 《몸짓들》에서 인상적인 구절을 본 적이 있어요. "모든 매체는 의사소통의 측면에서 고유의 변증법이 있다. 그 매체는 매체를 통해서 소통하는 것들을 연결하고 분리한다." "덧붙여 말하자면 바로 이 변증법이 매체라는 개념의 정확한 정의다." 결은 조금 다르지만, 맥루언의 '미디어는 메시지다'라는 선언과 같은 맥락에서 해석할 수 있을 것 같아요. 메시지와 마찬가지로 미디어도 중립적일 수 없죠. 특정한 매체 또한 단지 연결통로로만 기능하지는 않아요. 어떤 면에서는 연결하지만 어떤 면에서는 분리하고 단절시키는 거예요. 웹툰을 통해 정보를 접할 때와 영상을 통해 정보를 접할 때, 인지나 정서가 반응하는 방식은 다르죠. 라디오 청취에서의 정보 처리와 소설 읽기에서의 정보 처리 또한 다르고요. 비슷한 내용을 서로 다른 매체로 접한다고 할 때 우리 뇌는 단지 '비슷한 내용'만을 처리하는 것이 아니라 '다른 매체성'을 경험합니다.

단순화시켜 말하면, 매체에 따라 우리 뇌의 활성화 패턴이 달라진다고 할 수 있어요. 패턴이 달라진다는 것은 우리 뇌가 달라진다는 것, 우리 몸의 습속이 달라진다는 것을 의미합니다. 그렇기 때문에 글이든 동영상이든 당장 필요한 지식만 얻으면 된다는 생각은 인간의 몸과 매체가 맺는 관계의 차이를 간과하는 것이고, 매체의 강점과 한계, 매체가 우리 머릿속에서 일으키는 변화, 매체의 사회적 영향등을 무시하는 것이죠. 처리 과정 없이 산출물이 나올 수는 없잖아요. 매체를 사용할 때 수반되는 경험을 무시하고 써먹을 수 있는 지식만 결과로 보는 것도 위험하고요.

다매체 시대의 리터러시 교육을 고민할 때 '메타인지(metacognition)'를 한 축으로 설정해야 하는 이유가 이 때문입니다. 미디어를 무색무취하고 중립적인 도구로 보는 게 아니라, 개별 매체의 성격을 따져보면서 어떤 면에서 강점이 있고 어떤 면에서 약점이 있는지 명확하게 알 필요가 있는 것이죠. 그랬을 때 내가 책을 읽거나 웹툰을 보거나 영상을 보는 것에 대해 어느 정도 객관적으로 평가할 수 있거든요. 그러지 않으면 그냥 보는 거죠. 뇌는 자신도 모르게 변해가고요. 그래서 물어야 합니다. "영상은 우리 뇌에 무슨 짓을 하고 있지?"라고요.

———————— **보기가 만들어내는 몸**

김성우

　　　　뉴스휩(NewsWhip)이라는 기관에서 발표한 자료를 보니까, 페이스북의 경우 최고로 인기를 끌었던 비디오들의 길이가 평균 90초 정도라고 해요(Katherine K. Ellis, 2019). 소셜미디어의 목적은 기본적으로 소셜네트워킹이나 친구들이 올린 글을 보는 거라 그 중간에 동영상을 본다면 짧은 걸 볼 수밖에 없죠. 그런데 내가 뭘 알기 위해서 유튜브에 가서 영상을 보면 그것보다 긴 영상을 보는 경우가 많아진다고 해요. 스태티스티카(Statistica)라는 조사기관에 따르면 2018년 말을 기준으로 게임 관련 영상은 24.7분, 엔터테인먼트는 12.9분, 음악은 6.8분의 평균 재생시간을 갖고, 전체 유튜브 영상의 평균 길이는 11.7분이라고 하더군요(Statistica, 2018). 콘텐츠의 유형에 따라 평균 길이가 사뭇 다른 것을 확인할 수 있습니다.

　매체 환경이 달라지면서 소비행태도 바뀌고 있어요. 동영상이 부상하던 초기에는 영상은 짧으면 짧을수록 좋다는 게 정설이었죠. 그런데 지금은 처음 1~2분 사이에 끊어버리는 경우도 많지만, 5분 이상 넘어가면 15~20분짜리 영상을 끝까지 보는 경우가 점점 많아지고 있다고 해요. 대중 강의 형식으로 가장 널리 알려진 테드닷컴(ted. com)에서 가장 인기 있는 강연들은 8분에서 18분 정도의 길이라고 하고요. 예전보다는 호흡이 조금씩 길어지고 있다는 거죠. 다만, 그게 어떤 관문을 넘어야 돼요. 그 영상의 초반 5~6분을 넘겨야만 끝까지 보게 되는 거죠. 서점에 가면 표지 보고 목차를 훑어보면서 책을 살까 말까 고민하잖아요. 저는 그게 긴 영상에서 초반 1~2분 보는 것이고, 거기서 조금 더 읽으면서 이거 괜찮은데 하는 단계가 영상에서 5~6분을 넘어가는 그 순간이라는 생각이 들더라고요.

2018년에 대학내일20대연구소에서 조사한 통계자료를 본 적이 있어요. 최근 1개월 내 유튜브 채널을 이용한 경험이 있는 15세에서 34세 연령 800명을 대상으로 조사했더니, 하루 평균 2시간 정도를 유튜브 영상 시청에 쓴다고 하더라고요. 이렇게 긴 시간을 동영상에 할애하는 상황을 객관적으로 보려면, 매체가 내 뇌에 어떤 일을 하고 있는가, 내 몸에, 나의 습성, 아비투스에 어떤 일을 하고 있는가를 메타적으로 볼 수 있는 능력을 키워야 한다는 생각이 듭니다.

덧붙이자면, 이게 어렸을 때 이루어지지 않으면 소용이 없다고 생각해요. 이미 몸이 만들어지고 나면 단기간의 미디어 리터러시 교육으로 몸의 습속을 바꾸기는 힘들거든요. 이미 뇌가 특정한 방식의 매체 소비에 익숙해져 있기 때문이죠. 뇌가 바뀐 상태에서 "너희들, 이렇게 하면 이렇게 안 좋아. 균형을 맞춰야 해." 이런 말을 하는 건 쓸모가 없어요.

매체에 따라 우리 뇌의 활성화 패턴이
달라진다고 할 수 있어요. 패턴이 달라진다는
것은 우리 뇌가 달라진다는 것, 우리 몸의
습속이 달라진다는 것을 의미합니다. 그렇기
때문에 글이든 동영상이든 당장 필요한 지식만
얻으면 된다는 생각은 인간의 몸과 매체가 맺는
관계의 차이를 간과하는 것이고, 매체의 강점과
한계, 매체가 우리 머릿속에서 일으키는 변화,
매체의 사회적 영향 등을 무시하는 것이죠.

플랫폼, 매체, 그리고 인간의 행위 사이에 어떤
순환이 있는 것 같아요. 먼저 어떤 특정한
플랫폼, 공간에서 매체의 변화가 세계를
지각하고 인지하는 방법에 변화를 가져옵니다.
그게 세계를 대하는 몸의 변화를 일으키죠.
그리고 나면 그 변화된 몸으로 다른 매체들을
사용해 세계를 만납니다. 그런데 그 세계를
만나는 공간, 즉 플랫폼의 특성이 또 매체의
특성을 넘어 주체성에 영향을 미칩니다.

엄기호

　　　　　　　그런 점에서 본다면, 사실 읽기와 보기 자체의 문제라기보다는 요새 많이 하는 말로 '어디서 읽고 보는가'라는 플랫폼의 문제일 수 있겠다는 생각이 들어요. 영화를 영화관에서 보는 것과 집에서 파일을 다운받아서 보는 것, 혹은 넷플릭스를 보는 것 등이 다 다르지 않습니까. 그러니까, 읽는 것과 보는 것 중에서 어떤 것에 익숙해져 있는가라는 문제가 하나 있고, 어디에서 읽고 보는가라는 문제가 또 하나 있을 것 같습니다.

　플랫폼, 매체, 그리고 인간의 행위 사이에 어떤 순환이 있는 것 같아요. 먼저 어떤 특정한 플랫폼, 공간에서 매체의 변화가 세계를 지각하고 인지하는 방법에 변화를 가져옵니다. 그게 세계를 대하는 몸의 변화를 일으키죠. 그러고 나면 그 변화된 몸으로 다른 매체들을 사용해 세계를 만납니다. 그런데 그 세계를 만나는 공간, 즉 플랫폼의 특성이 또 매체의 특성을 넘어 주체성에 영향을 미칩니다.

　이런 점에서, 아무래도 인터넷이라는 플랫폼 혹은 공간의 특성을 다시 한 번 살펴볼 필요가 있을 것 같습니다. 저는 이 공간의 읽기와 쓰기 사이에 아이러니한 비대칭성이 있다고 보는데, 쓰는 양과 길이는 무한대로 늘어나는 반면, 읽는 호흡은 점점 짧아지거나 요약적으로 되는 거죠. 인터넷에 글을 쓸 수 있게 되면서, 쓰고 싶은 욕망을 가진 사람들은 정말 시시콜콜하게, 별 쓸데없는 것까지 다 쓰고 있어요. SNS를 보면, 다른 사람들이 보는 공간에 왜 쓰지 싶은 글이 많습니다. 이전 같으면 화장실에 익명으로 쓰던 글들이죠.

　그러다 보니, 읽는 사람의 입장에서는 "뭘 이런 걸 쓰냐." 또 "뭘 이렇게 길게 쓰냐." 하면서 휙휙 넘기며 확인만 하려고 하죠. 쓰는 사람은 길게 쓰는데 읽는 사람은 촘촘하게 읽지 않아요. 그렇게 긴 글, 짜임새가 촘촘하지 못한 글을 다 읽을 필요가 없다고 느끼는 거죠. 그 결과 그 사람이 글을 이끌어가고 구성하는 방식, 방법론 등은 간과하고 결론과 핵심만 봐요. 이건 깊이 있게 글을 읽는 것이 아니죠.

쓰는 사람은 무한대로 길게 쓰고, 읽는 사람은 가급적 결론만 요약해서 보려고 하는 이 비대칭성에 의해 독자의 죽음과 저자의 죽음이 모두 나타난다고 생각해요. 여기서 제가 말하는 독자는 그저 글을 읽는 사람, 많이 읽는 사람이 아니라 깊이 있게 읽는 사람을 의미하는데요. 단순하게 읽는 사람이 아니에요. 세상을 단순하게 바라보는 게 아니라 복잡하게 바라볼 줄 아는 사람이 깊이 있게 읽는 독자입니다. 글을 촘촘하게 읽으며 그 사람이 글을 구성해가고 논증해가는 방식, 즉 방법론을 읽을 줄 아는 사람이 독자입니다. 이런 독자가 점점 사라지고 있어요.

또한 이 비대칭성에 의해 저자도 죽어갑니다. 문자매체 중에서도 인쇄매체의 시대에 저자는 한계 안에 있는 사람입니다. 저자에게 무한대의 지면이 주어지지 않습니다. 칼럼은 200자 원고지 10장에서 20장, 단행본에 들어가는 한 꼭지는 100장 이내, 논문은 책으로 제본했을 때 100쪽에서 200쪽 등 글의 길이에서 한계가 주어지죠. 그렇기에 저자는 이 한계 내에서 어떻게 해야 자기 이야기를 가장 잘 전달할 수 있는지 고민할 수밖에 없어요. 그래서 무엇보다 글의 짜임새, 구조, 글쓰기의 방법론에 집중하지 않을 수 없죠. 그런데 인터넷에 글을 쓰게 되면서, 쓰는 사람은 '장황하게' 글을 쓰고 난 다음에 '간략하게' 명료한 메시지와 정보를 전달하게 되었어요. 한계 내에서 글을 다루기 위해 짜임새를 만들어야 하는 저자의 죽음입니다.

저는 이 문제를 해결하기 위해 리터러시 교육에 필요한 것이, 너무 많이 읽지 않아도 된다는 사실을 알게 하는 것이라고 생각해요. 아침에 눈 떠서 밤에 잘 때까지 너무 많은 걸 읽어요. 짧고 난삽한 글들을 너무 많이 읽고 있는데, 이렇게 많은 걸 다 읽을 필요가 없다는 거죠. 세상의 그 많은 지식을 내가 다 알아야 하는 건 아니에요. 내가 알아야 될 것에 대해서만 알면 되고, 내가 알지 못하는 것에 대해서는 신뢰할 만한 사람에게 의지하면 된다고 생각해요. 특히 한국에서는, 어떤 사건이 터질 때마다 온 국민이 전문가가 됩니다. 그럴 필요가 없거든요. 사건이 벌어질 때마다 그 사건을 알기 위해 필요한 전문적인 지식까지 죄다 인터넷을 뒤져서 알아야 할 필요는 없다는 거죠. 그렇게 해서 내가 전문가나 준전문가적인 앎에 이를 수 있는가, 그건 아니거든요.

저는 이게 교육이나 리터러시의 문제가 아니라 사회문제라고 생각해요. 근대사회가 제대로 작동하려면 매개체가 있어야 하거든요. 의사를 비롯해 어떤 직능단체에 대한 신뢰가 있으면, 그와 관련된 논쟁이 생길 때 굳이 내가 그 내용을 파악하려고 노력할 필요 없이 신뢰할 수 있는 전문가에게 물어보면 돼요.

물론 "그 단체가 그렇게 얘기하던데……"라고 말했을 때, 누군가 "그 단체가 하는 말이 다 맞아?" 하고 물어볼 수 있어요. 그때 제가 할 수 있는 말은 "그걸 왜 나한테 물어보니? 나는 그것에 대해 알 수 있는 사람이 아냐. 그 단체에 직접 물어보고 나한테도 얘기해줘." 아니면 "아는 사람이 있으니까 내가 물어볼게."예요. 이런 과정을 '매개된다'고 표현하는데, 우리 사회에는 매개되는 것에 대한 신뢰가 전혀 없어요. 그렇기 때문에 세상만사 모든 것의 진리와 선악을 판단할 정도의 역량을 스스로 가지고 있어야 된다고 생각하는 거죠. 그런데 그건 불가능하거든요. 어떻게 의료부터 시작해 세상만사를 다 알 수 있겠어요.

그래서 저는 이 피곤함을 줄이기 위해서라도 여러 전문 영역에서 대중이 신뢰할 만한 중간집단, 직능집단의 권위가 회복되는 게 중요하다고 생각해요. 그 신뢰가 회복되면 그 집단 안에 있는 사람들이 굳이 대중을 향해 이야기할 필요는 없다는 말이에요. 대중은 어려운 건 알 필요 없다, 그런 얘기는 전혀 아닙니다마는, 소위 대중사회라고 하는 게 사람을 굉장히 피곤하게 하고 뇌를 혹사시키는 거죠.

김성우

너무 많이 읽을 필요가 없다는 말씀에 깊이 공감합니다. 사실 저는 다독을 하지는 않고 책을 꼼꼼히 읽는 편인데요. 성격상 자세히 읽게 되는 면도 있고, 다른 사람들에 비해 읽기 속도 자체가 느리기도 합니다. 그래도 괜찮다고 생각해요. 중요한 건 독서를 통해 삶을 변화시키고 생각을 다듬을 수 있는가이지, '많이 읽었다'는 사실 자체가 아니거든요. 중간 전문가집단에 대한 불신 또한 저도 소셜미디어의 타임라인에서 많이 느끼는 일이에요. 의사나 법률가에 대해서도 그렇고, 전문가집단에 대한 신뢰가 바닥에 떨어진 상태죠. 특히 제 주변의 교사들을 봐도, 학부모들이 교사를 대하는 관점이나 태도가 예전과는 많이 달라진 거 같아요. 교사와 상의하며 함께 교육을 만들어간다기보다는 감시의 대상으로 여기는 것 같달까요. 잘하고 있는지 감시하고, 마음에 안 들면 학교나 교육청에 민원을 넣거나 심지어 소송을 하는 일들이 비일비재하죠.

솔직히 말하면, 이게 과연 10년, 20년 사이에 어느 정도 회복될 수 있을까, 좀 암담한 것 같아요. 저 또한 영어교육과 관련된 일들을 하고 있는데, 그것에 대한 질문을 받거나 조언을 구하는 사람들을 만날 때마다 느끼는 것은, 이 사람들이 정말 원하는 것은 깊이 있는 지식이나 인간의 삶, 학습의 본질과 관련된 얘기가 아니라 어떻게 하면 영어 성적을 빨리 올릴 수 있을까, 아니면 아이한테 생긴 문제를 어떻게 빨리 해결할 수 있을까에 대한 답이라는 거예요. 그러니까 전문성을 신뢰한다 하더라도, 전문가에게 바라는 것은 당장 고장 난 것을 어떻게 수리할 것인가에 대한 조언이죠. 본질적인 문제, 원리와 방향성에 대해 이야기해보자는 분들은 적어요.

검색하면 다 나온다?

김성우

　　사회 전체가 든든한 기반을 제공해야 독서 생태계가 건강하게 성장할 수 있어요. 그래야만 좋은 책이 나올 확률이 높아지고 독자들이 양질의 지식을 섭취할 수 있으니까요. 제가 '생태계'라는 비유를 썼는데요. 좋은 책이 만들어지고 널리 읽히기 위해서는 여러 시스템이 맞물려 돌아가면서 지속 가능한 상생구조를 이루어야 하기 때문이에요. 여기에서는 '아카이브', '학문장', '저널리즘', '대중서 시장', '소셜미디어' 등으로 나누어서 이야기해보고 싶습니다.

몇 년간 강의했던 한 대학에 기록학 관련 대학원 과정이 있어요. 부끄럽게도 저는 공부를 업으로 하기 전까지는 어떤 분야의 지식이 충실히 쌓이고 검색 가능한 아카이브로 만들어지는 것의 중요성을 잘 몰랐어요. 연구를 하고 글을 쓰다 보니 자료의 축적이 정말 중요하더라고요. 기록의 토대가 탄탄한 분야와 그렇지 않은 분야는 이후의 지식 생산에서 결정적인 차이가 나죠. 아카이브가 없으면 지식의 질이 담보될 수 없는 거예요. 그 당시에 무슨 일이 있었는지, 사람들이 그에 대해 어떻게 이야기했는지 정확히 알 수가 없으니까요.

이렇게 원자료의 축적, 즉 아카이빙(archiving) 수준에 있는 것들이 있고, 그다음에 학문장의 수준에서 일어나는 일들이 있어요. 잘 쌓아놓은 1차 자료들을 종합하고 분석해서 논문을 써내고 책을 써내고 논쟁을 하고, 이런 층위죠. 학문장과 위계적인 관계에 있는 것은 아니지만 저널리즘의 영역이 있어요. 언론은 학계와 공유하는 부분이 많지만 사뭇 다른 층위에서 작동하죠. 과학 저널리스트로 글을 쓰는 사람과 학술지에 논문을 내는 사람은 다른 거예요. 이들과 걸쳐 있는 게 대중서를 내는 출판시장이고요. 그리고 책을 기반으로 사람들이 서평이나 감상을 블로그나 소셜미디어에 올리죠. 최근에는 글쓰기

모임이나 독서모임이 많아지고 있어서 문해 활동의 주요 영역으로 부상하고 있죠. 아카이빙에서 소셜미디어 포스팅, 독서토론까지 모든 것이 일련의 읽기/쓰기 생태계를 이뤄요. 리터러시 생태계, 나아가 지식 생태계죠. 이 생태계가 건강하게 돌아가려면 각각의 영역이 타 영역과 긴밀한 관계를 맺으면서 지속 가능한 사회문화적, 경제적 활동을 펼쳐야 해요. 그런 측면에서 동네 책방으로 대표되는 지역거점 리터러시 허브의 중요성도 간과할 수 없고요.

이런 상황에서 대중이 할 일이 굉장히 많아진 것 같아요. 뉴스도 봐야 되고, 소셜미디어도 해야 되고, 세상사에 대한 코멘트도 계속 해야 되는 거죠. 그러지 않으면 자기의 정체성, 특히 소셜미디어에서의 정체성이 보잘것없이 느껴지는 면이 있는 것 같아요. 소셜미디어를 비롯한 읽기/쓰기 플랫폼이 확장되고 참여하는 인원도 늘어났지만, 리터러시 활동을 위한 기반이 약하기 때문에 자신에게 중요한 이슈에 대해 천착할 수 있는 문화가 만들어지지 못하는 것 아닌가 싶어요. 리터러시 생태계가 삐걱거리는 상황인 거죠. 게다가 선생님이 말씀하신 '신뢰할 수 있는 집단'도 잘 보이지 않아요. 그런 역할을 해내는 대표적인 직업군이 기자인데, 그에 대한 신뢰도가 굉장히 낮잖아요. 그런 상황에서 이슈가 터지면 '이거 좀 알아볼까.' 하고 나서는 개인들이 많은데, 해당 분야를 꿰뚫어볼 수 있는 지식의 깊이가 하루이틀 공부해서 쌓이는 게 아니거든요. 그러다 보니 얄팍한 지식은 조금씩 접하지만 그게 자신의 식견과 관점으로 체화되지는 못하죠. 미국이나 유럽이 궁극적인 모델은 아니지만 한국의 과학 저널리즘의 저변은 일천해요. 몇몇 뛰어난 기자가 있지만 과학이라는 학문장에서 일어나는 일들이 대중에게 실시간으로 정확하게 '번역'되고 있지 못한 거죠. 개개인의 리터러시가 넓어지고 있지만 동시에 굉장히 얄팍해지는 상황, 깊이를 담보하지 못한 채 확장되는 국면입니다. 그래서 어떤 고등학교에서 강연을 한 후 질의응답 시간에 한 학생이 "과학 저널리스트가 되어서 과학의 핵심을 대중에게 충실히 전달하고 싶은데 어떤 노력을 해야 하나요?"라고 질문했을 때 뛸 듯이 기뻤던 기억이 납니다.

인터넷 시대의 리터러시에 대한 태도를 나타내는 징후적인 표현이 있는데, 바로 "검색하면 다 나오는데 뭐하러 책을 읽어요."라는 말이에요. 찾으면 나오긴 하겠죠. 근데 문제가 되는 게, 첫 번째는 명제 자체가 오류를 담고 있다는 거예요. 찾아보면 다 나온다는 것이 정말로 맞는 말이냐, 전 아니라고 생각해요. 단편적인 지식, 예를 들어 세종대왕이 한글을 창제해 반포한 해가 몇 년이냐, 이런 건 나오겠죠. 하지만 정말로 우리가 지식으로서 사용할 수 있는, 쓸 만한 지식이 검색한다고 바로바로 나오지는 않아요. 조금만 문제가 복잡해지면 답을 바로 찾을 수가 없는 거죠. 여러 개의 정보를 종합하거나 그 분야의 전문가가 쓴 개론서를 읽어야 답할 수 있는 것이 상당히 많거든요. 검색하면 다 나온다는 말 자체가 오류예요.

두 번째는, 특정한 상황에서 쓸 만한 정보가 바로바로 나오는가라는 문제가 있어요. 예를 들어 리터러시에 관해 이야기한다고 해보죠. 제가 학생들에게 특정한 개념을 가르칠 만한 텍스트와 웹문서가 있겠고, 학회에서 비슷한 전공을 가진 학자들과 소통할 때 필요한 개념이 있을 수 있죠. 또 지금 선생님과 대담을 나눌 때 필요한 지식의 폭이나 깊이가 있잖아요. 이 모든 상황에서 검색한 지식을 바로바로 적용할 수 있는가, 절대 그렇지 않죠. 게다가 대화나 채팅과 같은 실시간 소통 상황에는 일정한 압력이 존재해요. 예를 들어, 다른 연구자와의 대화 도중에 "제가 좀 찾아볼 테니까 두 시간만 기다려주세요." 이럴 수는 없거든요. 수업을 하다 말고 "3분만 기다리세요. 지금 바로 검색해서 정리해줄게요."라고 대처할 수는 없는 거죠. 지식은 대개 어느 정도 소화를 해서 내면화해야만 바로바로 공유하고 적용할 수 있어요. 그렇기 때문에 단답식으로 연도를 묻거나 하는 게 아니라면 '검색하면, 찾아보면 다 나온다'라는 말은 틀린 것입니다.

마지막으로, 우리가 지식을 쌓는다는 것은 물건을 쌓듯이 지식1, 지식2······ 이렇게 수집하는 게 아니라는 문제가 있죠. 지적 발달이란 많은 것을 받아들이고 뇌에서 섞고 결합하고 숙성시키는 과정입니다. 맛있는 김치를 만들려면 그냥 재료를 섞는다고 되는 게 아니라 발효의 시간이 필요하죠. 마찬가지로 지식의 성장에도 시간이 필요해요. 인지적이고 정서적인 발효의 시간, 그 과정 자체가 굉장히 중요한 거예요. 찾으면 나온다는 말이 놓치고 있는 것은, 단답형의 질문에 대한 대답을 넘어서는 지적 발달 과정이 검색으로 대체될 수는 없다는 사실이죠. 발효와 성장의 시간 없이 깊이 있는 지식과 지혜가 만들어질 수는 없거든요.

이와 관련해 '내재화(internalization)'라는 개념을 살필 필요가 있어요. 러시아의 심리학자이자 교육이론가인 비고츠키의 생각을 기반으로 한 개념인데요. 어떤 기능은 아무리 노력한다고 해도 내면화되지 않아요. 30년 동안 열심히 계산기를 두드린다고 해서 계산 능력이 키워지지는 않는 거죠. 그런데 30년간 주판으로 주산을 했다면 머릿속에서 웬만한 계산은 넉넉히 해낼 수 있거든요. 계산 능력이 내면화되어서 암산이 가능해지는 거죠. 우리가 검색을 하면 필요한 지식이 바로 나온다는 것은 내재화의 가능성, 내재화 이후 숙성되는 과정의 가치를 생각하지 못한 발언이라고 봐요. 세상의 그 많은 '찾으면 나오는 지식'은 배울 필요가 없는가, 그게 아니라는 뜻이에요. 그 지식들을 내 머릿속에 가져온 뒤 기존의 경험과 지식, 또 새로 들어올 지식과 버무리고 숙성시키고 발효시켜서 새로운 것들을 만들어내고, 또 내 삶에서 어떤 상황에 닥치든 그걸 끄집어내서 맥락에 맞게 활용할 수 있는 역량, 이걸 보통 지혜라고 부르잖아요. 그 지난한 과정을 고려하지 않고, 찾으면 나온다고 하는 건 배움과 발달의 본질을 무시하는 말입니다.

지금의 상황은 검색의 시대, 또 쉽게 이해되는 지식의 시대로 조금씩 가고 있고, 초등학생의 경우엔 조금 더 심하다고 합니다. 그렇게 봤을 때, 지금 리터러시 교육에서 추구해야 할 바는 '내가 무엇을 알 수 있는가, 내가 무엇을 찾아낼 수 있는가'에 머물러서는 안 된다고 생각해요. 그것도 물론 중요하지만, 한 걸음 더 나아가 기존에 있는 지식을 엮어서 무엇을 만들어내는가, 무엇을 새롭게 나의 지식과 지혜로 버무려 발효해내는가를 강조하는 쪽으로 가야 합니다.

엄기호

선생님이 말씀하신 걸 제가 다른 책에서 강조했던 표현으로 바꾸면, 리터러시가 앎의 문제가 아니라 다룸의 문제가 되어야 한다고 말할 수 있을 것 같습니다. 지금까지 우리 사회는 리터러시라는 것을 아느냐 모르느냐의 문제로 생각해왔지만, 중요한 점은 아는 것을 다룰 줄 아는가의 문제라는 거죠. 말씀하신 것처럼, 검색하면 세종대왕이 몇 년에 한글을 창제했는지는 알 수 있죠. 그런데 그것이 내가 우리 어머니한테 하는 얘기인가, 학생들한테 하는 얘기인가, 전문가들한테 하는 얘기인가, 이런 상황에 맞는 답을 주지는 않아요. 그러니까 몇 년에 한글을 창제했다는 걸 아는 데서 그치는 게 아니라 다룰 줄 알아야 되는 거잖아요. 그 맥락과 관계, 지금 여기에서 의미화하려고 하는 것들 속에서 다룰 능력이 있어야 하는데, '검색하면 다 다온다'라는 말은 그 다룸을 삭제 내지 결여하고 있는 거죠.

리터러시뿐만 아니라 교육이라는 것 자체가 결국 앎의 문제일 뿐 아니라 앎을 다루는 것의 문제입니다. 그리스 철학에서 가장 강조했던 게, 아는 것으로 그치면 아는 것이 아니라는 거예요. 이걸 잘 보여주는 책이 《고대철학이란 무엇인가》(피에르 아도, 2017)입니다. 이 책에서는 고대 그리스인들이 철학을 한 이유는 알기 위해서가 아니라 살기 위해서라고 말해요. 앎이 삶으로 이어지지 않는다면 의미가 없다고 본 것이죠. '학파'를 의미하는 school도 공부하기 위해 모인 모임이 아니라 공부하며 공부한 방식대로 살기 위해 모인 삶의 공동체에 가까워요. 삶이란 무엇인가에 대한 이해가 같고, 그 이해를 더 심화시키며, 그렇게 살도록 서로 권장하기 위해 모인 게 학파라는 거죠. 따라서 이들은 실천해야 한다고 봤어요. 첨언하면 지행합일과는 다릅니다. 알면서 안 하는 것이 문제라고 생각한 게 아닙니다. 오히려 반대로, 실천하지 못하는 것은 제대로 알지 못하는 것이라고 생각했습니다. 따라서 앎은 곧 다룸의 문제가 되는 것입니다. 다룰 줄 알아야 비로소 안다고 말할 수 있는 것이죠.

두 번째로는, 다룬다고 했을 때 무엇을 다루느냐의 문제가 있습니다. 선생님이 계산기와 주판을 예로 드셨는데, 그러면 우리가 다시 주산 교육을 해야 하느냐, 이건 아니죠. 하지만 결국 뭔가를 다루는 거거든요. 도구를 다룸으로써 그 도구를 다루는 어떤 기술, 다룸의 기예라는 게 우리 뇌에 각인돼요. 말씀하신 것처럼, 계산기를 다룬다고 해서 계산하는 능력 자체가 우리 머릿속에 축적되지는 않죠. 대신 계산기를 다루는 역량, 계산기를 다루는 원리가 내 머릿속에 들어오겠죠. 계산기를 다루는 원리는 계산의 원리가 아니니까요. 반면 주판으로 주산을 하는 역량은 계산을 하는 원리에 기반을 둔 것입니다. 그래서 주산을 하면 주판을 다루는 역량뿐만 아니라 주산이 기반을 두고 있는 계산의 역량도 커지는 거예요. 주판이 없어도 암산이 되는 것처럼요.

이 부분이 중요합니다. 리터러시 교육 또한 다룸의 역량을 키우기 위해 필요한 것이라고 말할 수 있습니다. 여기에 두 역량이 있는 것이죠. 하나는 매체를 다루는 역량입니다. 또 하나는 매체가 다루는 것을 다룰 줄 아는 역량입니다. 계산기와 주판을 다루는 역량과 계산기와 주판이 다루는 계산을 다루는 역량이겠죠.

여기서 중요한 문제가 하나 제기되는 것 같습니다. 계산기만 다룰 줄 알면 됐지 계산하는 역량까지 있어야 하는가입니다. 아무래도 이전 세대의 사람들은 그렇다고 주장하겠죠. 아무리 계산기를 다룬다고 하더라도 그건 내가 계산할 수 있는 것의 시간을 단축하기 위함이지 내가 계산할 수 없는 것을 맡기기는 곤란하다는 생각이죠. 저도 어느 정도는 그 부류에 속하는 사람입니다만, 다시 주산으로 돌아가자는 주장을 하지 않기 위해서라도 우리는 어떤 도구를 다루어야 하고, 어떤 도구는 다룰 필요가 없어졌는가를 생각해봐야 합니다.

이에 대한 논의를 하지 않으면, 끊임없이 그 논쟁, 공부를 하려면 그래도 ○○을 할 줄 알아야 한다는 과거지향적인 얘기와, 지금 그게 왜 필요하냐는 반발 사이의 논쟁이 계속될 수밖에 없어요. 예를 들어, 사전이 지금 왜 필요하냐는 게 되겠죠. 이제 아무도 종이사전은 안 들고 다녀요. 그럼에도 사람들은 "그래도 사전을 봐야 한다."고 말하거든요. 그렇다면, 종이사전을 다루는 걸 통해서는 사전을 다루는 역량뿐만 아니라 또 어떤 역량이 생긴다는 거냐, 그리고 그 역량은 우리에게 필요한 것이냐, 그 정도 얘기까지 해야 하는 거죠.

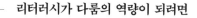

리터러시가 다룸의 역량이 되려면

김성우

리터러시가 무엇을 다루는 역량을 키워야 하는가를 따질 때 먼저 들 수 있는 건 텍스트를 긴 맥락, 복잡한 맥락에서 다룰 수 있는 역량일 겁니다. 그렇지만 리터러시 행위(act)의 대상 혹은 파트너가 누구인가에 따라 다르게 소통하는 역량의 중요성은 간과되는 것 같아요. 예를 들면 이런 거죠. 제 어머니는 상당히 보수적인 기독교 토양에서 오랫동안 살아오셨고, 교회 공동체에 생활의 뿌리를 두고 계세요. 작은 교회들을 거치면서 평생을 사셨기 때문에 쓰시는 언어들이 가끔 '기복적'으로 느껴지죠. 제가 어머니와의 대화를 5년 동안 기록하면서 크게 깨달았던 게, 내가 생각하는 기복 신앙의 정의, 나의 삶에서 바라본 '기복'의 문제만을 가지고 항상 어머니의 말을 비판해왔다는 사실이었어요. 이러니 소통이라고 하는 게 계속해서 무너질 수밖에 없었죠.

그런데 제가 유학을 갔다가 마흔 살에 한국에 돌아왔는데, 다녀와서 어머니를 뵈니 5년 사이에 많이 늙으신 거예요. 어머니를 뵈면서, 기복적이라거나 보수 기독교 신앙이라거나 새벽기도라거나 이런 단어들에 대한 그동안의 제 정의를 성찰하게 됐어요. 계기가 두 가지인데, 하나는 어머니와 제가 함께 늙어간다는 느낌에서 오는 동질성이었어요. 노화나 육신의 연약함을 생각했을 때 어머니와 저 사이의 거리가 좁혀진 거죠. 두 번째는, 어머니 말을 듣다 보니 영감을 주는 말씀이 적지 않은 거예요. 그걸 꾸준히 기록하게 됐죠. 그냥 듣는 게 아니라 기록을 하다 보니 그 전에는 몰랐던 것들을 알게 됐어요. 듣기만 할 때는 그냥 지나치거나 '또 저런 얘기를 하시네.' 했던 말들에서 새롭게 의미를 발견하게 된 거죠. 구술사연구 하시는 분들이 단순히 듣는 데서 그치지 않고 꼼꼼하게 녹취하고 기록하죠. 그걸 다각도에서 분석하다 보면 거기서 숨겨진 의미가 드러나잖아요. 어머니의 말씀을 기록하면서 저 역시 그런 걸 경험한 거죠. 5년 남짓 대화를 기록하면서 어머니와 대화하는 기예를 어느 정도 배운 것 같아요. 내가 안다고 생각했던 게 사실 아는 게 아니었다는 사실을 깨달았고, 또 어머니의 세계에 어머니의 언어가 존재한다는 점을 인정하기 시작했어요.

이 경험을 통해, 개인적인 관계에서라면 상대가 쓰는 언어를 철저하게 내 영역으로 포섭하지 않고 남겨두는 것이 좋겠다는 생각을 하게 되었어요. 상대의 삶을 살아보지 못했으니까 그 사람이 쓰는 말을 송두리째 이해하고 분석해내는 것은 불가능하죠. 공론장에서 용어와 개념에 대해 논쟁하는 게 아니라면 상대의 삶을 인정하는 '완충지대'를 남겨놓는 게 소통에 반드시 필요한 것 같아요.

엄기호

리터러시가 앎의 문제를 넘어 다룸의 문제라고 했을 때 가장 문제적인 다룸의 세계가 아마 사람 관계일 것입니다. 선생님이 어머님과의 관계에 대해 말씀하셨죠. 여기서 생각해봐야 하는 것이, 사람과 사람 사이의 대면적인 관계가 기본적으로 문자에 익숙한 사람의 몸과 행위에 걸맞은가, 아니면 말에 익숙한 사람의 몸과 행위에 걸맞은가입니다.

저는 대면적인 관계에서는 아무래도 글보다는 말이 더 어울리는 소통 수단이라고 생각합니다. 세계를 텍스트로 대하고 읽어내려는 사람은 자기 앞에 있는 사람도 그렇게 읽어내려고 하죠. 제가 아마 전형적으로 그런 인간일 텐데요. 그러면 앞에 있는 사람은 매우 기분이 나쁘죠. 자기를 대상으로 대하며 관찰하는 것이니까요. 동등한 주체라는 생각이 들지 않고 분석의 대상이 되는 것이죠. 사실, 읽기로 세상을 대하는 사람들은 자기만 주체로 두고 나머지는 다 해석의 대상으로 보지 않습니까.

반면에, 말로 사람을 만나고 세계를 짓는 사람들에게 리터러시에 해당되는 것이 '말귀'예요. 글의 세계에서 리터러시라고 하는 게 말의 세계에서는 말귀죠. 말귀의 관점에서는 듣는 사람이 알아들어야 합니다. 말귀를 여는 건 말하는 사람이 이상적으로 말하지 않는다는 것을 감안하고 시작합니다. 예를 들어, 하루 종일 도서관에 있으면서 학술 논문만 읽는 사람은 건설노동자가 하는 말을 알아듣기가 거의 불가능에 가까울 것입니다. 그 사람이 사회과학을 하는 사람이라 해도요. 이럴 때 우리는 말하는 건설노동자가 아니라 듣는 사람의 역량을 탓합니다. 말귀가 없다고요.

말귀는 세계와 대상을 이해하기 위해서가 아니라 관계를 이어가기 위해서 결정적으로 중요합니다. 선생님이 어머님과의 이야기를 통해 말씀하신 것이 바로 이 말귀와 리터러시의 차이로 저는 읽히는데요. 어머님의 행위가 '기복'적으로 읽히는 것은 분명 맞습니다. 확실히 기복적이죠. 그런데 그런 사실이, 어머님과 선생님의 관계에서 선생님은 어머님의 신앙적 행위에서 기복적인 요소를 읽어내는 사람, 어머님은 그러지 못하는 사람이라는 위계적인 관계를 만들어냅니다. 이 관계가 한번 형성되고 나면 선생님은 더 이상 어머님의 신앙 행위에서 다른 측면을 읽어낼 필요가 없습니다. 그건 누가 뭐래도 기복적인 것이니까요.

그런데 관계라는 측면에서 보면 어머님의 신앙 행위를 전혀 다르게 읽어낼 수 있습니다. 그 행위들은 여전히 기복적입니다만, 그저 복을 비는 것이 아니라 선생님과 어머님의 관계를 형성하고 지속시키는 행위라는 의미를 가지게 됩니다. 이건 제 부모님과 저의 관계에서도 그대로 나타나는 모습이거든요. 어머니가 "기도하면 다 된다."고 말할 때 그 말은 진짜 기도하면 다 된다는 뜻만 있는 것이 아니라 지금 그 말을 듣고 있는 나에게 뭔가를 요청하는 말이기도 한 것이죠. 그 말의 의미를 못 알아차리면 나는 어머니의 기복신앙을 비판하는 사람밖에는 안 되지 않겠습니까.

이런 점에서, 리터러시가 더 이상 문자 해석에 머무르지 말고 멀티-리터러시로 확장되어야 한다는 말에 전적으로 동의해요. 다만 그 멀티리터러시가 미래에서 오고 있는 어떤 리터러시, 흔히 미디어 리터러시라고 부르는 '보는 것'과 '가상적인 것'뿐만이 아니라 과거로부터 여전히 오고 있는 것, 끊임없이 올 수밖에 없는 것인 '말하고 듣는 것'의 리터러시, 즉 말귀를 포함해야 한다고 생각합니다. 그래야 우리가 리터러시를 앎의 문제가 아니라 다룸의 문제로 생각할 수 있게 되고, 다룸을 통해서 도달하려는 것이 글자나 단어, 개념에 대한 이해가 아니라 타자의 세계에 대한 이해라고 할 수 있게 되겠죠. 그것도 그 타자와 내가 세계를 짓는 역량으로서의 리터러시 말이죠. 내가 쓰는 단어와 저 사람이 쓰는 단어가 똑같은 것이라 해도 완전히 다른 의미를 가지고 있는데, 그 다름은 도대체 어떤 세계에서 만들어진 것인가를 이해하는 역량이에요.

의미 자체를 이해하는 것보다 더 중요한 게, 이 의미가 왜 이렇게 구성되는가를 아는 거예요. 그것을 보면 세계가 보이기 때문이에요.

특히 한국은 압축적 근대화를 경험해서 세대별로, 계층별로, 지역별로, 성별로, 섹슈얼리티별로 같은 단어를 전혀 다른 의미로 사용할뿐더러 세계 자체가 다르게 형성되어 있는 사회죠. 그래서 많이 알면 알수록 오히려 타인의 세계에 대한 무지에 도달할 수 있어요. 내가 너무 많이 알기 때문에 이 개념은 이러저러한 의미가 있고 이러저러하게 써야 한다고 확신하죠. 그런 확신을 가지고 '그 의미를 가지고 이렇게 얘기하는 걸 볼 때 저 사람의 세계는 이럴 거야.' 하고 결론을 내리는 경우가 많아요. 이거 완전히 오판이거든요.

다시 어머님의 기복신앙으로 돌아가볼까요. 어머님 세대가 새벽 기도를 간다고 할 때, 그것은 종교 행위가 아닐 가능성이 큽니다. 종교 행위일 뿐 아니라 삶 자체죠. 거기서 사람을 만나기도 하고 사회적 존재감을 얻기도 하는 거예요. 분화되어 있지 않은 삶이죠. 그런데 공부하는 자식들은 삶 자체가 분화되어 있어서 자기 방식대로 독해를 해버리는 거예요.

그래서 리터러시를 논의할 때 중요한 것은, 반드시 책을 읽어야 하느냐 영상을 봐도 되느냐가 아닙니다. 그 무엇을 하든, 이것들을 통해서 타자의 세계에 대한 이해에 도달해야 한다는 것이죠. 타자의 세계를 이해하기 위해 제일 중요한 것은 타자의 세계가 나의 세계와 다르다는 사실을 인정하는 것입니다. 거기서부터 출발해야 하죠. 그러지 않고 너무나 쉽게 타자의 삶에 대해 알 수 있다고 생각해요. 그리고 알고 있다고 생각하고요. 이건 너무나 무례한 태도예요.

저는 이런 경향이 반지성주의와 밀접한 연관이 있다고 봅니다. 저는 반지성주의의 핵심이 '공부가 쓸모없다고 생각해 무시한다'가 아니라 '발견을 하려고 하지 않는다'라고 봅니다. 인터넷 댓글에서 쓰는 '동감합니다, 동의합니다'라는 표현에서 볼 수 있듯이, 새로운 걸 발견해 알게 되는 게 아니라 이미 알고 있는 걸 확인하는 행위만 있는 거죠. 책을 읽을 때는, 책 산 돈이 아까워서라도 내 생각과 같은 걸 확인했다고 해서 읽기를 멈추지는 않거든요. 끝까지 읽으면서 새로운 걸 발견한다든가 내 생각과 다른 게 뭐지 하면서 이런저런 고민을 하게 되죠. 그에 비해 인터넷 안에서 기사나 댓글을 읽을 때는 내 생각과 같은 것만 찾아내요. 그걸 통해 나와 생각이 같은 사람들의 규모를 발견하는 거죠. 내가 사실은 외로운 존재도 아니고, 이 정도의 세력을 가진 사람이라는 점을 확인하는 거예요.

조금 다른 얘기입니다만, 사람이라는 존재가 자신이 이전에 했던 생각이 잘못된 것일 수도 있다는 의문을 가지려면 고독해져야 합니다. 그런데 지금은 자기와 같은 생각을 가진 사람들을 보면서 '나는 틀리지 않았어', '나는 옳아', 이렇게 가는 거죠.

김성우

요즘 초등학교 선생님들의 얘기를 들어보면, 학생들이 여러 자료를 찾기보다 검색을 해보고 자기 생각에 답이 딱 나오면 거기서 그친대요. 자기가 생각하는 답이 나오면 그걸 검증하려는 게 아니라 "아, 답이 나왔네." 하면서 그걸 베끼는 거죠. 그런 모습과도 닿아 있는 것 같아요.

확인하는 과정으로서의 지식이라는 데 딱 맞는 예가 하나 떠오르는데요. 저 자신과 제가 가르쳤던 대학원생들의 이야기이기도 하고요. 논문을 쓰다 보면 논문의 규약 혹은 관례라는 게 있기 때문에 반드시 일정 개수 이상의 참고문헌이 들어가야 하잖아요. 그런데 아직까지 공부에 익숙해지지 않은 대학원생들이 제출한 과제를 보면, 자기가 하고 싶은 이야기의 뼈대를 만들어놓고 이 뼈대에 맞는 이야기를 하는 논문만 취사선택해서 끼워 넣기를 해요. 이게 안 보일 거라 생각하지만 읽어보면 다 보이거든요. 대학원 과정을 밟을 때의 저 또한 그런 오류에서 자유로웠다고 하기는 힘들어요. 과제로 소논문을 써야 하는 상황에서 내 이야기에 맞는 것들을 좀 더 많이 배치하는 경우가 있었거든요. 그렇게 하면서도 한심하다는 생각이 들었죠. 이렇게 해서 쓰는 논문이 얼마나 가치가 있을까.

논문을 쓴다는 것은 새로운 지식을 구성하는 일입니다. 새로운 생각과 주장, 이전에 없었던 발견과 종합이 있어야 한다는 거죠. 그런데 구태의연하게 자기의 기존 생각이나 주장에 맞는 것만 취사선택해서 배치하고서는 그걸 문헌연구라고 여기는 과제들이 적지 않아요. 사실은 위로부터의 제도적인 압력이 있는 거죠. 논문을 몇 편 이상 쓰라고 하는 압력, 학계의 구조적인 압력이에요. 그런 식으로 논문을 쓰고 사람들이 하는 말이 이런 거죠. "아, 어떻게 쓰기는 했는데, 내가 넣은 레퍼런스도 다 안 읽었어." 대학원생뿐 아니라 이 사회의 수많은 사람이 이런 식으로 자기의 지식이라고 해야 할지, 편향이라고 해야 할지, 그걸 계속해서 확인하는 과정으로서 글을 읽고 지식을 소비하는 것이 위험하다는 생각이 들어요. 헛된 수고를 하고 있는 셈이니까요.

엄기호

문화연구 영역에서 많이 다루는 게 사실 '세대'인데요. 세대론은 늘 문화연구에서 뜨거운 화두예요. 세대론으로 특정 집단을 이해하려는 사람들의 일관된 태도가 있습니다. 한두 마디 말로, 혹은 매우 상징적인 어떤 단어로 그 세대를 통째로 이해하려고 하는 거죠. 그리고 그런 담론들이 가장 잘 팔리고 유행합니다. 무슨무슨 세대라고 이름 붙이는 것이 대표적이죠.

그런데 지금 문제가 되고 있는 청년 세대에 대해 얘기하자면, 청년들의 삶이 책 한 권으로 이해 가능한 것이라면 이 사달이 안 벌어져요. 학교에서, 회사에서, 시민단체에서, 길거리에서, 인터넷에서, 이 사달이 안 벌어지죠. 압축적 근대화를 이룬 한국사회에서 유튜브니 뭐니 하는 몇 가지 단어를 통해 이 세대를 이해할 수 있는 게 아니라는 생각을 먼저 해야 하는데, 그 반대예요. "그 책을 읽으면 이해할 수 있다."고 하니 그 책만 읽을 뿐, 그 책에서 이야기하려는 사람들에 대해서는 오히려 안다는 착각만 하게 되죠.

안다는 착각, 그래서 더 알 필요는 없고 자기가 알고 있는 것을 확인하는 작업만 남은 상태는 세계에 대한 이해라는 점에서 보면 무척 반리터러시적입니다. 요즘 확증편향이라는 말을 많이 듣는데요. 안다고 착각한 다음부터는 자기의 앎을 정당화해주는 글과 말만 찾아다니게 되죠. 그래서 공부하면 할수록 더 반지성주의적으로 되는 역설이 벌어지는 것입니다.

김성우

마치 그걸 통해서 내가 모든 것을 파악했다고 생각하는 거죠. 너희가 왜 그러는지 딱 알겠다. 어떻게 보면 스스로를 위안하는 것일 뿐인데.

엄기호

네. 앎을 통해서 지배하려고 하고, 다시 장악하려고 하는 거죠. 파악(把握)의 악과 장악(掌握)의 악이 같은 한자잖아요. 선생님은 '삶을 위한 리터러시'라고 하시고, 저는 '삶을 위한 교육'이라고 하는데, 그런 표현을 쓰는 이유는 리터러시와 교육이 삶에 대한 이해에 도달하게 하는 삶의 도구가 되어야 하기 때문이죠. 정의 자체로만 보면 정반대의 일이 벌어지고 있습니다.

김성우

'많이 알수록 타인의 세계에 대해 무지할 수 있다'고 하신 말씀과 관련된 이야기가 있습니다. 미국사회의 여전한 이슈가 백인 엘리트의 특권이죠. 특권이라는 게 그걸 가진 사람한테는 보이지 않아요. 자신이 특별한 권리와 힘을 행사하고 있다는 것을 정작 자기는 모르는 거죠. 특권을 가진 사람들은 대체로 학력이 높습니다. 자기가 처한 세계에서 충실한 교육을 받아왔고 그 세계에서 세상을 나름 분석적으로 이해해온 사람인데, 모순적이게도 자기가 점하고 있는 위치는 안 보이는 거예요. 세계는 보고 있다고 생각하는데, 내가 지금 어디에 서 있는가를 잘 못 보는 거죠. 사실 다른 사람들이 보기에는 그 위치에 서서 세상을 그렇게 관조하듯이 볼 수 있는 거 자체가 특권이잖아요. 누릴 건 다 누리고 볼 건 다 보면서 자기 자리에 대한 감은 없는 거예요.

리터러시가 잘못 활용되면 그런 특권을 주게 되죠. 문해력이 '나는 볼 수 있다, 나는 파악할 수 있다, 나의 해석은 정확하다'며 스스로를 합리화하고 자신에게만 권위를 부여하는 도구로 전락하는 거예요. 리터러시가 본원적으로 추구해야 할 시대에 대한 사유, 타인의 경험과 생각에 대한 이해, 삶에 대한 기록과 숙고라고 하는 목표에서 점점 멀어지는 거죠. 나는 아는 게 많으니까 자신 있게 말할 수 있고, 네가 틀렸을 가능성이 100퍼센트다, 이렇게 되는 거예요.

조금 다른 측면에서 언론 지형을 살필 필요가 있다고 생각합니다. 흔히 조중동(조선일보, 중앙일보, 동아일보)과 다른 스펙트럼을 가진 한경한(한겨레, 경향신문, 한국일보)을 보는 것으로 시각의 균형을 잡을 수 있다고 생각하는데, 사실 저는 이 사회에 대해 가장 많은 통찰력을 주는 것은 〈비마이너〉(https://beminor.com) 같은 매체가 아닌가 생각해요. 제가 비장애인으로서 보는 세계에 대해 머리를 쾅 치는 기사들이 종종 올라와요. 그럴 때 가슴이 떨리고, 제 좁았던 시야를 돌아보게 되죠. 장애인과 장애학의 관점에서 본 세계는 내가 지금까지 봤던 세계와 완전히 다르구나, 내가 뭘 몰랐구나 하는 걸 드러내줘요. 리터러시의 발달에서 기존의 지식을 충실하게 잘 섭렵하는 것도 중요하겠지만, 〈비마이너〉와 같이 그동안의 리터러시의 주류에서 다뤄지지 않았던 관점에 끊임없이 열려 있도록 만드는 매체도 반드시 필요하죠. 그런 면에서 다수자가 아닌 소수자의 시각, 중앙이 아닌 변방에서의 이해, 이와 관련된 실천이 리터러시 교육이 나아가야 할 주요한 방향 중 하나라고 봅니다.

선생님이 책을 읽는 걸 여행으로 표현하셨는데, 그 메타포가 좋아요. 여행이라는 게 즐겁지만은 않아요. 길을 잘못 들면 하루 종일 땡볕 아래 걸어서 탈진할 수도 있고, 혹독한 날씨에 야영을 해야 할 수도 있지만, 그걸 통해 내가 살아왔던 환경에 대해 반추하고 낯설게 볼 수 있잖아요. 이와 마찬가지로 리터러시 교육이 목표로 삼아야 할 태도는 경험하지 못했던 세계에 대한 갈급함을 갖게 하고, 가보지 못했던 길을 걸어보려는 열망을 갖게 하는 것이라고 생각해요.

이것은 나 자신이 가진 지식의 세계를 넓히기 위한 개인적 호기심과는 다르게, 타자들의 세계에 대한 감각을 계속 계발하고 조금 불편하더라도 끈질기게 다름의 세계로 여행할 수 있는 습속을 만드는 거죠. 그렇게 되지 않으면 리터러시가 기존 권력에 복무하게 돼버려요. 예를 들면, 2019년 여름에 모 대학 청소노동자 한 분이 돌아가신 일이 있었죠. 지병이 있으셨던 건 확인이 됐다고 하지만 어쨌든 36도가 넘는 찜통더위 속에서 창문도 에어컨도 없는 공간에 방치되었다가 돌아가신 거잖아요. 혹독한 노동 환경이 죽음의 주요 원인 중 하나였던 거죠. 그런데 자기 세계가 너무 강력한 사람들에게는 이게 그냥 예외적인 사건이에요. 그 사람 안됐다, 되게 불쌍하다, 그 정도만 생각하고 지나가는 거죠. 공사현장에서 비정규직 노동자가 사고로 죽었다 해도 예외적인 사건으로 지나치는 거예요. 만약 그 세계에 열려 있다면, 그 기사를 보고 나서 관련된 것들을 찾아보고, 그걸 통해서 '아, 이게 그냥 그런 얘기가 아니구나, 단순한 문제가 아니구나.' 하는 것을 알게 되겠죠. 유튜브에서 재미있는 영상을 따라가면서 보는 데 쓰는 시간만큼 그런 이슈들에 계속 열려 있기 위해 노력해야 돼요. 그런 것들을 키워줄 수 있는 리터러시 교육이 시급합니다.

한 교사가 '성과 윤리'를 다루는 수업에서 사용한 작품 〈억압당하는 다수(Oppressed Majority)〉를 둘러싸고 첨예한 대립이 이어지고 있는데요. 이 문제에 대한 결론이 어떻게 날지가 굉장히 중요한 것 같습니다. 잘 알지 못하는 곳으로 여행을 하도록 가이드(교사)가 인도를 해줬는데, "내가 원하지 않는 여행이었다."면서 가이드에게 책임을 묻는 상황이죠. 가이드로서 자격이 없다면서요. 나아가 처벌까지 받아야 한다고 주장하는 분들도 있어요. 그런데 그 가이드가 정말 이상한 사람일까? 혹시 가이드가 생각하는 교육적 경험과 학생들이 생각하는 교육적 경험 사이에 간극이 있는 것은 아닐까? 그런 경우 어떤 방식으로 이 간극이 메워져야 할까? 이런 문제를 외부의 힘으로 해결하는 것이 바람직한 일일까? 이런 질문들에 어떻게 대답하느냐에 따라서 '타자의 세계를 그려보고 탐험하는 능력으로서의 리터러시'라는 개념이 어떻게 현장에 적용될 수 있을지가 달라질 것이라고 봅니다.

리터러시는 어떻게
윤리적 주체를 세울 수 있는가

엄기호

　　지금 말씀하신 것이 결국, 사람이 어떻게 윤리적 주체가 되는가와 관련이 있습니다. 리터러시가 글자와 단어의 사전적 의미만을 읽는 게 아니라 타인의 삶을 이해하는 것이라면, 그게 바로 윤리가 발생하는, 그리고 윤리적 주체가 되어가는 지점이거든요. 왜냐하면 그 사람이 어떤 사람인지 알아야, 혹은 그 사람이 어떤 사람인지 내가 모른다는 것을 알아야, 바벨탑을 쌓는 것이 아니라 다리를 놓는 리터러시가 생기고, 또 어떤 다리를 놓을 것인가라는 관계 맺음의 코드를 알 수 있게 되니까요.

　윤리가 발생하기 위해서는 그 사람에 대한 깊이 있는 이해가 필요합니다. 얄팍한 이해가 아니라 깊이 있는 이해요.《다시, 책으로》등에서는 깊이 있게 읽는 것이 그 사람이 되어보는, 그 상황에 내가 들어가보는 경험을 제공해준다고 강조해요. 영화를 통해서든 책을 통해서든, 긴 글이든 아니면 짧은 글이라 해도 시처럼 압축적인 글, 추상성이 높거나 메타포가 압축적인 글을 이해하는 것은 내가 다른 사람의 입장이나 상황에 들어가보는 것이거든요. 깊이 들어가는 거고, 흠뻑 젖는 것이죠. 이게 중요한 이유는, 그렇게 깊이 들어가고 흠뻑 젖어봐야 다양한 상황, 또 모순적인 상황에서 입체적으로 그 사람의 입장과 모순을 이해할 수 있기 때문입니다.

저는 여전히 대하소설과 시가 중요하다고 생각해요. 이걸 읽고 향유할 힘이 없으면 다른 사람의 처지와 입장에 역지사지하고 감정이입하는 것이 입체적으로 될 수 없다고 보기 때문이에요. 한 단면만 보고 어떤 상황에서만 '저 사람 불쌍해', '저 사람이 맞아', '쟤가 틀렸네', 이런 판단을 한다는 거죠. 어떤 사건이 일어났을 때 인터넷 댓글에서 드러나는 사람들의 반응이 손바닥 뒤집히듯 바뀌는 이유가 그 때문이라고 생각해요. 상황이 바뀔 때마다 감정이 휙휙 바뀌어요. 처음에는 "이 사람이 나쁜 놈이네, 죽어버려!" 그랬다가 조금 다른 증거나 정황이 나타나면 "이 사람을 이렇게 만든 네가 죽어라." 이렇게 되는 거죠.

삶을 위한 리터러시란 인간의 삶이 어떤 국면에서 얼마나 입체적일 수 있는가를 이해하는 것 아니겠습니까. 저는 소설에서 가장 중요한 요소가 끊임없이 장면이 바뀌는 것이라고 생각해요. 예를 들어, 《임꺽정》을 읽을 때 처음에는 이런 편견을 갖고 있단 말이에요. 임꺽정은 의적일 거야. 하지만 읽다 보면 임꺽정이 그냥 도둑이거든요. 그럼 계속 판단을 갱신해야 돼요. 이 도둑을 지지해야 되나? 이 도둑질을 옳다고 생각해야 되나? 그렇게 읽어가다 보면 그 시대에 대한 이해에 도달하는 거예요. 임꺽정이라는 사람을 입체적으로 이해하게 되는 거죠. 임꺽정이 도둑질을 할 때나 가족에게 이상한 짓을 할 때, 허세를 부릴 때, 더 이상 이 사람이 의적이다 아니다라는 잣대로 판단하지 않게 돼요.

리터러시 교육이 삶에 대한 이해를 지향해야 한다고 할 때, 그냥 듣기 좋으라고 말하는 삶에 대한 이해가 아니라, 삶이라는 게 얼마나 복합적이고 입체적인가에 대한 이해여야 한다고 생각해요. 그래서 국면이 바뀔 때마다 그에 대한 판단이 달라지는 것이 아니라, 정황이 바뀐다 하더라도 그때 그 사람이 그러는 이유에 대한 이해, 거기에 도달하게 해주는 게 리터러시여야 하는 거죠.

그게 어떤 뜻인지 보여주는 사례가 있습니다. 제가 서평을 썼던 서경식 선생의 대담집 《책임에 대하여》(서경식·다카하시 데쓰야, 2019)에 나오는 건데, 식민주의에 대한 몇몇 일본 사람의 이해가 이렇답니다. 한국인, 그들에게는 조선인에 대해 '순결한 피해자'라는 표현을 쓴대요. 그 일본인들이 너무 미안해한다는 거예요. 자신들이 이 순결한 이들을 피해자로 만든 것이 미안한 거죠. 그런데 조금만 더 깊이 들어가면, 피해자라고 다 순결한 사람만 있는 게 아니거든요. 사기꾼도 있고, 도둑놈도 있고, 살인을 저지른 사람도 있을 거 아닙니까. 그러면 '내가 이런 사람들한테 왜 미안해해야 되지?' 그러면서 그 순간 자신의 모든 도덕적 죄책감에서 해방돼버리는 거죠. 서경식 선생은 이걸 "그저 송구스럽기만 하다가 갑자기 해방된다."고 표현했는데, 이 둘 사이를 왔다 갔다 한다고 합니다. 이 얼마나 삶에 대한 입체적 이해가 없는 무지함인가요.

우리가 여전히 괴롭고 재미없다 하더라도 시를 향유할 수 있고 다른 한편에서는 대하소설을 읽을 수 있는 역량을 키워야 하는 이유가 무엇인가? 일부 식자들이 말하는 것처럼 교양을 쌓기 위해서가 아니라 사람을 윤리적 주체로 키우기 위해 필요한 것이에요.

김성우

선생님 말씀을 제 말로 바꿔보죠. 공론장에서 글을 읽는 행위가 요즘은 편을 가르기 위해서인 것 같아요. 어떤 사람이 무척 자극적인, 그래서 사람들이 많이 읽는 글을 썼어요. 그러면 그 글에 대한 평가가 갈리는 거죠. 홍해 갈리듯 갈리고 나면, 그 텍스트에 대한 독법이 갈려요. 이쪽 편에 있는 사람은 이렇게 읽어야 되고, 저쪽 편에 있는 사람은 저렇게 읽어야만 내 편으로서 기능을 하게 되는 거죠. 특정 주장의 적절성을 하나하나 따져보는 것이 아니라 누가 말했느냐를 가지고 판단해버리는 경향을 '메신저가 메시지다'라고 표현하잖아요. 이게 점차 심화되는 것 같습니다.

이 사람은 내 편, 저 사람은 저쪽 편, 이것은 옳은 말, 저것은 틀린 말, 이렇게 이분법에 가두려는 독법이 지금 공론장에서의 읽기의 커다란 문제라고 생각합니다. 솔직히 고백하자면 저 또한 그럴 때가 있어요. 황당무계한 말을 하는 사람들은 도저히 이해하고 싶지 않고, 그냥 한두 가지 이름을 붙여서 분류해버리고 싶은 거죠. 서류에 라벨을 붙이듯 판단해서 '치워버리고' 싶은 충동이 드는 거예요.

제 생각에는, 삶을 이해한다는 것과 윤리적 주체가 된다는 것, 타자의 세계를 이해한다는 것은 한두 가지 범주나 파벌로 누군가의 삶이나 처한 상황을 재단하지 않는 일이거든요. 가장 극단적인 게 "너 좌파냐, 우파냐?" "너 진보냐, 보수냐?" "너 페미니즘 찬성해, 반대해?" 이런 거죠. 이렇게 단순한 이분법은 사회에 해악이 되는 질문이에요. 이렇게 누군가를 그릇에 담으려는 독법이 아니라, 그냥 그 자체를 최대한 이해하는, 복잡한 걸 복잡하게 이해할 수 있는 능력을 키워주는 리터러시 교육이 되어야 하는 거죠.

복잡한 걸 복잡하게 이해하면 개운하지 않거든요. 깔끔하지 않아
요. 그럼에도 그걸 담고 있을 수 있는 능력이 필요해요. 제가 숙성, 발
효라는 표현을 썼는데, 지식과 의견들이 이루는 점들을 연결하다 보
면 어느 순간 보듬고 있었던 생각들이 상호작용을 일으키면서 '아,
이렇게 보면 되겠구나.' 하는 이해에 다다르게 돼요. 정보의 습득과
깨달음이 시간차를 두고 나타나는 거죠. 그러지 않고, 이 사람은 A라
는 그릇에 담고 또 저 사람은 B라는 그릇에 담아서 끝내버리면, 오랜
숙성 끝에 깊은 이해가 우러나올 가능성이 줄어들어요. 총체적인 이
해가 일어나지 않는 거예요. 왜냐하면 나는 이미 분류와 판단을 끝낸
상태니까요.

대화에서 쉼표의 시간과 마침표의 시간을 가늠하는 게 참 어려워
요. 극심한 혐오의 표현이 아니라면 당장 비난하고 배척하기보다는
판단을 조금 유보하고, 나와 다른 생각을 먼발치에서 바라보면서 시
간차를 두고 신중한 결론을 끄집어내는 능력이 중요하다고 생각해
요. 분노가 판단을 흐리게 하지 않는 지혜가 필요한 거죠.

세상을 읽지 않을 수는 없지만, 쏟아지는 이슈마다 명확한 입장을
갖는 건 불가능해요. 이 사건이 나오면 이런 평을 달고, 저 사건이 나
오면 또 평을 달고 하면서, 거기서 자신의 정체성, 자존감을 얻는 사
람이 있을 수 있고, 또 그걸 잘하는 사람도 있을 순 있겠죠. 시사평론
이나 특정 분야의 전문가라면 그게 책무가 될 수도 있고요. 그렇지만
모든 사람이 모든 이슈에 대해 그럴 필요는 절대 없거든요. 모두가
평론가가 되어야 할 이유는 없어요. 그러길 바라는 사람들 중에 소위

'논객'이 되어 얄팍한 의견만을 던지는 경우도 심심찮게 보죠. 여기도 고개를 디밀고 저기도 고개를 들이미는 태도를 갖게 하는 건 커다란 문제라고 생각해요. 어떻게든 사람들의 주목을 이끌어내려는 관심의 경제가 이런 경향을 가속화하는 것 같아요. 그렇게 온갖 일에 참견하는 만물박사가 되기보다는 자기를 드러내지 않고 고요하게 바라보면서 생각의 끈을 놓지 않는 것, 오래 천착하며 생각을 두텁게 만들어가는 일이 더욱 소중해요. 삶을 깊이 있게 이해하고 자신을 돌아보는 역량을 키워가는 일이요. 이렇게 이야기하지만, 저 또한 반성해야 할 지점이 많습니다. 하고 있는 일에 휩쓸려 정작 더 중요한 일들을 놓치는 경우가 많아서요.

———— 개운하지 않아도, 담아두고 숙성시키기

엄기호

지금 우리가 리터러시 교육을 어떻게 해야 되느냐, 또는 좀 더 넓은 맥락에서 리터러시 개념이 어떻게 바뀌어야 하느냐를 혼재해서 얘기하고 있습니다만, 하나의 방법론으로 말씀드리고 싶은 사례가 있어요. 미국 의과대학의 커리큘럼인데, 일종의 역할극이에요. 이 과정을 소개한 책도 있는데, 레슬리 제이미슨이 쓴

《공감연습》입니다.

이 책에 따르면, 미국에서 의사가 되기 위한 과정에서 꼭 받아야 할 수업이 있어요. 환자를 연기하는 사람을 만나서 그 사람한테 뭘 물어야 하는지, 어떻게 물어야 되는지, 그 사람의 반응에 대해 의사로서 어떻게 대답을 해야 하는지를 실제로 해보는 과정이죠. 예를 들면, 배가 아프다는 환자(를 연기하는 배우)에게 질문을 해서 육체적인 질병에서 시작해서 정신적인 문제까지 알아보는 거예요. 이런 과정이 꼭 필요한 이유가 있습니다. 의사가 된다는 것은 다른 사람의 생명을 다루는 것이잖아요. 육체적인 증상뿐 아니라 고통을 호소하고 있는 이 사람의 삶에 대한 이해가 없다면 이 생명을 다루는 진단과 치료에 실패할 수 있기 때문이에요.

환자라는 존재가 의사 앞에서 일관된 이야기를 하지 않거든요. 대부분의 환자가 일관된 이야기가 아니라 정황을 이야기해요. 내가 이럴 땐 이렇게 아프고 저럴 땐 저렇게 아프고, 오늘은 어떤데 어제는 저땠고, 끊임없이 정황을 이야기하죠. 이런 환자를 입체적으로 이해하기 위해서 이렇게 정황이 바뀔 때마다 말이 어떻게 바뀌는가, 그럼에도 불구하고 그 속에 담긴 일관성은 무엇인가, 그 일관성으로 볼때 이 사람의 병은 무엇인가, 또 어떻게 대답하고 처리해야 하는가 등을 알아야 하는 것입니다. 이런 것을 읽어낼 수 있어야 의사가 될 수 있는 거죠. 우리가 지금까지 했던 표현에 의하면 리터러시를 실천해야 하는 거예요. 사람의 말에 대한 리터러시인 거죠. 그러니 환자 역할을 하는 것 또한 쉽지가 않다고 합니다.

저는 이렇게 타인의 삶을 읽어내고 이해하게 하는 데 연극, 사이코드라마, 집단상담 같은 형태가 참 좋은 방법이라고 생각해요. 다른 사람의 내면에 푹 젖어보고, 깊이 들어가봄으로써 어떤 사람의 입체적인 모습, 모순으로 점철되어 있는 것처럼 보이는 그 모습을 일관되게 읽어낼 수 있는 언어가 자기에게 없다는 사실을 깨달을 수 있거든요. 그걸 깨달아야 공부가 시작됩니다. 그렇게 해서 하는 공부가 우리가 지금까지 강조했던 삶에 대한 리터러시를 깨우는 공부가 될 거예요.

리터러시,

어떻게

다리를 놓을 것인가

---- **학교, 평가, 리터러시**

엄기호

　　지금까지 리터러시가 어떻게 재정의되어야 하는가, 그리고 어떤 역량을 키우는 것인가에 대해 얘기를 나눴습니다. 그리고 최소한 선생님과 저는, 그저 이해하는 것이 아니라 다룰 줄 알아야 한다는 것, 나아가 타인의 세계를 깊이 있게 이해하는 윤리적 주체가 되는 역량을 키워야 한다는 데 생각을 모았습니다.

　　이제부터는 그런 역량을 키우려면 리터러시 교육을 어떻게 해야 하는가에 대해 여러 논의와 아이디어를 모아봐야 할 것 같은데요. 그런데 선생님이 "리터러시가 개인적 역량이 아니라 사회적 역량이어야 한다."고 말씀하신 것에서 역설적으로 알 수 있듯이, 사회적 뒷받침이 없을 때 엄청난 양극화, 성찰성의 양극화가 심각하게 나타난다는 것이 큰 문제가 아닐까 합니다.

　　한국은 가뜩이나 역량의 문제를 개인의 문제로만 바라봅니다. 그리고 지역사회나 학교의 '명예'를 빛낼 수 있는 학생 몇몇에게 모든 자원을 몰아줍니다. 학급이나 학교 전체의 역량을 이미 리터러시 능력을 가진 한 명에게 몰아주는 경우가 많습니다. 리터러시가 없는 학생에게 더 집중해야 하는데, 반대로 작동하는 경우가 많습니다. 고군분투하는 개별 교사들이 많이 있음에도 불구하고 시스템 자체가 그렇게 짜여 있는 거죠. 특히 평가 시스템과 지역사회에서의 학교의 명망을 의식할 수밖에 없는 상황이 큰 압력이 됩니다. 이렇게 되면 리터러시 교육이 집중해야 하는 학생들이 오히려 밀려나버리죠.

그 과정에서 리터러시 자체에 대한 인식도 높은 수준으로 이어지지를 못하게 됩니다. 우리가 지금까지 이야기한 것처럼, 개별 단어나 문장을 넘어 맥락을 읽고, 사람의 말귀를 알아듣고, 그들과 소통할 수 있는 다리를 놓는 그런 역량 말입니다. 대신에 문자 그대로의 좁은 의미의 리터러시에 갇히고, 그것을 평가하는 데에만 집중하게 되죠. 그러면서 지금 한국사회 전체가 겪고 있는 '공정성'과 같은 문제가 겹쳐서 나타나게 되는 것 같습니다. '다리를 놓는 역량'으로서 리터러시라고 하면, 그것을 소위 객관적으로 측정하기가 힘들지 않습니까. 대신, 단어나 문장을 제대로 이해했는가를 객관식으로 측정하는 것은 비교적 쉽기 때문에 그것을 평가하는 게 공정해 보이죠. 이렇게 평가와 연결되어 있는 공정성 담론이 리터러시의 개념과 교육을 확장하는 데 크게 방해가 되고 있는 것 같습니다.

영어교육이야말로 극단적으로 양극화되어 있지 않나요? 선생님이 보시는 영어교육은 어떤지요?

김성우

　　　　　　　참 어려운 얘긴데, 학교 교육에서 영어로
읽고 쓰는 능력을 어떻게 키울 것인가에 대해 지금 본격적으로 논의
해야 된다고 생각합니다. 크게 봐서, 어떤 정보를 담은 글을 읽고, 생
산하고, 그걸 사회적인 맥락에서 적절하게 활용하는 능력까지를 리
터러시라고 한다면, 사실 학교 교육을 통해 키워야 할 것을 한마디로
리터러시 역량이라고 볼 수 있죠. 국어교육이라면 한국어로 되어 있
는 문서나 영상을 이해하고, 생산하고, 다룰 수 있는 능력인 거죠. 마
찬가지로 과학교육이라면 과학 문서를 읽고, 때로는 쓰고, 또 적재적
소에서 활용할 수 있는 능력이 되는 거고요.

　그걸 사회적으로 확장해보면 전문가를 배출하는 시스템도 리터러
시 교육이라고 볼 수 있어요. 예를 들어 국가가 판검사나 변호사 등
의 법조인을 키우는 시스템을 단순화시켜 말하면 법률 문서를 제대
로 이해하고 소장이나 판결문 같은 법률 문서를 써낼 수 있고, 그것
을 적절한 맥락에서 제시하고 적용할 수 있는 능력을 갖춘 사람을 공
인해주는 거죠. 의사라면 말글로 환원되지 않는 기술이 분명 필요하
지만, 교육과정에서의 핵심은 마찬가지예요. 방대한 의학적 지식을
자유자재로 다룰 수 있는 능력을 의대 과정에서 키우는 거잖아요. 이
렇게 볼 때, 학교 교육의 평가체제가 지식을 얼마나 암기했느냐만을
측정한다면 우리가 지금 얘기하는 읽고 쓰고 활용하는 능력, 지식을
다루는 역량을 키운다는 목표를 온전히 달성하지 못하는 거죠. 리터
러시를 거시적으로 바라보면서 성찰적이고 윤리적인 주체를 키우는
데까지 가는 건 꿈도 못 꾸고요.

사회와 리터러시를 연결하려는 시도로, 지역사회나 학교의 난제를 하나 발굴해서 그것에 대해 공부하고, 관련 문서를 읽고, 사람을 찾아가고, 정리된 문서를 쓰는 식으로 문제를 해결하는 수업을 할 수 있죠. 넓은 의미에서 현상 기반 학습(phenomenon-based learning)이라고 볼 수 있는데요. 과목별로 구획된 주제로 접근하는 게 아니라, 세계를 총체적으로 직면하고, 이슈를 찾아내고, 문제를 해결해보는 식으로 접근하는 겁니다. 이런 방식의 수업이 의도하는 건 리터러시와 관련된 행위들이 종합적으로 일어나도록 하는 거예요. 그러지 않으면 문제를 제대로 해결할 수가 없으니까요. 글도 읽어야 되고, 어느 정도의 전문지식도 익혀야 되고, 자기 의견을 표출하려면 다양한 포맷의 글도 써내야 하죠. 때로는 설득력 있는 포스터를 만들어야 되니까 통계를 집어넣거나 그래프도 그려야 되고요. 무엇보다 자신의 지식이 현실을 잘 반영하는지 확인하려면 현장에 직접 가서 확인하고 인터뷰하는 과정을 거쳐야 하는 거죠.

리터러시라는 게 텍스트의 수용, 생산, 활용, 나아가 관계에 대한 감각이 다 들어가 있는 개념이라는 걸 고려하면, 이런 방법을 통해 리터러시를 유기적으로 키울 수 있다고 생각해요. 총체적·다면적 교육이 아니라면, 계속해서 반쪽짜리 교육밖에 안 되는 거죠. 내가 얼마나 지식을 잘 수용했느냐, 그걸로 끝이니까요. 그런데 지금은 리터러시 전반을 다루는 방식의 학교 교육을 찾아보기 어려워요. 초등학교에서는 어느 정도 되는 것 같지만 중학교 가면 약해지고, 고등학교 가면 거의 사라지는 거죠. 안타까워요.

다른 과목은 잘 모르지만, 영어교육에서 가장 큰 문제가 이거잖아요. "영어 공부를 몇 년이나 했는데 왜 말이 안 되냐?" 사실 이건 당연한 결과예요. 왜냐하면 말을 안 해봤거든요. 구체적인 커뮤니케이션 상황에서 말을 꺼내는 경험을 거의 안 해본 거죠. 계속 집어넣기만 해왔어요. 그리고 그렇게 집어넣는 것조차 긴 글을 이해하고 책을 읽어내고 담론을 파악해내는 수준이 아니라, 문제를 푸는 걸 목표로 할 때가 많았고요. 시험을 치는 데 최적화된 읽기 능력만을 계속해서 키워왔어요. 그런 영어 공부를 해야 하는 학생들은 말할 것도 없고, 시험에 종속된 수업을 진행해야 하는 교사들도 불만이 많아요.

이를 해소하려면 사회적 합의가 중요한데요. NEAT(National English Ability Test)라는 시험이 있었어요. 제 기억에는 최소 400억 원 이상의 국가예산을 쏟아 부은 프로젝트인데, 그게 엎어졌거든요. 그냥 사라졌어요. 거기엔 서술형 쓰기도 있었어요. 듣기, 말하기, 읽기, 쓰기 능력을 골고루 배양한다는 영어교육 전문가들의 합의가 있었기 때문에 시험 구성이 이전과는 달랐죠. 인력과 자원을 투자해서 샘플 문항도 개발하고 채점도 해보고 했는데, 결국 실패로 돌아갔어요. 정책적으로 밀어붙이긴 했는데 전 사회적인 합의에는 도달하지 못했기 때문입니다.

제 생각에는, 공정성과 실행 가능성의 덫에 걸려버린 것 같아요. 그렇게 하면 채점이 객관적으로 공정하게 될까? 그렇게 하면 채점을 할 때 돈이 엄청나게 드는데, 비용을 어떻게 감당하지? 사회적 비용을 엄청나게 쏟아 부어도 객관적으로 공정하지 않다는 비난을 받을 텐데, 어떻게 할 거야? 결국 예산만 날리고 다시 예전으로 돌아가는 거 아냐? 이런 의문들이 프로젝트를 집어삼킨 거예요.

공정성에 갇힌 평가,
시험 기술만 익히는 수업

김성우

가끔 혁명적 정책 외에 한국 교육이 달라 질 방법은 없지 않을까 하는 비관에 빠질 때가 있어요. 한번 공정성 담론에 포획돼버리고 나면 선다형 문제를 내는 게 가장 이론의 여지가 적거든요. 답이 정해져 있으니까. 하지만 그러면 포기해야 하는 게 너무나 많습니다. 가장 심각한 것은 평가의 '구인타당도(construct validity)'가 심하게 떨어지는 거예요. 구인타당도란 실제로 평가해야 할 개념을 평가하고 있느냐를 말하는데요. 가창 실력을 보려면 노래를 시켜보고 발성이나 음정, 박자 같은 걸 봐야 하는데 악보를 주고 '마디 안에 들어갈 음표를 올바르게 배열한 것은?' 같은 문제를 낸다면 구인타당도가 떨어지는 겁니다. 영어 리터러시도 마찬가지예요. 학생들이 배워야 될 것을 제대로 배우지 못하는 상황이 계속되고 있어요. 이건 특히 말하기와 쓰기 영역에서 두드러지는데요. 말하기를 제대로 배우지 않고 암기 위주의 '말하기' 시험을 치는 거예요. 본격적인 쓰기는 아예 가르치지 않는 경우도 많고요. 흔히 말하는 '객관적인 평가' 때문에 주객이 전도돼 있는 상황입니다. 평가의 '객관성' 때문에 배워야 할 것을 배우지 못하는 상황, 이걸 뒤집어야 해요.

학생들이 영어 시간에 배워야 될 것은 평가에 최적화된 기술이 아니라 커뮤니케이션하는 능력이라는 것, 적절하게 소통하는 능력은 선다형 문제로 측정할 수 없다는 걸 교사나 평가학자는 다 알아요.

그래도 못 하는 거잖아요. 사회적으로 합의가 되지 않았고, 특히 한국사회는 경쟁의 규칙에 과도하게 집착하기 때문에 안 되는 것이죠. 그러니까 교사들의 자질이나 교육과정의 문제라기보다는 경쟁의 규칙을 정하는 제도와 철학, 공정함에 대한 감각, 또 교사나 공교육에 대한 신뢰, 이런 게 더 근본적인 문제예요. 참 답답한 일인데, 이걸 뒤집지 않으면 우리가 생각하는 것처럼 긴 글을 읽어내고, 책 한 권을 독파하고, 자기 생각을 정리해내고, 생산한 것을 나누고, 이것을 엮어 더 큰 생각으로 발전시키는 리터러시는 힘들어요. 그거 해봤자 입시에 도움이 안 되거든요.

읽기와 쓰기, 말하기와 듣기 능력을 깊고 넓게 키우는 교육을 하기엔 현재 학교 교육의 호흡이 짧아요. 그건 교사들 잘못이라고 보기는 힘들고요. 교육체제의 잘못이죠. 그럼에도 불구하고 당장 할 수 있는 것을 해야겠죠. 영어의 경우라면 조각조각으로 된 독해 문제집 지문이 아니라 완결된 글의 형태로 읽고 토론할 수 있는 기회가 많아져야 될 테고요. 사실 교과서의 지문도 내용의 깊이나 길이에 있어서 예전에 비해 많이 좋아졌어요. 문제는 아무리 좋은 내용을 담아도 적지 않은 학생들에게 교과서는 '시험 대비 독해 지문'으로 인식된다는 점이죠. 자신과 사회를 이해하기 위해 깊이 읽어야 되는 텍스트가 아니라 시험을 준비하기 위해 달달달 외워야 되는 대상이 되는 거예요. 교과서 지문이 아무리 좋아도, 그것이 활용되는 방식이 시험이다 보니 학생들에겐 평가자료가 되는 거죠. 지금의 제도에서는 그런 태도를 벗어나기가 힘듭니다. 진짜로 거기서 시험 문제가 나오니까. 그게 자기 삶에서 중요하니까.

애기를 하다 보면 모든 게 평가의 공정성 문제로 귀결될 수밖에 없는데, 특히 학교 교육과 관련해서는 더욱 그렇습니다. 한국은 여러 평자가 지적하고 문제시하는 것과 같이 정말로 '시험사회'죠. 시험을 통과해야 자격이 주어져요. 그런데 그 자격을 가지고 있는가 그렇지 못한가가 한 개인의 평생을 너무 크게 좌우합니다. 이런 점에서, 시험을 통과한 사람에게 주어지는 것이 그저 '자격', 즉 할 수 있는 것과 할 수 없는 것 사이의 한계가 명확하게 규정되었다는 의미에서의 '자격'이 아닙니다. 시험을 통과하고 나면 너무 많은 권리가 생기죠. 특권입니다. 이런 점에서 '시험 특권 사회'라고 말할 수 있을 것 같아요. 차별에 대한 논의에서도 가장 많이 나오는 말이 시험을 통과한 사람을 어떻게 통과하지 못한 사람과 같게 대우하느냐는 것이잖아요.

시험을 통해 특권이 생기고, 그 특권이 평생을 가기 때문에, 시험의 '공정성'에 대한 압력이 그 어느 사회보다 더 심하게 나타나는 것 같습니다. 이럴 경우 시험을 준비하는 과정은 그 일을 수행하는 역량을 키우는 것과는 점점 멀어집니다. 시험 역시 그 총체적인 역량을 점검하는 것보다는 변별력을 높이는 게 더 중요해지고요. 너무 많은 사람이 준비하고 목숨을 걸고 있기 때문에 떨어뜨리는 게 중요해지거든요. 그래서 변별력에 대한 압력이 높으면 높을수록, 한편에서는 시험 문제가 어려워지기만 하는 것이 아니라 쓸데없는 걸 물어보기 시작해요. 일을 수행하는 것과는 아무 상관도 없지만, 교과서 어디 구석에 있는 아주 사소한 것을 물어보는 거죠. 그래야 떨어뜨릴 수 있으니까요. 그리고 다른 한편에서는 이게 공정해야 하기 때문에 단편적인 지식의 조각일 가능성이 높아요. 단답형이나 선다형의 질문은 단편적인 지식을 묻는 경우가 많지 않습니까. 공정성에 대한 압력이 높을수록 문제가 이렇게 단편적인 것이 될 확률이 높아지죠.

비교를 한번 해보죠. 미국 유학 준비하면서 토플(TOEFL)을 보는 것처럼, 영국 유학 갈 때 보는 어학 시험으로 아이엘츠(IELTS)가 있어요. 이 시험을 준비하는 사람들이 처음에 많이 당황해요. 이 시험은 읽기, 쓰기, 말하기, 듣기로 구성돼 있는데, 읽기만 하더라도 지문이 엄청 길거든요. 한국에서 영어 공부를 했던 사람으로서는 처음 이 시험을 준비하다 보면 너무 비효율적이라는 느낌이 들어요. 그 긴 시간 동안 그 긴 글을 읽고 문제 겨우 한두 개 푸는 거예요. 이게 뭐하자는 건가, 이런 느낌이 들죠. 이걸 뒤집어서 보면, 한국에서는 문제 풀이 중심의 리터러시라 할지라도 원리의 핵심은 효율성이라는 거예요. 지문을 얼마나 빨리 읽어내는가, 효율적으로 답을 잘 찾는가. 이 효율성 원리에서는 얼마나 깊이 있게 읽는가를 테스트할 수가 없어요. 다음은 쓰기죠. 그나마 읽기나 듣기는 객관적으로라도 보이는데, 쓰기는 어떻겠어요. 제가 영국문화원에서 공부를 했는데요. 한번은 한 학생이 선생이 가르쳐준 방식과 꽤 다르게 글을 썼어요. 그랬는데 선생이 그 학생 글에 "매우 독창적이다."라는 코멘트를 달고 높은 점수를 준 거예요. 학생들은 이게 황당한 거죠. 도대체 독창적이라는 요소를 누가 판단할 것이며, 어떤 기준으로 판단할 것이냐. 이게 만약 한국의 학교에서 일어난 일이라면 난리가 났겠죠. 영국문화원에서 테스트를 한 거니까 항의를 할 방법이 없었지만요.

말하기 테스트에서도 똑같은 일이 벌어졌어요. 어떤 사람이 자기는 아주 잘하고 나왔다고 자신만만해했는데, 6.0밖에 못 받았어요. 6.0도 잘 받은 것이긴 한데, 자기는 7.0을 받을 거라 생각한 거죠. 그런데 이 사람 대답은 거의 단답형이었어요. 발음도 좋고 표현도 어느 정도 유창했는데, 대답이 단답형이었던 거죠. 그때 말하기 시험이 여행사에서의 상담 상황이었는데요. 자신 있다던 사람은 이런 식이었던 거죠. 어디로 여행을 가실 겁니까? 태국으로 갈 겁니다. 태국은 왜 가십니까? 해변에 놀러가고 싶어서요. 반면 또 다른 사람은 약간 더 더듬거렸지만 훨씬 풍부한 대화를 한 거예요. 나는 태국에 갔다 온 적이 있고 거기서 해변에 간 적이 있는데, 한국의 해변과는 달랐지만 매우 마음에 들었다. 그래서 또 가고 싶은데, 푸켓은 이미 가봤으니 이번엔 어디를 가보면 좋을지 추천해달라, 이런 식으로 대화를 이어간 거죠. 이 사람은 점수를 아주 잘 받았어요. 그런데 다른 사람들이 보기엔 이 점수가 객관적이지 않은 거죠.

한국의 시험은 왜 호흡이 길 수가 없는가? 교사들도 그렇고 대학에서 가르치는 강사나 교수들이 모두 고민하는 문제인 것 같습니다. 호흡이 길수록 평가자의 공정성, 아니 공공성에 대한 신뢰가 있어야 합니다. 평가자의 공정성이라는 잣대는 평가자의 개인 역량에 초점을 맞춥니다. 반면 평가자의 공공성에 대한 신뢰는 제도적 신뢰입니다. 평가를 하는 사람이 누구이든 간에 그 제도에 의해 위임받은 사람이라면 공공적 기준을 가지고 평가할 것이라고 믿는 거예요. 제도의 공공성에 대한 믿음이 없으면 평가자에 대한 신뢰가 생길 수가 없죠. 아쉽게도 우리는 평가자를 보증하는 제도에 대한 신뢰가 없어요.

그 사람이 공공적 기준을 가지고 평가할 것이라고 생각해야 하는데, 어떻게 그걸 믿을 수 있겠어요. 이런 점에서 보면, 관건은 공정성을 넘어서는 공공성에 대한 신뢰입니다. 평가자의 공공성에 대한 신뢰가 없으니 공정한 평가가 가능한 방식으로 문제가 출제되어야 하는 것이죠. 이래서는 단답형과 선다형 문제를 넘어서는 방식이 거의 불가능합니다.

정답이 확실한 단편적인 지식을 묻는 문제 위주로 출제해야 한다는 압력이 크게 있고, 그걸 공정성이라고 인식하고 있으니 이걸 넘어서기가 쉽지가 않습니다. 선생님 말씀처럼 혁명이 일어나지 않는 한 불가능한 거죠. 이게 참 답 없는 문제예요. 홍천여고 사례에서 보는 것처럼 고군분투하는 선생님들이 그 틈새를 파고들어서 뭔가를 만들어내고 있지만요.

평가의 공정성에서 배움의 공공성으로

엄기호

그렇기 때문에 저는 공정성에서 공공성으로 눈을 돌리는 게 지금 필요하다고 생각합니다. 그렇게 해야만 개인의 역량을 공정하게 측정하는 것이 아니라 리터러시에 대한 사회적 역량을 공공적으로 구축해야 한다는 인식에 도달할 수 있다고 보기 때문이에요. 리터러시를 위한 공공성이라는 게 무엇이겠습니까? 누구든 자기가 궁금해하는 것을 알아보는 데 도움을 받고 참조할 수 있는 곳에 접근할 수 있어야 한다는 것 아닐까요?

리터러시를 공공성으로 볼 때 대표적으로 우리가 생각할 수 있는 게 도서관입니다. 임윤희가 쓴 《도서관 여행하는 법》이 바로 이 탐구와 연구의 공공성에 관한 책인데요. 이 책에서는 도서관이 바로 그렇게 모두에게 열려 있는 탐구와 연구의 통로여야 한다는 것을 도서관 덕후답게 세계 여러 나라 도서관들의 사례를 가지고 강조합니다(임윤희, 2019). 이미 제가 한 시사주간지에 칼럼으로 쓴 적이 있습니다만, 사회적 역량으로서 리터러시를 위한 공공성이 무엇인지를 그 책의 사례를 들어 설명해보겠습니다.

탐구와 연구를 지속시키고 그것을 현실화하는 데 가장 중요한 것이 '참조/조언(reference)'이에요. 지금 내 탐구와 연구는 어떤 수준이며, 이 수준에서는 어디를 가고 누구를 만나 어떤 조언을 들어야 하는지를 함께 생각해보는 것이 바로 참조/조언의 역할입니다. 자신이 참고할 지점을 같이 찾고 알려주는 것, 이것이 바로 사람들에게 배움을 지속시키는 도서관의 역할이라는 게 이 책의 핵심 메시지입니다. 이 책에서 사례로 들고 있는 북미의 도서관들에서 이 역할을 하는 것이 참고봉사 데스크(reference desk)라고 합니다. 이곳은 안내 데스크와는 별도로, 이용자들이 필요로 하는 전문적인 정보를 제공해준다고 해요. 세상의 모든 질문에 대해 길을 찾아주려고 사서가 이용자를 만나는 곳인 셈이죠. 책이 어디 있는지 알려주는 것을 넘어, 질문을 가진 사람을 환대하고 그 질문의 답을 찾는 길을 안내하는 곳입니다. 이를 통해 도서관이란 질문에 답을 찾으면서 계속해서 질문을 만들어낼 수 있도록 격려하고 환대하는 곳이라는 점을 깨닫게 되죠.

저자가 직접 겪은 일도 소개하는데요. 미국에 있는 저자의 조카가 집 뒤뜰에서 노란 열매를 발견해요. 이 열매가 무엇인가를 두고 조카가 가족들과 갑론을박을 벌이는데, 이때 인상적인 장면이 나옵니다. 그 정체를 알기 위해 자기가 갈 곳이 어디인지를 조카가 스스로 말하는 거죠. "도서관에 가서 물어보면 돼요!" 저자가 조카와 함께 열매를 싸서 동네 도서관으로 갑니다. 사서들이 모이고, 도서관 이용자들도 모여 함께 논의하며 식물도감도 찾아보고 동네 화원들 약도도 건네주는 거죠. 놀랍지 않습니까. 저자는 이 이야기를 하며 도서관에 SOS를 치면 "최소한 공부의 어떤 문턱까지는 넘어서게 한다."고 말해요. 초등학생 수준에 국한되는 것이 아닙니다. 실제로 도서관의 존재가 중요한 연구로 이어지고 인류를 위한 성과를 내기도 합니다. 책에서 저자가 소개하는 영화 〈로렌조 오일〉에서처럼 말이죠. 희귀병을 앓고 있는 자녀를 둔 부모가 의약품에 대한 지식이 전혀 없는 상태에서 신약을 개발하는 탐구와 연구를 시작한 곳이 바로 도서관이었어요. 도서관을 시험 준비하는 곳으로 알고 있는 한국과는 비교하기조차 민망하죠.

이런 통로가 모두에게 열려 있어야 한다고 했을 때, 그 '모두'의 한계는 어디까지일까? 저는 이것이 바로 공공성이 질문되는 지점이라고 생각합니다. 공공성이란 누구에게나 열려 있어야 한다는 의미니까요. 책에서는 여기에 대해서도 놀라운 경험을 들려주는데요. '모두'에는 제한이 없어야 한다는 거예요. 여행 온 사람에게도, 노숙인에게도 차별 없이 열려 있어야 한다는 도서관의 신념은 경이롭기까지 합니다. 예를 들어, 샌프란시스코의 공공도서관은 사회복지사를 직원으로 고용해서 도서관 내부에 샤워시설을 마련했다고 해요. 도서관 이용자들이 노숙인에게서 나는 냄새 때문에 항의를 하면 노숙인에게 샤워를 권하는 거죠. 도서관이 모두에게 열려 있는 탐구와 연구의 통로라면 당연히 노숙인에게도 열려 있어야 하기 때문이에요. 이 원칙에 대해 도서관의 공공성을 지키는 사람으로서 사서들은 강경하며 비타협적이라고 저자는 전합니다.

저는 입시의 공정성 이상으로 중요한 것이 배움의 공공성이라고 생각해요. 누구나 탐구와 연구를 통해 배움을 지속시키기 위해 무엇을 참고해야 하는지에 대한 조언을 들을 수 있어야 합니다. 모두에게 열려 있어야 한다는 것, 공공성의 핵심은 바로 이 무차별성에 있어요. 이것이야말로 리터러시가 공정성을 넘어 모두의 것이 되는 원리가 아니겠습니까.

김성우

배움의 공공성 실현을 위한 핵심적 실천을 보여주는 도서관들이네요. 누구나 환영받는 환대와 성장의 공간으로서 도서관의 모습에서 "나는 언제나 천국을 일종의 도서관으로 상상해왔다(I have always imagined Paradise as a kind of library)."는 보르헤스의 말도 떠오르고요. 그런 도서관이 집 근처에 있으면 더없이 행복하겠다는 생각이 듭니다.

김성우

　　　　　　　　배움의 공공성이 실현되는 장소로서 도서
관과 사회적 역량으로서 리터러시를 연결시켜 생각하니 2012년 미
국에서 나온 연구 하나가 떠오릅니다. 리터러시의 수준이 미국에서
가장 높은 도시가 가장 부유한 도시와 일치하지 않는다고 하더군요
(John Metcalfe, 2012). 이들은 도시의 리터러시 척도로 표준화된 시험 점
수뿐 아니라 다른 사회적 지표들을 사용했어요. 구체적으로는 1)도
서 판매자 현황, 2)교육 성취도, 3)인터넷 자료, 4)도서관 자료, 5)신
문 구독률, 6)정기간행물 출판 현황, 이 여섯 가지 지표가 리터러시
를 가늠하는 기준으로 사용되었죠. 이런 기준은 리터러시를 시민 개
개인의 능력이 아니라 사회적 환경의 효과로 본다는 점에서 평가 점
수에 과도하게 의존하는 기존의 관행에서 진일보한 것으로 볼 수 있
어요. 이 기준에 따라 미네소타주 미니애폴리스, 워싱턴 DC, 워싱턴
주 시애틀이 각각 1, 2, 3위를 차지했습니다.

　다양한 시스템의 구축과 함께, 리터러시를 대하는 태도가 바뀌어
야만 배움의 공공성, 사회적 역량으로서의 리터러시가 확립될 수 있
을 것 같아요. 도서관을 비롯한 다양한 리터러시 인프라의 구축과 함
께 생각해봐야 할 것은 우리 사회가 읽기에 얼마만큼의 무게를 두는
가입니다. 일례로 미국의 대표적 리터러시 교육자 단체인 국제리터
러시협회(International Literacy Association)는 '읽기권'이라는 개념을 제시

합니다. UN인권선언이 모든 인간에게 평등하게 주어진 권리를 말하는 것처럼, '아동의 읽기권(Children's Rights to Read)'이라는 개념을 통해 모든 아동이 풍요롭고 자유로운 읽기 활동에 참여할 수 있어야 한다고 주장하는 것이죠. 앞으로 리터러시의 개념이 확장되고 영상을 비롯한 미디어 리터러시가 더욱 중요해질 텐데요. 이런 목록이 다른 매체로 확장되고 적용될 필요가 있어 보입니다.

리터러시의 사회적 인프라를 구비하고 '읽기권'과 같은 개념을 널리 공유하는 작업과 함께 요구되는 것은 '시험 리터러시'에서 벗어나 리터러시의 본령을 탐색할 수 있도록 읽기, 듣기, 말하기, 쓰기 활동의 폭을 넓히고 풍성하게 만드는 것이에요. 텍스트뿐 아니라 영상도 포함해서 말이죠. 그림이나 웹툰과 같은 미디어도 활용할 수 있겠죠. 그런 맥락에서, 리터러시 교육에 필요한 활동 중 하나가 미디어 간 변환이에요. 일례로, 텍스트를 영상으로 만들어보거나, 영상을 기반으로 텍스트를 생산해보는 거죠.

텍스트를 다른 매체로 옮겨보는 과정에서 텍스트와 대상 매체의 특성에 대한 감각이 생겨요. 영상으로 옮긴다고 하면 영상과 텍스트의 물질성, 영상과 텍스트의 구성 방식, 가능성과 한계 등 다양한 특성을 알게 되는 효과가 있죠. 예를 들어, 처음에는 어떤 주제에 대해 한 페이지짜리 글을 쓰게 하고, 그 글을 가지고 토론을 해서 다섯 장의 슬라이드로 요약해보도록 해요. 다음에는 슬라이드의 요지를 충실히 담을 수 있는 동영상을 만들어보는 거죠. 이렇게 미디어를 갈아타면서 미디어의 차이에 대한 감각이 생기는 겁니다. 일종의 상위인지(메타인지)인데요. 하나의 미디어에만 빠져 있을 때는 보이지 않던 풍경이 보인다고 할까요. 여러 미디어를 조망하게 되는 능력이 발달하게 됩니다.

흔히들 가장 좋은 뉴스 리터러시 교육은 직접 뉴스 생산자가 돼보는 거라고 하잖아요. 뉴스를 만드는 과정은 이렇죠. 먼저 무엇을 취재할지 결정을 해야 되고요. 얼마의 예산과 시간을 들일지 논의해야 되고, 취재를 해왔으면 그걸 어떤 형식으로 편집해서 내보낼지 결정해야 되겠죠. 인터뷰를 할지 말지 결정해야 되고, 하기로 했다면 카메라 앵글이나 거리, 조명 등의 요소를 어떤 식으로 활용해서 화면을 구성할지 결정해야 됩니다. 이렇게 하나의 뉴스 꼭지를 만들더라도 끊임없이 숙고하고 논의하고 결정해야 한다는 걸 학생들이 경험해보는 거예요. 그러면 뉴스가 제한된 자원을 가지고 사회적인 결정들을 통해 만들어진다는 점을 깨닫게 되겠죠. 아무리 뛰어난 전문가라 해도 그 과정을 생략할 수는 없으니까요. 이를 통해서 학생들은 뉴스 생산자의 관점에서 뉴스를 보게 되고, 완벽한 뉴스란 존재하지 않는다는 것을 깨달으며, 절대적 중립성 혹은 객관성이라는 개념에 대해 의심을 갖게 됩니다. 뉴스 소비자의 입장에서도 모든 뉴스는 누군가가 의제와 취재 방식, 인터뷰 길이와 편집 방향을 정하는 등의 과정을 거쳐 도출된 산물이라는 걸 알게 되죠. 결과적으로 언론에 대한 비판 능력을 체화하게 되는 거예요.

뉴스 리터러시와 미디어를 변환해보면서 얻는 경험은 여러 매체에 대한 감각으로 이어집니다. 동영상을 오래 제작해본 사람들은 정보 밀도에 대한 감을 갖게 되죠. 일례로, 대부분의 영상은 텍스트에 비해 밀도가 떨어진다는 겁니다.

리터러시의 사회적 인프라를 구비하고 '읽기권'과
같은 개념을 널리 공유하는 작업과 함께
요구되는 것은 '시험 리터러시'에서 벗어나
리터러시의 본령을 탐색할 수 있도록 읽기, 듣기,
말하기, 쓰기 활동의 폭을 넓히고 풍성하게
만드는 것이에요. 텍스트뿐 아니라 영상도
포함해서 말이죠.

입시의 공정성 이상으로 중요한 것이 배움의
공공성이라고 생각해요. 누구나 탐구와 연구를
통해 배움을 지속시키기 위해 무엇을 참고해야
하는지에 대한 조언을 들을 수 있어야 합니다.
모두에게 열려 있어야 한다는 것, 공공성의
핵심은 바로 이 무차별성에 있어요. 이것이야말로
리터러시가 공정성을 넘어 모두의 것이 되는
원리가 아니겠습니까.

일반화할 수는 없지만, 글로 읽으면 2~3분 만에 끝날 얘기를 5분에서 10분 동안 펼쳐서 하는 경우가 많아요. 매체마다 적정한 정보 밀도가 다른 거죠. 텍스트의 문단이나 장(chapter)이 영상의 꼭지와 딱 맞는 것도 아니고요. 조정이 필요합니다. 만드는 사람 입장에서는 보다 많은 이가 해당 영상을 보게 해야 하는데, 이때 정보 밀도와 콘텐츠의 호흡에 대한 직관과 경험이 요구되죠. 이건 실제로 여러 매체를 만들고 피드백을 받고 다시 만들어보는 사이클을 반복해야 생기는 감각입니다.

아동의 읽기권(Children's Rights to Read)

1. 아동은 기본적인 인권으로 읽을 권리를 갖는다.
2. 아동은 인쇄물과 디지털 형식의 텍스트에 접근할 권리가 있다.
3. 아동은 자신이 읽을 것을 선택할 권리가 있다.
4. 아동은 자신의 경험과 언어를 반영한 글, 다른 사람들의 삶을 볼 수 있는 창을 제공하고 우리가 살아가는 다양한 세계로 통하는 문을 열어주는 글을 읽을 권리가 있다.
5. 아동은 즐거움을 위해 읽을 권리가 있다.
6. 아동은 풍부한 지식을 지닌 리터러시 파트너에게 독서 환경을 지원받을 권리가 있다.
7. 아동은 독서를 위해 따로 긴 시간을 할당할 권리가 있다.
8. 아동은 지역적으로나 전 세계적으로 다른 사람들과 협력함으로써 독서를 통해 배운 것을 공유할 권리가 있다.
9. 아동은 쓰기, 말하기, 시각적으로 표현하기 등 다른 종류의 소통으로 가기 위한 발판을 마련하기 위해 읽을 권리가 있다.
10. 아동은 읽기와 읽기 교육을 지원하는 정부, 기관 및 조직의 재정 및 물질적 자원으로부터 혜택받을 권리가 있다.

(https://www.literacyworldwide.org/get-resources/childrens-rights-to-read)

과학 지식과 내러티브,
두 가지 앎 사이의 변환

김성우

　　　　　　변환 능력을 키워야 하는 영역이 또 하나
있어요. 심리학자이자 초기 인지혁명을 이끈 학자로서 중요한 역할
을 했던 제롬 브루너(Jerome Bruner)는 세계를 구성하는 앎의 방식에는
두 가지 모드가 있다고 했어요. 하나는 세계를 과학적이고 논리적으
로 분류해서 그들 간의 관계를 이해하는 방법으로 지식을 갖는다고
했을 때의 앎, 분석하고 관계를 설정함으로써 지식을 이해하고 다루
는 법으로서의 앎이에요. 다른 하나는 내러티브적인 앎이에요. 이야
기로서의 앎, 스토리를 이해하고, 지어내고, 들려줄 수 있는 능력이
라고 할 수 있을 것 같아요. 이 두 가지는 상보적이고 서로를 풍성하
게 만드는 관계에 있죠. 저는 이 두 가지 방식의 앎이 함께 가야 한다
고 생각합니다. 조금 단순화시켜 말하자면, 세상을 과학적으로 분석
하는 능력과 이야기를 짓는 상상력의 상호교섭이라고 할 수 있겠죠.

　앞서 관계와 맥락에 따라 설명을 달리하는 능력, 지식을 다루
는 역량에 대한 이야기를 나누었는데요. 유튜브 채널 중에 와이어
드(Wired)라는 매체의 '한 가지 개념을 5단계 난이도로 설명하기
(Explaining a concept in five levels of difficulty)'가 있어요. 예를 들어 양자컴퓨
팅 전문가가 나와서 다섯 사람한테 설명을 해야 돼요. 처음에 설명을
듣는 사람은 거의 유치원생이에요. 그다음에 10대가 나오고, 다음엔

대학생 정도가 나오고, 일반인 중에서 관심이 있는 사람이 나오고, 마지막으로 해당 분야의 전문가가 나오죠. 상당히 다른 수준의 지식을 가진 사람들에게 자기 분야를 최대한 이해하기 쉽게 설명하는 과업인데, 이걸 찍어서 보여주는 채널이에요. 나름 재미있습니다.

연결하고 관계 맺는 능력, 즉 다리로서의 리터러시는 여러 역량을 포괄하겠지만, 지식을 적절한 스토리로 풀어낼 수 있는 능력도 중요합니다. 이야기로 풀어낸다는 건 맥락과 대상에 따라 조금씩 다른 이야기를 구성해낼 수 있다는 거죠. 재즈에 비유하면 전체 화음 전개는 비슷한데 다른 악기들과의 조화를 감지하며 순간순간 변주(improvisation)하는 능력이라고 할까요. 다섯 살짜리한테 풀어내는 것과 전문가한테 풀어내는 것은 당연히 같을 수 없겠죠. 여기서 알 수 있는 건, 소통에 능한 사람은 자신이 갖고 있는 이야기를 맥락에 따라 순식간에 조정할 수 있는 사람이라는 겁니다. 재맥락화(recontextualization), 그러니까 특정한 텍스트를 맥락과 상대에 따라 적절하게 활용할 수 있는 능력이 리터러시의 필수 역량인 거죠. 맥락이 달라지면 주어진 텍스트가 전달되는 방법도 당연히 달라져야 하는데, 어떻게 바꿀지를 아는 거예요. 이때 상대의 지식과 흥미, 집중력에 대한 이해가 필수죠. 상대를 고려한 내러티브 생산 능력이 결정적인 역할을 하는 거예요.

학부모 강의를 할 때 리터러시 교육을 통해 자녀의 사고역량을 키울 수 있는 팁을 공유하곤 해요. 브루너의 앎의 모드에 기반한 제안인데요. 과학책을 읽고 나서 내용을 알기 쉽게 이야기해보라고 하거나 과학의 개념을 가지고 픽션이나 내러티브 형식의 이야기를 써보라고 하는 거죠. 반대로 그림책이나 소설을 읽으면 시간에 따른 사건과 주제의식 등을 뽑아내 요약하거나 그들 간의 관계를 다이어그램이나 순서도(flow chart) 같은 분석적 형식으로 정리해보는 거예요. 인물 간의 관계와 갈등 같은 요소를 표나 관계도로 그려보는 것도 좋고요.

다시 브루너의 관점을 가져오자면, 분석적이고 과학적인 지식은 이야기로 변환하고, 내러티브적인 요소가 강한 지식은 구성요소와 핵심 개념을 뽑아내서 분류하거나 관계를 설정해보는 겁니다. 이걸 잘하는 사람이 앞으로의 세계에서는 (제가 좋아하는 말은 아니지만) 융합적인 지식인이 될 수 있는 거죠.

이상에서 말씀드린 두 가지 전략을 요약하면, 먼저 매체를 변환해가면서 매체 간의 차이를 분석적으로 조망하는 능력을, 다음으로는 과학적 지식과 내러티브에 기반한 앎 사이를 자유자재로 오가는 능력을 키워야 한다고 말할 수 있겠습니다.

혹시 〈어라이벌(Arrival)〉이라는 영화 보셨어요? 드니 빌뇌브(Denis Villeneuve)라는 감독 작품인데, 우리나라에서는 〈컨택트〉라는 제목으로 개봉이 됐어요. 원작은 테드 창(Ted Chiang)이 쓴 소설 〈당신 인생의 이야기(Story of Your Life)〉예요. 이런 SF소설가들에게 필요한 가장 중요한 자질이 과학적 지식과 내러티브를 상상의 세계로 통합하는 능력이죠. 과학적 지식을 기가 막힌 서사로 만드는 거예요. 그 서사를 따라가다 보면 과학적 지식에 대한 호기심이 생기게 되어 있어요. 공부를 하고 싶게 만들죠. 이런 능력을 키워주는 게 리터러시 발달에 있어 굉장히 중요한 요소라고 생각합니다.

마지막으로, 제 개인적인 경험에서 나온 제안입니다. 이야기를 나누기 힘든 사람과 이야기를 해서 그걸 기록으로 남기는 거예요. 구술사 프로젝트가 됐든 문화기술지 프로젝트가 됐든, 그런 경험이 중요하다고 생각해요. 제가 공부를 안 했으면 그런 작업을 하지 않았을 텐데, 어쨌든 질적 연구를 하다 보니 관찰을 하고 인터뷰를 해야 되거든요. 그러면 저랑 생각이 다른 사람이랑 이야기를 할 수밖에 없어요. 저랑 생각이 똑같은 사람이랑 얘기를 하면 논문의 의미가 없으니까요. 질적 연구나 구술사 프로젝트를 하듯이, 자신과 생각의 결이 많이 다른 사람과 인터뷰를 해서 그걸 정리해보고, 이 사람이 왜 그런 용어를 써서 그런 말을 하고 있는지 이해해보는 거죠. 인류학적 조사방법론이 리터러시 교육에 주는 시사점이 있어요. 내가 그동안 별로 관심을 두지 않았던 사람을 찾아가서 그들의 얘기를 듣고, 무엇보다 기록해보는 것, 기록해서 성찰적으로 글로 풀어내보는 작업, 그게 필요하다는 생각이 들어요. 그걸 꼭 오지에 가서 할 필요는 없거든요. 동네 치킨집 사장님일 수도 있고 반 친구나 가족일 수도 있죠. 솔직히 함께 사는 가족에 대해서도 잘 모르는 게 많잖아요.

엄기호

　　　　　　　결론적으로 말하면, 멀티리터러시 시대에 리터러시 교육은 교육 그 자체라고도 말할 수 있을 것 같습니다. 첫 번째로 미디어 자체에 대한 이해를 높여야겠죠. 같은 내용을 다뤄도 애니메이션을 보는 것과 만화책을 읽는 것, 그리고 웹툰을 보는 것이 어떻게 다른가를 비교하면서 매체에 대한 이해를 높이는 것이 필요한 것 같습니다. 수업에서 학생들에게 물어보고 같이 이야기를 나눈

적이 있는데, 〈슬램덩크〉를 만화로 볼 때와 애니메이션으로 볼 때 느낌이 상당히 다릅니다. 〈신과 함께〉를 웹툰으로 볼 때와 종이책으로 볼 때 또 달라요. 둘 다 읽어본 사람들이 한결같이 하는 말이, 책은 옆으로 보는데 웹툰은 아래로 내리면서 보게 되니 속도랑 시선 두는 곳이 달라지면서 이야기 흐름도 다르게 느껴진다고 해요. 그렇기 때문에 구성되는 의미도 달라지고 그 의미를 구성하는 사람의 감각도 달라지죠. 이게 아마 텍스트의 내용에 대한 이해를 넘어 텍스트가 담긴 매체를 이해하는 것이 되겠죠. 그 매체에 의해 나의 감각과 이해가 어떻게 달라지는지를 관찰하며 자기에 대한 앎에 도달하게 될 거예요. 소크라테스가 말한 것처럼, 결국 핵심은 자기에 대한 앎에 이르는 것입니다.

두 번째로, 우리가 멀티리터러시라고 부르는 것에서는 텍스트 이해의 역량이라는 의미에서의 리터러시나 영상과 이미지에 대한 리터러시, 그리고 제가 말귀라고 부르는 구술에 대한 리터러시, 이 모든 리터러시가 종합적으로 교육되어야 할 것 같습니다. 영상/이미지는 제가 잘 모르는 영역이지만, 말귀에 대해서는 좀 더 이야기를 해보고 싶어요. 이 말귀가 있어야 제가 지금까지 누누이 이야기를 한 것처럼 텍스트를 넘어 그 텍스트를 말한 사람의 삶에 대한 이해에 도달할 수 있거든요.

저는, 선생님이 앞에서 말씀하신 과학과 내러티브를 오갈 수 있는 역량이 공정성이라는 맥락에서 다시 한 번 문제가 된다고 생각합니다. 예를 들면 제 후배가 SNS에 쓴 글을 흥미롭게 본 적이 있는데요. 역사 강사로 이름이 높은 설민석 씨 있잖아요. 후배 얘기로는 그가 탁월한 스토리텔러라는 거예요. 그래서 다른 강사에 비해 그 사람의 인기가 더 높을 수밖에 없다는 거죠. 말하기의 세계에서는, 쉽고 재밌게 이야기하는 것을 넘어 사람을 매혹해서 빨아들여야 하잖아요. 말하고 듣는 그 자리의 현장성이 극대화되고 혼자 강의를 하는 것 같아도 실은 끊임없이 사람들에게 말 걸기를 시도하고 그게 성공하고 있다는 것입니다.

그런데 현장성이 높은 이런 구술 세계에서의 이야기에는 기본적으로 과장과 비약이 안 들어갈 수가 없어요. 그러다 보니 당신 얘기에 오류가 있다는 문제제기가 들어올 수밖에 없습니다. 그래서 필요한 것이, 말을 할 때 과장을 하거나 엇나가는 내용이 있었다면, 끝나고 나서 수정을 해주거나 아니면 재미를 위해서 과장했다는 주석을 달아주는 거예요. 그런데, 이게 쉽지가 않습니다. 사실 강의를 하면서 모든 과장과 극적인 표현에 주석을 다는 게 가능하지도 않고요. 그렇지만, 특히 선생님이 얘기하신 것처럼 과학적인 혹은 수학적인 지식을 내러티브를 가진 이야기로 변용해낼 때는 주석을 다는 게 더욱 필요합니다. 이거는 어디서 들은 얘기다, 저거는 아직 확인되지 않은 얘기다, 아직 입증되지 않았다, 또는 내가 잘못 기억해서 실수했다, 이렇게 나중에라도 수정을 해야 하는 거죠. 저는 과학적 지식과 내러티브를 왔다 갔다 하는 역량을 키우는 데서 주석을 다는 것이 무척 중요하다고 생각해요.

마지막으로, 제 전공하고도 관계가 있어서 문화기술지 경험을 해봐야 한다는 선생님 말씀에 덧붙이겠습니다. 제 지도교수이신 조한혜정 선생께서 오래전부터 해오신 얘기가, 알아듣지 못하는 사람들의 이야기를 듣는 현장 경험을 해봐야 한다는 거예요. 타자에 대한 이해에 도달해보는 경험이죠. 그 예로, 조한혜정 선생은 치매 노인들이 있는 병원 혹은 난민촌 같은 데 가서 6개월 정도 일해보는 것을 들었어요. 왜 그런 곳인가 하면, 말하지 못하는 사람의 말을 알아듣는 것이 돌봄의 핵심이기 때문입니다. 돌보기 위해서는 이해를 해야 되거든요. 돌보기 위해서는, 알아듣는 것은 배려하고 알아듣지 못하는 것은 조심해야 합니다.

사실 한국사회에서 일어나고 있는 관계의 파탄에는 이 '돌봄 역량'의 문제가 깔려 있습니다. 우리 모두가 일상적으로 느끼는 것이, 사람이 사람을 함부로 대한다는 거예요. 모르면서도 마치 다 알고 있다는 듯이 굽니다. 아는 것을 배려하는 것도 아니고 모르는 것을 조심하는 것도 아니라, 다 안다고 생각하는 바람에 문자 그대로 '함부로' 대해요. 그러니 관계는 파탄이 나고 사람을 피하지 않을 수 없죠. 제가 리터러시에서 특히 말귀를 강조하는 이유가 이 때문입니다. 말귀가 열려 있어야 돌볼 수가 있고, 또 돌보는 와중에 말을 알아듣는 역량이 커지거든요.

그러기 위해서 필요한 게, 내가 잘 모르는 사람 혹은 나와 언어가 다른 사람들을 만나서 최소한 6개월 정도 같이 지내면서 그걸 기록해보는 거예요. 선생님이 구술사라고 얘기했던 그런 경험이죠. 삶을 위한 리터러시에서는 그거야말로 중요한 일이라고 생각해요. 우리가 '삶의 리터러시'라고 말하는 이유도, 삶을 위한 리터러시이기도 해야 하지만 삶을 읽어낼 수 있는 리터러시여야 한다는 뜻이잖아요. 내 삶을 읽기 위해서라도 타자에 대한 관심이 있어야 하고, 타자의 삶을 읽어낼 수 있어야 합니다. 그러려면 타자의 삶이 나의 삶과 다를 수 있다, 다르게 구조화되어 있다는 것을 알아야 해요.

삶을 두껍게 읽어내는
리터러시

엄기호

이것을 리터러시에서 현장연구를 할 때의 태도에 대한 이야기로 조금 옮겨보고 싶습니다. 저는 담론 분석과 질적 방법론을 강의할 때가 있는데요. 보통 담론 분석에서는 말의 의미를 분석하고 그 말 뒤에 있는 이데올로기, 담론 구조 같은 걸 비판하지만, 여기서 조금 더 나갈 필요가 있어요. 잠시 비판을 멈추고 그 삶의 과정과 의미를 두껍게 읽어내는 것입니다. 이 사람의 삶은 도대체 어떻게 구성되어 있기에 이런 얘기를 하는가, 혹은 왜 저런 얘기는 못 하는가, 이걸 읽어낼 수 있어야 합니다. 그게 되어야 삶을 위한 리터러시이자 삶을 읽어내는 리터러시라고 생각해요.

그래서 저는 리터러시의 핵심이 모르는 걸 발견하는 일이라고 생각해요. 위협받지 않는 수준에서 전혀 모르는 낯선 타자를 만나서 전혀 알아듣지 못하는 낯선 이야기를 듣는 경험을 하는 걸 학생들에게 권장하죠. 처음에는 두려워합니다만, 해본 학생들은 의외로 좋아해요. 예를 들어, 청소년이 치매 노인들을 간호하면서 기록을 하면 성인 연구자들이 알아차리지 못하는, 설령 알아챘다 하더라도 무시하거나 지나쳐버리는 것을 그들의 언어로 말할 수 있거든요. 이것이 사회적 리터러시의 관점에서 보면 큰 자산이 되는 겁니다. 다리를 놓을 수 있는 새로운 언어가 만들어지는 것이니까요.

이런 연습은 당연히 힘듭니다. 이게 가능하기 위해서는 타자에 대한 관심, 세계에 대한 관심이 있어야 하거든요. 그리고 그 타자의 세계는 당연히 내가 모르는 세계이고, 내가 안다고 생각했던 그 앎이 깨지는 세계죠. 이렇게 자신의 기존 생각이 깨지는 경험을 통해서 새로운 앎에 도달하게 되는 것입니다. 사람의 성장이란 흔들리면서 이뤄질 수밖에 없고, 자신의 앎이 깨지는 경험이란 그저 고통이 아니라 내가 모르던 걸 발견해가는 과정이죠.

저는 이걸 많이 강조해요. 현장연구는 연구자가 이미 알고 있는 것을 확인하고 그걸 정당화하기 위해 가는 게 아니라, 내가 정당하다고 생각하는 것과 내가 알고 있다고 생각하는 것이 얼마나 협소했는지 (잘못 알고 있었다는 것과는 다릅니다), 깊이 있게 알지 못했는지, 인류학에서 쓰는 개념으로 하면 '두껍지' 못했는지를 확인하러 가는 것이라고 말입니다. 이미 알고 있는 걸 확인하러 가는 것이 아니에요. 그런 공부에는 기쁨이 없습니다. 안심만 있을 뿐이죠. 내가 틀리지 않았다는 안심이에요.

자기의 타당성과 정당성에 대해 쉽게 공격을 받고 쉽게 무너지는 상황이라 공부 자체가 자기를 방어하기 위한 것으로 바뀐 듯합니다. 그래서 자기를 정당화해주는 말과 글만 선호하는 거죠. 그를 통해 다름을 생각하고 소통하는 법을 배우는 게 아니라 자기의 옳음을 확신하고 강화하기만 하는 것 같습니다. 여기에는 성장의 기쁨, 배움의 기쁨이 없어요.

김성우

의도를 가지고 타자를 만나거나 아니면 낯선 환경에 가서 무언가를 경험해보겠다는 생각이나 용기를 가진 학생이 얼마나 될까, 그게 항상 문제인 것 같아요. 제 삶의 반경 또한 좁다고 생각하거든요. 대학에서 강의를 하고 가끔 외부 강연을 하는 정도니까 만나는 사람들이 정해지잖아요. 대학생, 대학원생, 가끔 교사와 학부모. 그 정도의 상황에서 제 삶의 영역, 지경(boundary)이 더 넓어지기보다는 그 안에서 빙빙 도는 거죠. 그런 조건에서 살아가는 걸 아니까 자신을 비판적으로 들여다보는 작업이 더더욱 중요하다고 생각해요.

연구 프로젝트 때문에 한 교실을 들여다본 적이 있어요. 수업을 15개 정도 아주 자세히 본 건데, 제가 그때까지 막연하게 중학교 교실에 대해 알고 있다고 생각한 게 여러 차례 깨지는 경험을 했어요. 이건 제가 중학교 교육과정을 안다거나 영어 교과서의 내용을 아는 것과는 전혀 다른 차원의 문제인 거죠. 교실에서 학생들이 교사와 어떤 상호작용을 하는지가 보이고, 특정 지역 학생들의 사회경제적인 특성이 보이고, 대화 패턴도 보이고, 어떤 표정과 제스처를 구사하면서 수다를 떠는지까지 알게 됐죠. 또 오랜 시간 관찰을 위해 다니다 보니 학생들과 친해져서 이런저런 이야기도 나누게 됐고요. 이런 경험을 통해서, 제가 막연히 알고 있다고 생각했지만 사실은 몰랐구나 하고 깨달았어요.

꼭 연구자들에게만 현장이 있는 게 아니라 자기 삶에서 자기 앎의 영역이나 깊이를 더해갈 수 있는 시공간이 반드시 필요하다고 생각해요. 문제는 이게 대부분의 사람들에게 허락되지 않는다는 것이죠.

엄기호

그런 것이 학자들만의 연구도 아니고 연구자들만의 영역도 아니고, 삶의 다층적인 곳에서 일어나야 되는 거죠. 그게 안 되는 데는 여러 가지 이유가 있지만, 사회학적으로 볼 때 이미 우리 사회가 끼리끼리 모이는 것으로 확정되었기 때문인 것 같습니다. 그게 안전하거든요. 또 확신을 가져다줘요. 불안해서라도 끼리끼리 모입니다. 자기와 다른 사람을 만나는 게 배움의 기쁨이 아니라 관계의 피곤만 증가시킵니다. 동질적인 사람들만 만나고 동질적인 사람들끼리만 살아가는, 모든 영역이 게토화된 사회가 됐어요. 문제는, 이럴 때 누가 지식권력을 가지게 되고, 지식이 어떤 역할을 하느냐입니다.

'사이다'라는 말이 유행하는 것처럼, 명확하고 세게 말하는 사람이 권력을 가집니다. 선악 이분법을 강하게 강조할수록 권력을 가져요. 그래서 다른 사람들의 이야기는 들어볼 가치도 없게 됐어요. 다른 증거나 이야기는 들어보지 않고, 자기가 알고 있고 맞다고 생각하는 것을 정당화해주는 그런 지식만 더 습득합니다. 지금 많이 얘기되는 확증편향이라든가, 선동가로서의 지식인이라든가, 반지성주의라든가 하는 게 이 문제와 연관되어 있습니다.

여기서 아이러니하면서도 재밌는 이야기가 있는데요. 남학생들이 자신과 전혀 다른 타자와 어울리고 공존하는 경험을 해봤다고 호출하는 게 군대예요. 소위 소셜 믹싱이라고 부르는 것 말입니다. 내가 전혀 이해할 수 없는 타자의 언어를 듣고, 그 언어의 의미를 고심해서 이해해야 되고, 또 나는 이 사람한테 어떻게 이야기해야 할까를 만들어가야 되죠. 군대에서는 어쨌든 같이 살아야 되니까요. 그 '같이'의 의미는 천차만별이지만요.

그렇기 때문에 의도적으로, 가능하면 일찍, 초등학교 때부터, 내가 이해하지 못하는 타자의 삶에 닿아보려는 구술사 같은 활동을 하는 게 무척 중요합니다. 문제는, 이게 참 한국적인 현상인데 그것조차 매뉴얼화되는 경향이 있습니다. 선생님이 교과서를 아무리 잘 만들어봤자 플랫폼 자체가 입시 위주로 되어서 아무 의미가 없다고 하신 것처럼, 타자를 만나고 타자와 관계를 맺는 것이 정형화되는 경향이 보여 걱정이에요. 그런 만남이 오히려 타자를 타자화할 수 있기 때문이죠.

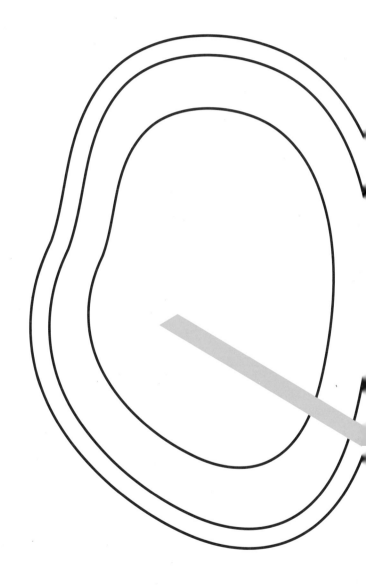

literacy

5

삶을 위한

리터러시 교육을

향해

수업의 호흡이 길어진다면

김성우

　　지식을 쌓는 것을 넘어 타자의 삶에 가닿는 리터러시가 중요하고, 하나의 매체를 집중적으로 공략하는 것을 넘어 매체 간 변환을 통해 다면적인 리터러시를 키울 수 있다는 말씀을 나누었는데요. 이번에는 수업 상황에서 이런 목표가 어떻게 성취될 수 있을지 실제 사례를 하나 소개해볼게요.

　몇 년간 제가 영어 글쓰기 수업을 할 때 가장 큰 성공을 거뒀던 글감이 있어요. 1999년에 미국에서 컬럼바인 총기 난사 사건이 있었죠. 그 당시까지는 미국 역사상 학교에서 가장 많은 사망자가 나온 비극적인 사건이었고, 두 명의 범인은 자살을 했죠. 이후 관련 보도가 쏟아져 나왔고요. 제가 주목한 건 이 사건을 바탕으로 만들어진 두 편의 영화입니다. 하나는 마이클 무어가 만든 다큐멘터리 〈볼링 포 컬럼바인〉이고, 다른 하나는 구스 반 산트의 극영화 〈엘리펀트〉예요. 글쓰기 시간이지만 이 두 작품을 시청하고 토론을 합니다. 다큐멘터리와 극영화의 차이, 두 감독의 스타일 차이, 음악과 카메라워크의 차이, 미장센의 차이 등등에 대해 폭넓게 이야기하는 시간이죠. 영화 매체의 특성을 여러 관점에서 비교, 대조해보는 거예요. 그다음에는 컬럼바인 사건에 대한 뉴스와 위키피디아의 관련 항목을 찾아 읽어요. 이를 통해 사건에 대한 이해를 도모하는 거죠. 몇 시간에 걸쳐 영화와 언론보도를 살피고 나서 글쓰기를 시작합니다.

영어작문 시간에 비교 및 대조(compare and contrast) 에세이를 쓰게 할 때가 많아요. 그런데 '한국과 미국의 음식문화를 비교하라'든가 '디지털 네이티브와 40대 이상의 미디어 사용 패턴을 대조해보라'는 식으로 주제만 던져주면 얄팍한 글이 나와요. 논리와 사례가 빈약한 거죠. 그걸 알고 있기 때문에, 제 수업에서는 글을 쓰기 전의 사전 작업을 충분히 했어요. 영화를 보고, 토론을 하고, 뉴스를 봤죠. 수업에 포함시키진 못했지만 몇 년 전에 출간된 《나는 가해자의 엄마입니다》(수 클리볼드, 2016)도 활용할 수 있겠죠. 컬럼바인 총기 난사 사건의 범인 학생 중 한 명의 엄마가 쓴 책이거든요. 이렇게 사건에 대한 이해를 두텁게 만든 다음에 에세이를 써보는 거죠.

에세이에서 요구한 것은 영화를 보면서 토론한 바와 언론보도에 대한 이해에 바탕해 몇 가지 질문에 대해 숙고해보는 거예요. 왜 두 감독이 그런 방식으로 이 사건을 다루었을까, 왜 이런 인물과 플롯을 설정했을까, 서로 다른 스타일의 영화가 관객들에게 어떻게 어필할까 등을 묻는 거죠. 두 감독의 선택이 효과적이었는지, 각각의 가능성과 한계는 무엇이었는지, 실제 사건에 대한 보도에 비추어 두 영화가 만들어낸 세계가 어떤 식으로 다가왔는지 등등을 논의하는 거예요.

글쓰기 전에 살펴본 재료들의 성질이 조금씩 달라요. 뉴스는 저널리즘의 텍스트이고, 〈엘리펀트〉는 절제된 극영화이고 〈볼링 포 컬럼바인〉은 스케일이 큰 다큐멘터리죠. 전자는 무척 느리고 롱테이크로 가득한데, 후자는 인터뷰가 많고 진행이 역동적이죠. 게다가 극영화는 다큐적인 성격을 갖고 있고, 다큐는 극영화적 요소가 다분해요. 개별 장르의 전형적인 특징을 벗어나는 면이 있는 거죠. 한 사건을 바탕으로 했지만 사뭇 다른 장르적 특성을 지닌 미디어를 분석하고 토론한 다음에 글을 쓰게 하니까 풍성한 글이 나오더라고요. 이 수업이 성공적이었던 이유는 쓰기의 앞단에서 세계를 두껍게 읽을 수 있을 만한 거리들, 다양한 관점과 의미 생산의 방식들을 다루었기 때문이라고 생각합니다. 삶에 깊이 들어갔을 때 진짜 할 말이 생기는 법이니까요.

대부분 학교 교육에서는 그렇게 공부하지를 않습니다. 아니 여건상 그렇게 못 한다고 해야겠죠. 수업의 호흡이 짧으니까요. 만약에 컬럼바인 총기 난사 사건을 다루는 영어 시간이 있다면 해당 사건이 나오는 지문을 읽고 독해 문제를 푸는 식이겠죠. 좀 더 나아간다면 '다음 지문을 읽고 자신의 생각을 한 문단으로 써보라' 정도로 끝나고요.

학생들이 영어를 못 해서 써내지 못하는 게 아니에요. 할 말이 없기 때문에, 깊은 이해에 가닿지 못했기 때문에 영어로 못 쓰는 거예요. 할 말이 생기면 어떻게든 써내요. 문법도 틀리고 어휘가 풍성하지 못해도 말이죠. 사건에 대한 다양한 관점을 검토하다 보면 할 말이 생기고, 텍스트를 생산할 수 있는 자원이 생기고, 각각의 문장에 개입할 수 있는 지점들이 많아지는 거예요. 그래서인지, 몇 년간 이 수업을 했는데 대부분의 학생이 열심히 참여해주었어요. 색다른 경험이었고, 도움이 많이 되었다고 평가를 했고요. 예외적으로 〈엘리펀트〉가 좀 지루했다는 학생들이 있긴 했지만, 해당 프로젝트에 대해서는 거의 모든 학생이 긍정적으로 평가를 한 거죠.

여기서 알 수 있는 것은 요즘 학생들이 영상에 찌들어 있다고 마냥 근심할 필요가 없다는 겁니다. 텍스트와 더불어 다양한 장르의 미디어를 경험했을 때 거기에서 끄집어낼 수 있는 이야기들이 분명히 생기거든요. '글 읽기와 쓰기는 무시하고 영상만 본다'면서 학생들을 비난할 게 아니라, 앞서서 리터러시를 경험했고 현재의 미디어 생태계를 주도해서 만들어낸 기성세대가 책임을 지고 텍스트와 영상 등 미디어의 가교를 만들어야 해요. 그 과정에서 영상에 능한 세대로부터 적극적으로 배운다는 자세를 견지해야 하고요. 텍스트와 영상이 평행우주에 존재하는 게 아니라 각자의 방식으로 삶을 풍성하게 만드는 나름의 방법이라는 점을 깨닫게 하는 거죠. 이 두 모드를 엮었을 때 더 풍성한 의미가 만들어질 수 있다는 것 또한 경험하게 하고요. 여러 미디어를 대립물로 생각하지 않고 각자의 색깔과 힘을 지닌 레퍼토리로 보게 하는 것이 중요합니다.

저의 경우는 영어작문 수업이었으니까 최종적인 과제로 에세이를 택했지만, 만약 미디어 리터러시 관련 수업이었다면 그걸 글로 풀든, 동영상으로 풀든, 동영상 강의로 풀든, 역할극으로 풀든, 사이코드라마로 풀든, 학생들이 선택해서 효율적으로 의미를 전달할 수 있는 미디어를 만들어보라고 할 수 있겠죠. 이런 방식도 반응이 나쁘지 않을 거라고 생각해요.

독서토론으로
학교가 살아나다

엄기호

　　선생님 말씀을 들으니까, 이 대담을 마무리
하는 주제로 선생님과 제가 했던 수업을 비롯해서 리터러시 교육의
지금과 미래를 한 번 얘기해봤으면 좋겠다는 생각이 들어요. 리터러
시 교육이 어떻게 돼야 하는지에 대해 구조적이고 이론적인 얘기를
하는 것도 좋습니다마는, 동시에 어떤 작은 실천, 실험이 가능한가라
는 사례를 나눠보는 것도 좋을 것 같습니다.

　그럴 때 제일 먼저 이야기할 수 있는 사례는 아무래도 몇 번 언급
했던 홍천여고의 독서토론일 듯합니다. 이런저런 교육이 필요하다
고 아무리 얘기를 해도, 입시에 목을 매야 하는 고등학교에서는 '불
가능하다'는 대답을 들을 수밖에 없는데요, 그게 '가능하다'라고 보
여준 것이 바로 홍천여고의 독서토론입니다. 선생님도 경험하시겠
지만, 대학생들에게 물어봐도 책 한 권 전체를 읽어본 경험이 있는
학생이 굉장히 적습니다. 입시 준비 등으로 시간도 안 될뿐더러 지루
함을 참는 역량이 안 갖춰져 있기 때문인데요. 이런 학생들을 어떻
게 독서와 토론으로 초대하느냐, 이 지점에서 홍천여고는 매우 꼼꼼
하게 짜인 프로그램을 제시해요. 제가 여기서 소개하는 것은 홍천여
고의 독서토론을 주도한 두 선생님이 쓰신 책에 있는 내용입니다(서
현숙·허보영, 2019). 저는 간략히 소개합니다만, 이 글을 읽는 독자들은

꼭 그 책 전체를 읽어보시면 좋겠어요.

처음에는 '배우다'라는 이름으로 수업시간에 책 한 권을 통째로 읽고 모둠을 짜서 독서토론을 해요. 중요한 것은 철저하게 비경쟁 토론을 한다는 점이죠. 보통은 찬반 토론을 하잖아요. 홍천여고에서는 그렇게 하지 않고, 읽고 참가한 학생들이 질문을 만드는 것을 중심으로 토론을 하는 거예요. 질문 자체를 학생들이 만들어야 해요. 이게 중요한 이유는, 읽기라는 게 이해의 영역을 넘어 의미 있는 문제제기를 하게 하는 것이어야 하기 때문이죠. 그다음에는 '주제 통합 독서토론'이라는 이름으로 영화 한 편과 책 두 권을 한 묶음으로 해서 보고 읽은 다음에 질문을 만들어서 토론을 합니다. 이건 선생님 수업 사례와 닮았죠. 이것도 구조화를 잘한 것이, 영화와 문학, 비문학을 엮은 것이거든요. 이야기 중심의 문학적 언어를 읽는 능력과 과학(주로는 사회과학이 되겠지만) 같은 비문학에서 나오는 개념 중심의 지식을 읽어내는 힘, 그리고 그걸 이미지화해놓은 영화, 이 세 가지 리터러시를 종합적으로 하는 거라 읽기보다 한 단계 나아가죠. 그다음에는 '인생 독서토론'이라고, 진로교육을 직업 선택으로 보지 않고 '나는 어떤 삶을 살고 싶은가'를 중심으로 구조화한 토론을 진행해요. 마지막으로, 계절별로 학생 5명과 교사 1명, 또는 이 독서토론을 잘했던 선배들과의 독서토론 워크숍을 진행합니다. '언니들의 북토크'라고요. 이런 식으로 결합을 시키니까 학생 한 명 한 명의 활동이 아니라 학교 전체 활동이 되는 거죠. 감탄하지 않을 수가 없어요.

이런 간략한 소개에서도 알 수 있듯이, 홍천여고의 독서토론은 학생 개개인이 어떻게 하면 책을 잘 읽게 만들 것인가에 그치지 않습니다. 책 읽기의 여러 가지 층위를 만들어서 학생 개인들이 책을 읽게 하고, 자기가 읽은 책의 내용과 친구가 읽은 책의 내용을 비교하면서 다른 사람들의 말을 듣게 합니다. 이게 바로 선생님과 제가 이 대담에서 말하고 있는, 관계에 다리를 만드는 리터러시잖아요. 홍천여고에서 하고 있는 일이 바로 그런 것이더라고요.

저는 홍천여고에서 독서토론을 주도하는 두 교사가 하고 있는 일이자 그 효과로서 학생들에게서 활성화되고 있는 것이 '활동'이고, '활동적 삶(vita activa)'이라고 생각합니다. 아렌트의 견해에 따르면, 활동은 세계 속에 자기를 계시하며 새로운 것을 탄생시킴으로써 세계를 짓는 행위입니다(한나 아렌트, 2005). 세계를 짓는 이 행위는 말로 이루어집니다. 그래서 아렌트는 행위는 말을 통해서 의미를 획득한다고 했어요. 자기가 한 행위가 말을 통해 의미를 획득할 때 사람은 활기를 갖게 됩니다. 더 힘내서 살아갈 수 있게 되죠. 왜 그럴까요?

우리가 먼저 주의 깊게 보아야 하는 것이 사람은 말을 통해 세계에 자기를 계시한다는 점입니다. '계시하다'에 가장 가까운 일상용어로 드러내다/보여주다가 있겠습니다만 좀 부족한 말입니다. 그래서 여기서는 계속 아렌트가 쓴 용어대로 '계시하다'를 사용하겠습니다. 다만 하나를 덧붙여야겠습니다. 자기를 계시한다는 것은 자기를 드러내는 것을 넘어 자기를 선포한다는 뜻이 있다고 저는 생각해요. 선포하는 행위를 통해 그는 말하는 자가 되고, 말하는 자이기 때문에 정치적으로 주체가 되고 유일무이성을 획득하게 된다는 것이 저의 견해입니다. 이 이야기는 중요하지만 이번 대담을 넘어서는 것이니 이쯤에서 정리를 할게요.

'자기를 계시한다'고 했는데, 과연 무엇을 계시하는 것인가? 아렌트는 자신의 인격을 계시한다고 말합니다. 다른 말로 하면, 자기를 계시함으로써 비로소 사람은 인격적인 존재가 됩니다. 그럼, 계시되는 것이자 계시하는 것을 통해 존재하는 이 '인격'이라는 게 무엇이고 인간에게 왜 중요한 것인지 설명해보겠습니다.

흔히 인격이라는 말을 들으면 바로 떠올리는 것이 '존중'이라는 단어입니다. 한 사람의 인격을 짓밟는 것, 즉 존중하지 않는 것은 그 사람의 존재 자체를 짓밟는 것이 됩니다. 인격이 곧 그 사람 전체를 의미하는 것이죠. 그 사람의 어느 한 부분이 아니라 어느 것 하나로 수렴되지 않는 총체적이고 통합적인 그 무엇이라고 할 수 있을 텐데요. 그래서 인격은 설명 가능한 것이라기보다는 함부로 건드려서는 안 되는 어떤 신성한 것이라는 느낌마저 주지 않습니까?

우리가 인격이 이렇게 신성하다고 느끼는 이유는 인격이 그 사람에게만 있는 고유한 어떤 것이라고 생각하기 때문입니다. 아렌트 역시 사람이 말과 행위를 통해 자기를 계시한다는 것은 자신의 고유함을 계시하는 것이라고 말했습니다. 한 사람의 인격은 그 사람에게만 있는 것이고 다른 무엇으로도 대체되지 않습니다. 그 사람만의 고유한 특성이라는 의미에서 개성을 그 사람의 인격이라고 생각하기도 하죠. 사전을 찾아보면 퍼스널리티(personality)가 인격으로도 번역되고 개성으로도 번역됩니다. 인격의 핵심에 이런 개체의 고유함이 있습니다.

그 사람의 인격이기도 한 고유함을 또 다르게 표현할 수도 있습니다. 김도현 선생이 쓴 《장애학의 도전》에서 설명하는 것에 따르면, 그게 한 개인의 '전기적 요소'입니다. 쉽게 말해서, 그 사람이 살아온 삶의 궤적, 인생살이가 인격이라는 것입니다. 다 비슷하게 살지만 누구도 똑같이 살지는 않습니다. 조금씩 조금씩 삶의 궤적이 다릅니다. 남들과 다른 만큼, 그 궤적들이 모여서 '나'라는 사람의 인격을 구성하는 거죠.

결국, 자기를 세상에 계시한다는 것은 자기 삶의 궤적에서 만들어진 자기만의 고유함을 계시하는 것이 됩니다. 동어반복입니다만, 한 사람 한 사람이 고유한 이유는 그 삶의 궤적이 결코 대체 가능하지 않기 때문입니다. 그 사람만이 들려줄 수 있는 이야기입니다. 그 사람에게서 듣지 못하면 영원히 사라지는 이야기입니다. 발터 벤야민에 따르면, 중세시대까지는 누군가가 임종을 앞두고 있으면 동네 사람들이 다 모였다고 해요. 죽는 순간에 하는 말은 진실일 가능성이 크고, 그 사람이 죽고 나면 다시는 그 말을 못 듣기 때문이죠.

사람은 자기 삶의 궤적을 누군가에게 말을 할 때, 그 사람이 내 이야기를 솔깃해서 들으면 신기하게도 신이 나지 않습니까? 그렇게 내 이야기를 들어주는 사람이 있을 때, 말하는 사람은 자신의 인격이 존중받는 느낌을 가집니다. 에바 일루즈라는 감정사회학자가 쓴 표현대로라면, 존재감의 고양을 경험하게 되는 거죠(에바 일루즈, 2010). 내가 헛산 게 아니었다는 안도와 기쁨이 밀려오거든요. 다시 한 번 정신 차리고 잘해보자며 힘을 내죠. 다시 삶에 대한 의지를 가지게 됩니다. 활력을 가지게 됩니다. 활동적 삶이란 활력적인 삶이라고 할 수 있겠죠. 활동의 활력을 가지는 것, 활력을 가지고 활동을 지속시키는 것 말입니다.

여기에는 어떤 선순환이 있습니다. 사람은 먼저 말과 행위를 통해 세계에 자신의 고유함을 계시합니다. 또 그를 통해 사람은 다시 고유한 존재가 되고요. 이 고유함의 선순환이 반복될수록 사람은 더욱더 살아갈 힘을 내게 되죠. 자기 자신이 다른 무엇도 아닌 바로 자기 자신이라는 사실을 깨닫는 것, 다르게 말하면 존재감의 고양을 경험한다는 것인데요. 이런 경험을 통해 활동적 삶의 주체로서, 그리고 더욱 자기다운 사람으로 성장해가는 것이겠죠.

이걸 세계의 입장에서 본다면, 어떤 사람이 더욱 고유한 존재가 될수록 그 사람의 이야기는 대체 불가능한 것이 된다고 표현할 수 있습니다. 다른 사람이 듣기에도 솔깃하고 배울 게 많은 이야기가 생겨나는 거죠. 새로운 것의 탄생이 활성화됩니다. 솔깃하고 재밌으며 배울 게 많은 사람의 이야기는 당연히 그 주변의 관계를 활성화하겠죠. 세계가 활성화되는 거예요. 사람과 사람의 만남이 지금처럼 소모적이고 피곤하기만 한 것이 아니라 각자의 성장을 추구하면서 동시에 세계를 활성화하는 일이 되는 것입니다. 말만 들어도 뭔가 신나고 기쁘지 않습니까.

홍천여고의 사례를 주목해야 하는 이유가 바로 이것이라고 생각하는데요. 이런 선순환을 일으킨 활동의 중심에 독서토론이 있기 때문입니다. 홍천여고의 독서토론은 독서 수업이나 독서동아리 같은 교육과정의 한 부분에 그치는 것이 아닙니다. 우리가 개념적으로 이야기할 때는 읽기와 보기가 어떻게 다른 역량을 만들어내는가를 구분하지만, 실제 교육활동에서는 통합되어야 하죠. 홍천여고의 사례는 이걸 잘 통합시켜놓은 멋진 예시예요. 읽기만 있는 게 아니라

UCC 만들기라든가 사진 공모전 등과 결합해서 읽기와 보기뿐 아니라 하기까지 통합시켜놓은 거죠. 게다가 이것이 학교 전체의 교육활동의 중심을 차지하고 있어요. 대부분의 구성원이 연루되어 있고 열심히 하는 거죠. 이러니까 학교 전체가 살아나는 거예요.

저는 홍천여고의 두 분 선생님이 하신 일이 바로 이런 것이라고 생각합니다. 학교를 활동적 삶의 공간으로 만든 것이요. 독서토론이 자기를 계시하는 일이 되고, 친구가 그것을 솔깃하게 들어줌으로써 인격이 존중받는 존재감의 고양을 경험하고, 이것이 학생들이 활기를 갖고 학교에서 살아가게 합니다. 이런 공간이자 학생들의 세계인 학교는 당연히 활기를 띨 수밖에 없습니다. 홍천여고 사례를 담은 책의 제목, '독서동아리 100개면 학교가 바뀐다'에서 잘 표현한 것처럼 '학교'가 살아나는 거예요.

김성우

학교 전체가 함께 책 읽기와 영화 읽기를 경험함으로써 배움의 문화 자체를 바꾸어내는 경험을 한 거네요.

엄기호

물론 이걸 독서토론을 주도한 두 분 선생님의 개인적인 역량으로만 생각하면 곤란하겠죠. 어떻게 이게 가능한가, 조건을 살펴보지 않을 수 없습니다. 제가 이 두 선생님과 인터뷰를 한 적이 있는데요, 두 분이 영혼의 동지예요. 이게 중요한데, 한 사람만으로는 못 하기 때문이에요. 같이할 사람이 있어야 해요. 두 선생님이 함께 활동하는 것을 보고 다른 선생님들도 합세할 수가 있어요. 나도 저렇게 해보고 싶다, 동료적 관계 속에서 가르치는 기쁨과 학생들로부터 배우는 기쁨을 느끼고 싶다, 이걸 두 분이 모델이 되어 보여준 거죠. 이 두 분이 궁합이 잘 맞기도 하고요.

또 하나, 강남에서라면 이걸 못 했을 가능성이 커요. 홍천여고는 시골에 있는 학교이고, 학부모들은 교육활동을 하면서도 어느 정도 대입에 도움이 되면 좋겠다는 희망을 갖고 있죠. 정시 중심의 교육과정이었다면 못 하는 거죠. 수시모집이나 학생부종합전형, 이런 게 있으니까 대학 가는 데 도움이 될 수 있겠다는 학부모의 호의를 끌어낼 수가 있었던 거죠. 당연히 교장도 이런 걸 좋아해야 되고, 교장이 도와주지 않는다면 교육청이 교장을 움직여야 되는데, 마침 진보 교육감이고. 조건이 다 맞아 떨어진 거예요.

저는 두 선생님이 열심히 만들어놓은 자기 성찰적인 프로그램을 많은 학자가 연구해야 한다고 생각해요. 의미를 발견해주고 고무적인 담론을 이야기하면서 현장에 돌려줘야 하는 거죠. 사회학적으로든 철학적으로든 이게 왜, 어떻게 될 수 있는가를 밝혀주는 방식으로요. 지식인이 현장의 언어를 학문적으로 납치하는 게 아니라, 현장을 다녀온 후 자기 현장인 연구실에서 그 언어를 벼린 다음 현장에 돌려주는 게 이상적인 모습이 아니겠습니까. 그래야 현장의 당사자와 그 곁의 사람, 연구자/지식인이 서로 자기 활동을 하는 사람으로서 만나게 되고, 이런 만남이 서로의 활동적 삶을 고무할 수 있을 테니까요.

자기 삶과 닿아 있을 때
글쓰기는 어떻게 바뀌는가

김성우

선생님의 말씀 중에서 귀에 들어온 단어가 '활동'이에요. 책을 읽거나 영상을 보기에 앞서서 일정한 배경지식이 필요하고, 또 단지 읽고 보는 데서 그치는 것이 아니라 적절한 활동이 들어가야 책을 이해하고 영상을 비판하는 능력을 키울 수 있죠. 선생님은 읽기 활동을 사례로 말씀해주셨는데, 저는 작문을 주로 가르쳤기 때문에 쓰기에 관해 얘기해볼게요. 저는 미국에서 박사과정 중에 영어를 제2언어로 하는 ESL(English as a Second Language) 학생들을 가르쳤고, 한국에 와서도 대학에서 영어작문, 특히 아카데믹 라이팅을 여러 해 가르쳤습니다. 학생들이 종종 범하는 오류는 쓰기를 단순히 언어의 문제, 문법과 어휘의 문제로 보는 거예요. 쓰기 활동 전반에 대한 이해 없이, 쓰는 행위를 단어의 나열로 축소하는 거죠. 이 경우 쓴다는 개념이 아주 납작해지면서 과정의 복잡성과 풍부함을 제대로 이해할 수 없게 돼요. 쓰기라는 게 단지 단어나 문법을 좀 더 아는 걸로 환원되지 않거든요.

영어로 글쓰기 수업을 시작할 때 빨래를 뜻하는 아이콘과 쓰기를 뜻하는 이미지를 보여주면서 둘 사이에 어떤 관련이 있을까 하고 물어요. 그러면 학생들이 당황하죠. 왜 쓰기 수업에서 빨래 얘기를 꺼내는 거냐 하는 표정을 지어요. 그런데 누군가에게는 빨래를 하는 시간이 쓰기 과정에서 굉장히 중요할 수 있어요. 글을 쓰다가 막힐 때 청소를 하거나 빨래를 하는 일이 일종의 의례(ritual)거든요. 이 시간이 왜 소중하냐면 아무 생각 없이 멍해지는 시간이기 때문이에요. 역설적이지만 사실이에요. 인지과학에서도 새로운 것을 만들어내는 과정에서 과업에 집중하는 모드가 과도하게 지속되면 도리어 창의성이 발현되지 못한다고 얘기하거든요. 집중모드와 이완모드가 번갈아 엮이면서 집중력이 높아지고 창의적인 아이디어가 더 활발하게 나온다는 게 과학적으로도 뒷받침되는 원리죠.

세탁기 앞에서 아무 생각 없이 빨래통 돌아가는 소리를 듣는 게 어떤 사람한테는 굉장히 생산적인 시간이에요. 그래서 글쓰기의 패턴에 항상 빨래가 들어가 있죠. 저 같은 경우에는, 많은 사람이 그렇듯이 긴 글을 쓸 때는 산책을 자주 해요. 걸으면서 생각을 정리하고 새로운 아이디어를 내기도 하거든요. 이게 누군가에게는 조깅이나 음악 감상일 수도 있고, 누군가에게는 생각 없이 볼 수 있는 코미디영화 감상일 수도 있죠.

빨래 예를 든 것은, 쓰기가 단지 단어의 배열이 아니라 삶의 여러 질서 속에 조화롭게 자리 잡아야 할 활동이기 때문이에요. 실제 쓰는 순간은 컴퓨터 앞에서 자판을 두드리고 있지만, 그게 의미를 가지려면 삶을 관통하는 질서를 만들어내야 하거든요. 이렇게 보면 글을 쓴다는 것은 타이핑을 하고 편집을 하는 과정을 훌쩍 뛰어넘어 삶의 활동들을 조직하는 게 되죠.

나아가, 삶이 빠진 글은 알맹이가 없다고 생각해요. 타자를 이해하는 글을 쓰고 싶다면 타자를 만나야 하고, 교육을 바꾸는 글을 쓰고 싶다면 교육현장에 나가봐야 하겠죠. 머리로 쓰는 글에는 한계가 있어요. 부딪치고 깨지고 그 조각을 다시 모아 삶을 복원하는 일이 진짜 쓰는 일에 가깝다고 봅니다.

이런 의미에서 삶과 텍스트를 연결시킬 수 있는 쓰기 교육이 필요할 텐데요. 사실 이걸 달랑 교양 수업 하나로 배우긴 힘들죠. 그래도 쓰기에서 재미를 느끼고 의미와 가치를 만들어낼 수 있도록 도와주어야 합니다. 저 같은 경우에는 '장르(genre) 기반 접근법'을 활용한 수업을 종종 해요. 장르란 글의 종류라고 할 수 있는데요. 음악에 락, 재즈, 클래식 등이 있는 것처럼 글에도 하위 장르가 있는 거죠. 수필, 시, 기사, 논설문, 설명문, 이력서, 자기소개서 등은 모두 크고 작은 장르의 예라고 할 수 있고요.

저는 주로 영어 논문이라는 장르를 가르쳐요. 사실 논문은 구조나 내용의 복잡도가 상당히 높은 장르죠. 그래서 처음부터 논문을 분석하기보다는 쉬운 텍스트를 분석하면서 논문의 구조로 가는 디딤돌을 만들어요. 그래서 택한 것이 요리법입니다.

요리법을 보면 우선 요리 이름이 있죠. 다음으로 음식 사진이 나오고요. 다음에 단계별 요리 과정이 제시되죠. 약간의 주의사항 같은 걸 더할 수도 있고요. 학생들과 먼저 레시피를 왜 쓰는가를 이야기해요. 장르의 존재 이유를 다각도에서 살피는 거죠. 그리고 레시피라는 텍스트 장르가 왜 하필 요리 이름, 사진, 재료, 요리법의 정보를 갖고 있는가 이야기합니다. 정보 구조를 파악하는 단계죠. 다음에 요리법에 사용되는 전형적인 어휘적·문법적인 형태를 살펴봅니다. 예를 들면 재료를 영어로 얘기할 때 가장 많이 나오는 건 당연히 재료 이름입니다. 그다음에 나오는 게 재료가 어떤 상태로 손질되어 있어야 하는가, 예를 들어 '말린' '다진' 이런 표현이 나오는 거죠. 영어로는 대체로 dried, chopped, 이런 과거분사가 되겠죠. 다음엔 계량인데요. 예를 들면 몇 개, 몇 스푼, 몇 쪽 같은 게 나와요. 부피나 무게를 나타내는 표현도 등장하고요. 그러니까 요리 이름이 나오고 요리 사진에 걸맞은 '이미지의 문법'을 따라 찍힌 사진이 나오고 다음에 재료가 나오는데, 재료를 나타내는 말은 일정한 어휘·문법적인 패턴(lexicogrammatical patterns)을 따르는 거죠. 양을 나타내는 표현, 준비 상태를 나타내는 과거분사, 그리고 재료 이름이 나오는 거예요. 다음에 단계별 요리법이 나올 때는 명령문의 형태를 따릅니다. '무엇을 몇 분간 끓여라'라고 말하려면 boil로 시작하는 명령문이 나오고, 재료 이름이 나오고, 다음엔 시간, 즉 '몇 분간 해라, 언제까지 해라' 같은 표현이 나옵니다. 이 경우 for 다음에 시간 표현이 나오거나 until 같은 부사절이 나오는 게 보통이죠. 재료의 상태를 나타내는 형용사가 나오는 경우도 잦고요.

학생들은 요리법 분석 결과를 논문의 구조에 대한 이해로 확장시킵니다. 단순한 글이지만, 분석을 해보면 특정한 장르의 텍스트가 왜 그런 정보 구조로 되어 있고, 정보들이 어떤 순서로 배열되고, 이에 따른 언어의 특징은 어떠한지 알 수 있거든요. 레시피를 쓰는 일이든 논문을 쓰는 일이든 일종의 사회적 관행(social practice)인데, 이게 텍스트화되는 과정을 명시적으로 보여주는 거예요. 차이가 있다면 요리법은 매우 단순한 구조와 내용으로 이루어지지만 논문은 보다 위계적이고 복잡한 구조를 갖고 있다는 점이죠.

처음 논문을 접하면 왜 그런 구조를 갖게 되었는지 이해가 되지 않을 수도 있고, 다른 사람들이 정해놓은 틀을 그대로 따라야 한다는 게 짜증날 수도 있어요. 왜 꼭 이런 식으로 기술해야 되나, 의문이 들 때도 있는 거죠. 하지만 기본적으로 우리가 논문을 쓸 때는 그 구조를 알아야 되거든요. 단순히 표현을 외우는 게 아니라 특정한 텍스트의 구조가 형성된 이유를 생각해봐야 하는 거죠. 학술 커뮤니케이션이라는 담론의 장에서 왜 이런 식의 관행이 만들어졌고, 이 관행들이 왜 하필 이런 식의 텍스트 구조를 갖게 됐을까를 생각해보는 거예요. 이렇게 전형적인 구조를 배우고 나면, 그 전형을 변형할 수도 있고, 의도에 따라 뒤집을 수도 있는 겁니다. 그렇지만 전형적인 구조를 알지 못하면 변형이나 변주, 과감한 전복이 힘들어요.

학생들에게 글쓰기가 단지 틀을 따르는 것이 아니라는 점을 알려주기 위해 한 가지 과제를 더 줍니다. 선생님이 말씀하신 '활동'이라는 관점에서 볼 수 있는 과제죠. "여러분은 영어로 요리법 쓰는 법을 배웠습니다. 이제 여러분 인생의 주제를 가지고 레시피를 써보십시오. 일명 'Life Recipe(인생 레시피)'입니다. 언어적인 특징은 요리법 쓰기에서 가져오되, 레시피의 주제, 즉 '~하는 법'은 여러분 각자의 인생 경험에서 가져와서 쓰는 겁니다." 그러면 학생들이 '하루를 온전하게 망치는 법', '순식간에 폐인 되는 법', '오랜 연인과 헤어지는 법' 같은 걸 쓰는 거죠. 기억에 남는 건 한 학생이 쓴 '만원 지하철에서 앉는 법'이라는 글이에요. 준비물은 '굉장히 헬쑥해 보이는 인상, 엄청나게 무거워 보이는 가방, 핏기 없는 얼굴, 노메이크업, 무릎 보호대' 같은 것들이에요. 이 학생은 매일매일 1호선을 타고 힘들게 학교에

오는데, 거기서 앉으려면 어떤 준비물이 필요한가를 쓰고, 실제로 지하철에서 어떤 퍼포먼스가 필요한가를 썼죠. 고된 일상에 맛깔난 유머를 섞은 글이었는데, 읽으면서 박장대소했던 기억이 납니다.

학생들이 이 글쓰기 과제를 재밌어한 이유는, 기존의 텍스트가 만들어지는 방법을 배우고 나서 그걸 자기 삶의 영역으로 가지고 왔기 때문이에요. 모국어가 아닌 영어로 썼지만 즐기면서, 재밌게 쓴 거죠. '알바 사장님께 자기 주장을 펼치는 법', '10년 안에 아파트 세 채를 장만하는 법', 이런 걸 쓴 친구도 있었어요. 자기 삶에 스며드는 글을 쓸 때 느껴지는 뭉클함이 있거든요. 선생님이 말씀하신 '존재의 고양'을 느끼기도 하고요.

사실 리터러시라고 하는 게, 타인의 언어를 그대로 베껴 오는 것이라면 거기에는 활동성이 존재하지 않는 거죠. 아무리 열심히 쓴다고 해도 일종의 카피 앤 페이스트(copy & paste)가 되어버리는 거예요. 그렇지만 이게 자기 삶을 표현해낼 수 있는 도구가 되면 의미를 느끼는 학생이 많아져요. 실제로 기말 강의 평가를 보면 '인생 레시피' 활동이 재밌었다는 반응이 꽤 있어요. 그동안 문단 쓰기(paragraph writing)하면 단순히 문단의 구조를 가르쳐주고 일반적인 사회문제를 소재로 주제문 쓰고 설명하는 문장들 쓰고 마지막 요약문 쓰고 하는 식이었는데, 자신만의 이야기를 담을 수 있는 도구가 되니 흥미를 느끼는 거죠.

이 활동에서 제가 깨달았던 건, 영어를 그냥 타인의 언어로 인식했을 때와 내 삶의 영역에서 자신을 표현할 수 있는 도구로서 인식했을 때는 굉장히 다른 결과를 낳을 수 있다는 거였어요. 선생님이 말씀하신 활동이라는 것에 대한 감각이 생겨난 거죠. 제가 이전 저서《단단한 영어공부》에서 강조했던 것 중의 하나도, 사람은 남들의 이야기를 배워서 남들처럼 해내는 걸 바라는 것 같지만, 마음 깊은 곳을 들여다보면 자기 삶을 자신만의 언어로 표현해낼 수 있는 역량을 욕망한다는 거예요. 쓰기가 고유한 의미를 창조하고 싶다는 욕망과 결합될 때 더 잘하고 싶고 더 많이 하고 싶은 거지, 그냥 멀고 먼 남의 나라 얘기로, 삶이 아닌 교과서 속 텍스트로 느껴질 때는 한계가 분명하다는 거죠.

엄기호

　　　　　　선생님의 사례는 특히 영어 교사들에게 많은 도움이 될 것 같습니다.

소통의 속도를 줄이고
리터러시의 방향을 잡다

김성우

　　　　　　삶을 위한 리터러시를 추구한다고 했을 때, 좋은 사례를 공유하고 확산하는 것도 중요하지만 걸림돌을 제거하는 것 또한 반드시 필요하다고 생각해요. 일례로, 어디서 뽑은 도서

100선, 어느 대학의 필독서 100권, 모 대학생들 대출 순위 100위, 이런 거예요. 저는 이런 게 '독서는 자유로운 여행'이라는 메타포를 완전히 배신한다고 봐요. "이걸 읽어야 돼, 필수야." 이렇게 정해진 독서 경험을 부과하는 일인데, 책의 세계를 탐험하는 힘을 키우지 못하죠. 도리어 독서에도 정답이 있다는 생각만 심어주는 거예요. 이런 '강요'와 맥을 같이하는 게, 끊임없이 결과물을 확인하는 독서지도예요. 퀴즈로, 발표로, 점수로. 그런 방식이 무조건 나쁜 건 아니지만 신중하게 활용되어야 한다고 봅니다.

또, 요즘 독서교육을 담당하는 분들이 억지로 독후감 쓰게 하지 말라고 강조하죠. 독서라는 것이 무엇인가를 짜내야 되는 활동이 되거나 독서와 독후감이라는 연관관계가 처음부터 고정되어버리면 아이들이 독서를 좋아할 수 있겠냐는 거예요. '아, 또 뭔가 써야 돼?' 이런 생각이 당연히 들지 않겠습니까. 자연스럽게 글을 쓰고 싶으면 쓰겠지만, 책을 읽고 감상을 쓰는 것을 하나로 엮어서 부과하지 말라는 것이죠.

이와 함께, 소셜미디어에서의 리터러시에 대해 생각해볼 필요가 있다고 생각합니다. 선생님이 말씀하셨던 것처럼, 소셜 믹싱이라는 게 오프라인에서는 이미 거의 끝난 상태고, 온라인에서는 심지어 자기가 속할 커뮤니티를 만들어낼 수 있잖아요. 저는 그게 위험하다고 생각하는데요. 안전할 수는 있겠지만 활동과 성장의 환경이 되지는 못하는 거죠. 기존의 사고틀을 깨는 글을 읽고, 이제까지와는 다른 실천을 모색하고, 새로운 세계로 진입함으로써 성장한다는 가능성이, 균질한 사람들이 모인 그룹 안에서는 봉쇄돼버리는 거예요. 안전한 커뮤니티를 만들어냄으로써 안전성 이외의 다른 것은 다 잃게 되는 거죠.

요즘 소셜미디어에서의 저를 돌아보면 예전보다 좀 더 길게 지켜보는 사람이 된 거 같아요. 첫 번째 이유는 이것저것 다 얘기할 만한 지식과 경험이 없기 때문이고요. 두 번째는 제가 그 모든 것에 개입한다는 게 별로 의미가 없다는 생각이 들어서예요. 세 번째 이유는 시간의 문제와 연결되어 있는데요. 개입하지 않고 시간을 좀 두고 있으면 많은 것이 선명해지는 경험을 몇 번 하고 나니까, 섣불리 개입하지 않게 되더라고요.

마지막 이유와 관련해서, 시간에 대한 대중의 감각이 너무 짧아진 게 아닌가 하는 생각이 종종 들어요. 기사 헤드라인을 보면 당장 말을 해야 될 거 같고, 내가 원하지 않는 정치적인 입장을 가진 글이 올라오면 당장 '참전'해야 될 거 같죠. 이건 소통의 속도에 관한 문제인데요. 뉴스나 소셜미디어 포스트가 업데이트되고 그것을 소비하는 속도, 그 속도가 많은 사람으로 하여금 빨리 반응해야 한다고 생각하게 만드는 것 같아요.

어떤 사람들은 어린 세대가 유튜브에 중독돼 이리저리 옮겨 다니면서 오래 집중도 못 하고 짧은 영상만 계속 본다고 비판하죠. 그런데 저를 비롯한 나이 든 사람들도 신문의 헤드라인만 보고 뉴스의 내용을 다 안다고 생각하는 경향이 있어요. 누군가가 신문의 기사, 특히 정서적인 걸 건드리는 뉴스나 너무 황당한 사건을 공유하면 이어지는 순서가 있지 않습니까? 먼저 글 올린 사람이 쓴 글을 읽고, 다음에 링크한 기사를 읽고, 그러고 나서 반응을 하는 게 맞잖아요. 그런데 헤드라인을 본 다음에 무턱대고 반응을 해요. '좋아요'를 누르거나 '화나요'를 누르거나. 그다음에 기사를 보는 거죠. 안 볼 때도 있고요.

이것은 텍스트에 기반하지 않고 텍스트를 게시한 사람과의 관계만 가지고 많은 정보를 순식간에 처리해버리는 경우죠. 소화를 한다기보다 처리를 하는 거예요. 예를 들어, 제가 엄 선생님에 대해 좋게 생각한다면, 혹은 항상 '좋아요'를 주고받아왔다면, 선생님이 올린 글은 그 기사를 꼼꼼히 읽지 않은 채 그 사람이 남긴 한두 마디를 읽고 내 반응을 정해버리는 거예요. 역전돼 있는 거죠. 이것이 속도의 문제와 연결돼 있다고 봐요. 아이들이 동영상을 보는 것을 메뚜기라고 비판하지만, 성인들 역시 글을 읽지 않고 댓글을 다는 거죠. 모티머 애들러는 대화 상대의 입장을 온전히 이해하기 전까지는 반박이나 동의를 하지 말자고 해요. 이해하지 않고 찬성과 반대 의견을 개진하는 건 어리석고 무례한 일이라고 지적하죠(모티머 애들러, 2020: 247).

리터러시 교육에서는 그런 짧은 호흡, 내가 당장 뭔가를 해야 될 것 같은 시간의 개념을 바꿔내는 것도 중요하다고 봐요. 긴 글이라는 게 단순히 길이가 길어서 가치 있는 게 아니라 읽어내려면 시간이 필요하기 때문에 가치가 있다고 생각합니다. 시간에 대한 감각을 키워주고 자신을 돌아보며 심호흡할 수 있도록 하는 게 긴 글이에요. 이해가 되지 않았던 측면이 드러날 수도 있고, 생각하지 못했던 방향으로의 반전이 나올 수도 있죠. 이런 건 긴 글을 끝까지 읽어야 경험할 수 있어요. 그런데 소셜미디어에서는 당장 내가 뭔가 하지 않으면 내 존재감이 없어지는 듯한 착각에 빠지게 돼요.

성과로부터 자유로운 토론

엄기호

리터러시를 키우는 데 걸림돌을 제거해야 한다고 하셨는데, 저는 그 걸림돌 혹은 해악으로 성과주의를 꼽습니다. 그 예로 흔히 많이 하는 찬반 배틀 토론과 같은 경쟁식 토론을 들 수 있는데요. 다시 홍천여고로 돌아가서 보면, 선생님들이 간파한 것이 바로 경쟁식 토론으로는 활동적 삶을 추구하기가 힘들다는 점이에요. 그래서 모든 활동에서 비경쟁식 토론을 강조합니다.

저도 강의에서 적극적으로 비경쟁 원리를 도입하려고 하거든요. 대표적인 것으로, 저는 학생들끼리 토론을 할 때 발표를 안 시켜요. 토론만 하고 끝나죠. 그 토론도 제가 모둠을 짜주거나 학생들이 모둠을 짜게 하지 않고, 앉아 있는 자리 기준으로 앞뒤로 둘 혹은 서너 명이 편하게 모여 얘기를 나누게 합니다. 그렇게 하는 큰 이유 중의 하나가, 학생들이 뭔가를 하고 나면 어떤 형태로든지 반드시 성과를 내야 한다는 것에 너무 익숙해져 있어요. 교육과정 전체를 통해서요. 선생님이 말씀하신 것처럼, 책 한 권 읽고 나서도 퀴즈를 풀거나 발표를 하거나 독후감을 쓰고 평가를 받잖아요. 이 친구들에게는 토론도 상대와 싸워서 이겨야 되는 경쟁인 거죠. 그래서 제 강의시간에는 성과를 내지 않아도 된다고 강조합니다.

그렇게 토론을 하면 여러 가지 결이 나타나요. 어떤 학생은 성과를 안 내도 되니까 안 해버리지만, 어떤 학생은 성과를 안 내도 되니까

편하게 얘기를 나눠요. 제 강의에서 어떤 학생이 편안함을 느끼면 좋겠는가 하면, 성과를 안 내도 되기 때문에 비로소 말문을 트고 얘기를 좀 더 편하게 할 수 있는 학생이에요. 전체 사회를 두고 보면 그런 친구들이 얘기를 하고 들을 수 있는 그런 공간이 없어요. 우리 삶 전체가 성과 위주로 꾸려져 있기 때문이죠.

그런 식의 토론이 한 번에 그치는 게 아니라 한 학기 내내 이어지니까, 처음에는 "성과도 안 내는 걸 내가 왜 해야 돼?" 하던 학생도 조금씩 붙게 돼요. 재미가 있구나 하면서요. 이렇게 진행되다 보니 나중에는 학생들이 알아서 앉더라고요. 친한 친구들끼리 앉는다는 게 아니라, 너무 불편한 친구와는 좀 떨어지고, 뭔가 얘기를 들어보고 싶은 친구 옆에 앉는 식으로요. 저는 학생들한테 쪽글을 받는데, 어떤 친구의 얘기가 더 듣고 싶다고 쓰는 학생이 있거든요. 그러고 나서 다음 수업에 보면 그 친구 옆으로 가더라고요. 또 아예 말을 하고 싶어하지 않는 학생도 있는데, 저는 그런 학생들은 가만히 있어도 상관없다고 생각해요. 철저하게, 어떤 형태로든 비경쟁이라는 원리를 중심에 놓아서 성과로부터 자유롭게 해주는 것이죠.

이게 왜 중요하냐면, 성과로부터 자유로워야만 굳이 나를 정당화하지 않아도 되거든요. 앞에서 말씀드린 것처럼, 저는 지금 우리가 자기의 정당성과 타당성에 강박적이라고 생각해요. 왜 이렇게 자기를 정당화하려고 하는가? 인격적인 문제도 있을 거고 습관의 문제 같은 여러 가지 원인이 있겠지만, 근본적으로는 정당화되는 것만이 성과가 되기 때문이라는 게 제 판단입니다. 정당화되지 않는 걸 어떻게 성과라고 제출을 하겠어요. 논문도 디펜스가 잘 되어야 인정을 받잖아요. 자기 정당화 문제와 성과가 너무 밀접하게 결합된 사회를 살아가고 있는 거죠. 성과를 안 내도 된다는 것을 통해 제가 학생들에게 만들려고 하는 태도는 굳이 그렇게 자기 정당화를 안 해도 된다는 거예요. 나를 그렇게 정당화하지 않아도 되기 때문에, 내가 굳이 너를 비판하지 않아도 된다는 것으로 연결되기도 하고요.

이해라는 리터러시의 측면에서 본다면, 세계가 옳고 그름이 아니라 의견으로 구성되어 있다는 것을 알게 해야 합니다. 내가 지금 듣고 있는 말이 옳다 그르다를 판단하고 비판하는 것이 아니라, 그것은 그 사람의 의견이고 그 의견은 내 의견에 긍정적이든 부정적이든 자극을 준다는 점을 성찰해낼 수 있거든요. 리터러시 교육이란 다양한 사람들이 살아가고 있고 다양한 삶이 존재한다는 것을 깨달아가는 과정이어야 하지 않습니까. 다양한 말을 알아들을 줄 알아야 하고, 그 말들 사이에 다리를 놓을 줄 알아야 하겠죠. 그러기 위해서는 다른 사람의 말을 하나의 '의견'으로 들을 줄 알아야 한다고 생각합니다. 절대적인 진리나 완전히 틀린 말이 아니라 그 사이에 있는 의견으로 들을 줄 알아야 합니다. 옳고 그름을 너무 빨리 판단하기 전에요.

특히 선생님이 말씀하신 시간의 측면에서 본다면, 이 성과사회에서는 성과 자체만큼이나 속력이 문제가 됩니다. 어떻게 성과를 내야 하냐면 아주 빨리 내야 되는 거예요. 제가 몇몇 책에서 이 시대의 사람들은 역사가 아니라 '실시간의 세계'를 살아가고 있다고 썼는데요. 읽고 의미를 빨리 파악하는 데 그치지 않고 그걸 다룰 수 있는 능력까지 가려면 생각을 해야 되는데, 이 실시간의 세계에서는 생각할 시간이 안 주어집니다. 생각하기보다는 빨리 판단해서 빨리 성과를 제출해야 할뿐더러, 그게 성과가 되기 위해서는 남을 논박해야 하도록 구조화되어 있습니다. 이 시간성을 바꿔내지 않으면 우리가 얘기하는 리터러시는 불가능합니다. 성과를 내지 않아도 되는 것이 중요한 이유는 그래야만 실시간이 아니라 시간을 들여서 생각할 수 있게 되기 때문입니다.

제가 여러 차례 말했던 것과 연결되는데, 우리가 왜 시간을 들여서 생각을 해야 되느냐 하면 모르기 때문이거든요. 모른다는 사실을 알아야 깊게 생각을 하든 길게 생각을 하든, 생각을 할 수 있어요. 서구 속담에 "인간은 아는 것에 대해서는 생각하지 않는다."라고 하잖아요. 모르니까 생각을 하는 거고, 아는 것은 행합니다. 리터러시 교육에서 핵심은 모르는 걸 발견하는 게 성과가 아니라 성장의 촉발점이 되게 하는 것입니다. 그러기 위해서는 시간을 들여 생각할 수밖에 없다는 것을 깨달아야 해요. 이것은 성과사회로부터 벗어날 때만 가능하죠. 교육과정에서의 독서토론이든, 선생님이 가르치는 쓰기 과정이든, 저처럼 인터뷰를 하면서 사람을 읽는 과정이든, 관건은 그걸 권장하는 것이라고 봅니다. 선생님이 말씀하신 걸 제 언어로 종합해 보면, 거기에는 성과의 문제, 실시간으로 성과를 내야 한다는 문제가 깔려 있는 거죠.

자율성을 키워주는 구조화는
어떻게 가능할까

엄기호

　　　　　　홍천여고의 사례를 통해 또 하나 주목해야 할 주제가 있습니다. 배움을 '권장'하기 위해 어떻게 구조화할 것인가입니다. 역량이 탁월한 사람을 대상으로 가르칠 땐 굳이 촘촘하게 구조화할 필요가 없습니다. 구조화는 가르치는 사람이라고 해서 모두 역량이 탁월한 것은 아니고 우리가 가르치는 학생이 다 탁월한 것도 아니기 때문에 필요한 것이죠. 탁월하지 않은 이들이 가르치고 배우기 위해서 좋은 구조를 가진 교육과 교육과정이 필요한 거예요. 여기서 중심점을 잘 맞추는 게 관건입니다. 한편에서 우리는 끊임없이 배우는 이들의 자율성을 강조하고 자율성을 확장시켜줘야 되는데, 자율성을 강조하고 확장시키기 위해서라도 구조화가 되어야 한다는 것 사이의 중심점 말입니다.

　자율성과 구조화를 대립되는 문제로 보는 사람이 많은데, 그렇게 되면 곤란합니다. 어느 정도 긴장관계인 건 맞지만요. 문제는, 대부분의 리터러시 교육 혹은 읽기 교육에서 구조화를 지나치게 해놓았다는 거예요. 이 구조화된 과정 안에서는 자율성이 개입될 여지가 거의 없고, 그러니까 산출되는 결론도 정해져 있습니다. 확인하는 과정이 될 수밖에 없는 거예요.

　저는 가르치는 사람들의 가장 큰 고민은 '자율성을 극대화하기 위해서는 어떤 구조화가 필요한가'라고 생각합니다. 구조화되어야만 하나의 모델, 어쨌든 다른 사람들이 활용할 수 있는 (똑같이 쓴다는 의미가 아니라) 모델이 나올 수 있습니다. 물론 이 모델은 가져다 쓰는 사람에 의해서 또다시 갱신되어야 하겠죠. 홍천여고의 독서토론이 훌륭한 게, 바로 이 두 가지 문제에 대해 사람들이 고민하게 해준다는 겁니다.

김성우

구조화가 자율성을 방해하는 경우를 종종 봅니다. 영어에서는 '파닉스는 몇 살 정도에 시작해서 3개월 만에 끝내는 게 좋다'라든가 '다독 프로그램은 1년에 책 몇 권을 읽어야 한다'는 식의 처방이 많아요. 이런 걸 충실히 해내면 리터러시, 읽기 능력 향상에 당연히 도움이 되겠죠. 그런데 이게 뭔가 숫자에 집착하게 해서 몇 권을 읽어야 된다든가 하는 그런 부담을 주지 않을까요, 아이들한테는? 그게 오히려 독이 될 수 있죠.

저는 리터러시의 위기라는 것이 기쁨의 위기라고 생각해요. 많은 사람이 젊은 세대의 문해력이 떨어지고 있다고 걱정하지 않습니까. 또 책을 안 읽어서 책도 많이 안 팔린다고 걱정하고. 이런 결과가 나온 것은 그동안 책 읽기나 글쓰기를 가르치는 방법에 문제가 있었기 때문이다. 이런 얘기를 많이 하죠. 그런데 교육의 방법론도 중요하지만, 읽고 쓰는 행위 자체가 삶에서 기쁨을 줄 수 있는 행위인가가 중요해요. 스펙 혹은 상품성으로 평가되는 독서나 글쓰기는 기쁨과 거리가 있습니다.

대표적인 게, 요즘 SNS를 보면 글쓰기를 속성으로 가르쳐주겠다는 광고들이 보이는데요. 그런 게 돈이 되나 봐요. 며칠 만에 뭘 쓸 수 있다, 자기 이력을 내세우기 위해서 책을 한 권 써봐야겠다, 명함 대신 책을 쓴 사람이라는 얘기를 할 수 있어야 된다는 광고도 있고요. 근본적으로, 읽기라는 건 다른 사람의 삶에 가서 닿는 일이죠. 쓰기라는 건 내 삶을, 혹은 생각과 지식을 다른 사람에게 던지는 행위예요. 그런데 이런 본질적인 것들을 외면하면 리터러시 교육이 재밌을 수가 없고 기쁨이 깃들 수 없죠.

　리터러시의 위기라는 게 있다면, 텍스트 자체의 질이나 양의 문제는 아닐 거고, 그걸 둘러싼 삶의 기쁨의 위기인 거 같아요. 리터러시가 기쁨으로 다가갈 수 있느냐, 그런 환경을 만들어줄 수 있느냐 하는 문제죠. 제가 기사를 통해서 접한 홍천여고 사례나 TV에서 본 인터뷰를 통해서 느낀 것은 학생들이 즐거워하고 기뻐한다는 것이었어요. 마이크가 앞에 있기 때문에 으레 하는 얘기가 아니고 얼굴에 드러나더라고요. 제가 얘기한 요리법 쓰기를 삶에 적용한 수업을 학생들이 재밌어했던 이유도 기쁨을 주는 활동이기 때문이거든요.

　학생들에게, 특히 젊은 학생들에게 책을 읽히거나 글을 쓰게 하려면 지금 교육과정뿐 아니라 삶의 질서를 바꿔야 돼요. 하루를 살아가는 일상, 이게 너무 빡빡하게 돼 있잖아요. 그러지 않아도 정신없이 돌아가는 일상에 독서나 글쓰기를 억지로 집어넣으려고 하면 즐거울 리가 없죠. 부담이 될 수밖에 없어요. "학원도 가야 하고 과제도 해야 하고 하루하루 뒤처지지 않기도 힘든데, 독서에 글쓰기까지 해야 돼?" 하는 반박이 대번에 나오는 거죠.

리터러시 교육에서는 그런 짧은 호흡, 내가 당장
뭔가를 해야 될 것 같은 시간의 개념을 바꿔내는
것도 중요하다고 봐요. 긴 글이라는 게 단순히
길이가 길어서 가치 있는 게 아니라 읽어내려면
시간이 필요하기 때문에 가치가 있다고
생각합니다. 시간에 대한 감각을 키워주고
자신을 돌아보며 심호흡할 수 있도록 하는 게
긴 글이에요. 이해가 되지 않았던 측면이 드러날
수도 있고, 생각하지 못했던 방향으로의 반전이
나올 수도 있죠. 이런 건 긴 글을 끝까지 읽어야
경험할 수 있어요.

255

그런 면에서 보면, 리터러시는 국어나 몇몇 언어를 가르치는 사람들의 문제가 아니고, 학생, 나아가 성인의 시간을 구획할 수 있는 사람들이 머리를 맞대고 풀어야 할 문제가 되죠. 삶의 구조를 바꿔내는 문제와 동전의 양면처럼 잇닿아 있어요. 너무 큰 맥락이 될지도 모르지만, 사실 '리터러시 이렇게 가르쳐야 됩니다'라는 건 그 안에서의 방법론이고, 근본적인 해법은 아니라고 생각하거든요. 시스템이 안 바뀌면 그 안에서 지지고 볶아봐야 얼마나 바뀌겠는가 하는 생각을 갖고 있어요.

구조화의 문제로 다시 돌아가면, 영어를 비롯한 외국어교육에 '의사소통 기반 교수법(communicative language teaching)'이라는 게 있어요. 예전에는 '듣고 따라 하기(listen and repeat)'나 '표현 바꿔가며 말하기(substitution drills)' 같은 방법을 중시한 청화식 교수법(audiolingual method)이 있었죠. 이와 함께 문법과 번역을 강조하는 문법번역식 교수법(grammar-translation method)이 있었고요. 시쳇말로 '질릴 때까지 따라 하면서 입에 붙인다'와 '문법을 공부하고 이걸 해석에 활용하다 보면 영어가 된다'를 대표적인 학습법으로 삼은 거죠. 하지만 인류언어학, 언어교육학 등의 영역에서 이런 반복 위주, 문법 위주의 교수법에 신랄한 비판이 제기됐어요. 그래서 문화와 맥락, 실제적인 의사소통을 중시하는 의사소통 기반 교수법이 등장하게 된 겁니다.

그런데 한국에 와서는 이것마저 아주 앙상해져버렸어요. 전보다는 분명 나아졌지만 의사소통과 사회문화적인 맥락을 중시하는 이론이 원래 지향했던 바와는 거리가 멀어진 거죠. 그도 그럴 것이 내신과 수능체제가 있기 때문에 의사소통의 자율성을 확 올릴 수가 없는 거예요. 대번에 저항이 들어오죠. 이렇게 글쓰기를 하면, 이렇게 대화를 하면 입시에 얼마나 도움이 되겠냐, 그걸 누구나 다 아는 거예요. 교사도 알고 학생도 알고.

제가 걱정하는 것은, 리터러시가 화두가 되고 특히 '유튜브 시대의 리터러시 위기'라는 말이 회자되면서, 무조건 글을 많이 읽히고 많이 쓰게 하자는 걸 대안으로 내세운다면 과거의 잘못을 반복하는 짓이라는 거죠. 성찰하고 소통하는 리터러시가 아니고 무조건 절대량을 늘리자는 쪽으로 가는 건 사실 반동적인 움직임이 될 수 있어요. 보다 중요한 것은 그런 교육이 우리 삶의 기쁨을 회복할 수 있는 방향으로 가느냐죠.

엄기호

맞습니다. 요새 문해력을 강조하기 시작하면서 '다시 독서다' 하면서 나타나는 패턴도 있고, 또 독서토론 모임들 안에서도 잘하는 데가 많고 열심히 하시는 분들이 있음에도 불구하고, 후기 같은 걸 보면 두껍게 읽어내지 못하는 게 보여요. 독서토론의 핵심은 두껍게 읽어낼 수 있는 역량을 키워가는 과정이에요. 그럼에도 두껍게 읽고 깊게 읽어내는 게 아닌 경우가 많은 거죠. 엄청나게 많이 읽기는 하지만 깊이 있는 이해 없이 권수를 늘리는 데 그친다면 그건 우리가 얘기하려는 리터러시나 읽기의 힘과는 상당히 떨어진 결과로 가는 거죠.

사실 저도 스스로 경계하지만 실수도 하는데, 잘 포착해서 표현해내는 단어와 개념, 이 두 가지를 구분하지 못하는 경우가 있습니다.

개념은 이론적 구축물이잖아요. 우리가 뭔가를 깊이 있게 보기 위해서는 개념을 가지고 있어야 하죠. 학문적 수련 과정에 있거나 인권현장에 있으면서 현장연구 하는 분들이 있는데요, 제가 그분들한테 계속 강조하는 게 있어요. 현장연구를 할 때 기술적인 측면에만 신경쓰지 말라는 거예요. 현장을 두껍게 읽기 위해서는 무엇보다 이론적 배경을 튼튼히 하는 게 중요하다는 뜻입니다. 현장을 읽어내기 위해서는 이론의 이해에서 나오는 개념이 있어야 합니다. 개념으로써 깊이 읽을 수 있는 것이죠. 그런데 개념의 자리를 수사, 어떤 현상을 잘 추상해낸 것처럼 보이는 감각적이고 자극적인 단어, 혹은 함축적이고 상징적인 말, 즉 센세이셔널한 어떤 단어들이 대체하고 있습니다. 이런 단어에는 매혹되기도 쉽죠. 이런 단어를 쓰면 한 번에 너무 명쾌하게 설명이 되거든요. 대중서를 낼 때 늘 제목을 두고 고민하는 이유 중의 하나도 그런 단어를 찾아내려는 것이죠. 이론적 깊이를 보여주고 두꺼움으로 가는 개념을 만들어내는 게 아니고요.

저는 이건 전적으로 독자의 문제만이 아니라 공부하는 사람들의 문제이기도 하다고 생각합니다. 개념을 만들어내는 게 아니라 센세이셔널한 단어, 관능적인 단어를 만들어내려고 해요. 그 단어를 쓰면 마치 한 번에 포착하는 것처럼 보이거든요. 포착을 한다고 해도, 그걸 파악해내기 위해서는 이론적인 게 구축이 돼 있어야 하는데, 그렇지 못한 경우가 많습니다.

리터러시의 위기는
기쁨의 위기

김성우

　　선생님 말씀을 들으니 전에 접했던 개념 두 가지가 생각납니다. 할리데이(M. A. K. Halliday)라는 언어학자가 있어요. 대중에게 널리 알려져 있지는 않지만 언어학계에서는 거의 노엄 촘스키급으로 저명한 학자죠. 이 사람이 쓴 용어 중에 제가 굉장히 좋아하는 게 있는데, 어휘 다양성(lexicodiversity)과 의미 다양성(semiodiversity)이에요. 할리데이는 이걸 잘 구분해야 된다고 했습니다. 어휘가 다양해진다고 해서 의미가 다양해지는 건 아니라는 뜻입니다. 신조어가 많아지고 새로운 표현들이 나온다고 해도 이 사회가 담을 수 있는 의미가 자동으로 다양해지는 건 아니라는 얘기죠.

　책을 읽으며 뭔가 있어 보이는 단어를 막 모아서 얘기한다고 했을 때, 그 짜릿함에 머물러서는 안 되죠. 그걸 통해서 내가 어떤 의미를 만들어내고 그 의미를 통해서 세상을 어떻게 볼 수 있을 것인가, 혹은 나 자신을 어떻게 변화시킬 수 있을 것인가, 이게 중요한 거죠. 이것은 단어 몇 개를 더 알았다고 해서 되는 건 아니에요. 그걸 내 안에서 소화시키고 오랫동안 숙성시켜서 내 삶을, 혹은 타인의 삶을 이해할 수 있고, 어떤 상황을 다룰 수 있는 그런 개념들로 바뀌나가야 된다고 생각하거든요. 화려한 어휘와 수사가 해줄 수 있는 일이 아닌 거죠. 그래서 때로는 담백한 말글이 사람을 더욱 깊이 감동시키는 거 같고요.

학생들에게 항상 강조하는 것 중 하나가 사전에 등재된 단어의 의미를 안다고 해서 그 단어를 깊이 안다고 생각하지 말라는 거예요. 사전에 나와 있는 의미는 이미 많은 사람이 수십 년 수백 년을 써왔던 것이고, 누구나 접근 가능한 것이죠. 그런 의미에서 '사전은 언어의 화석이다'라는 비유가 쓰이기도 해요. 이미 수많은 사람이 썼기 때문에 사전에 오른 것이고 그것은 우리에게 새로운 의미를 주지는 못한다는 거죠. 그렇기에 사전적 의미를 안다고 해서 그 단어를 이해한다고 생각하는 건 정말 얄팍할 수밖에 없다는 거예요. 오히려 더 중요한 것은 그 단어가 삶과 어떻게 연결되는가를 보고, 사람들이 언제 사전에 등재되지 않은 의미로 그 단어를 쓰는가를 보는 거거든요. 그래야 정말로 그 단어의 의미를 이해할 수 있다고 생각합니다. '자유'나 '공정'이라는 말을 사전에서 배울 것이 아니라 정치인의 말에서, 시위자들의 구호에서, 정치풍자 만화에서, 그리고 무엇보다 사람들의 발화에서 배워야 하는 이유가 여기 있습니다.

그렇게 본다면 리터러시도 마찬가지예요. 내가 단어를 수집했다고 해서, 더 많은 단어에 노출됐다고 해서 독서를 잘한 게 아니에요. 그 단어들, 말들 사이에서 내가 어떤 자리를 취할 것인가, 그 말들을 매개로 나의 삶을 어떻게 변화시켜갈 것인가를 고민하고, 그렇게 고민하는 과정에서 나만의 의미가 생겨나는 거죠. 그게 '인생이란 무엇인가'라는 개똥철학일 수도 있고, 자본주의사회가 가진 모순에 대한 논의일 수도 있고, 독서와 글쓰기라는 행위에 대한 체계적인 의견 피력이 될 수도 있는데, 그런 '나름대로의' 얘기를 하기 위해서는 그저 책을 읽고 말을 수집하는 것만으로는 안 되죠. 수집한 다음에 그것을 특정한 관점에서 엮어서 변화시키는 과정을 거쳐야만 해요. 숙성의 과정을 거쳐야만 내가 생각하는 독서, 내가 바라본 인생, 내가 생각하는 글쓰기와 자본주의에 대해 이야기할 수 있는 것이고, 그렇게 이야기할 수 있는 것들이 있을 때 새로운 세계, 새로운 개념을 전해주는 글을 쓸 수 있다고 생각하거든요. 그러지 않고 그냥 어떤 책에서 본 이야기, 또 누가 웹사이트에서 한 이야기가 두서없이 들어와 있는 거라면, 그것 자체로 의미를 생산했다고 하기는 힘들죠. 그렇게 의미의 다양성을 만들어가는 행위로서의 리터러시 활동이 돼야 한다고 생각해요.

엄기호

그렇죠. 자칫 잘못하면 단어나 문장을 수집해서 쌓아놓고는 나는 많은 걸 이해할 수 있고 많은 걸 설명할 수 있다는 착각에 빠질 수 있는데, 새로운 의미를 산출해내지는 못하는 거죠. 그 때문에 다른 사람의 삶을 깊고 두껍게 읽어내지 못하는 일이 벌어집니다. 그것 역시 성과 위주의 사회라서 생기는 일 같아요. 그런 것을 어떻게 잘 피할 것인가가 관건이에요.

조망, 일상, 반복, 관계, 윤리, 교차, 호흡

김성우

　　　　　이번 대담을 통해 그간 리터러시에 대해 생각했던 바를 정리할 수 있었고, 선생님의 문화인류학적, 사회학적 관점으로부터 많은 것을 배울 수 있었습니다. 무엇보다 선생님이 경험하신 바를 아낌없이 나누어주셔서 감사했고요. 리터러시에 관한 책을 짓는 과정이 제 리터러시가 비약적으로 성장할 수 있는 과정이 된 것 같아 기쁩니다. 대담을 마치면서, 조금 미진하다고 생각하는 부분과 앞에서 못 다한 이야기를 크게 일곱 가지 키워드로 정리해보고자 합니다.

　첫 번째 키워드는 '조망'입니다. 텍스트나 이미지, 영상 하나하나의 영역도 중요하지만 여러 미디어를 거시적으로 바라보며 성찰할 수 있는 능력을 키워야 한다는 것이죠. 《다시, 책으로》를 쓴 매리언 울프가 책이라는 전통적인 미디어와 전자미디어, 특히 영상이라는 디지털미디어를 함께 가지고 가야 한다고 말한 것은 원론적인 수준에서 맞아요. 그런 면에서 보자면, 어떤 미디어를 쓰자 말자가 아니라 두루두루 평가해낼 수 있는 능력, 이걸 오랫동안 쓰면 나의 뇌가, 내 몸의 습관이 어떻게 변할 것인가를 메타적으로, 비판적으로 조망할 수 있는 능력이 필요해요. 제가 '메타인지'라고 언급했던 대목이죠. 미디어학자들은 도구로서의 매체에 대해 종종 이야기합니다. 예를 들면 제가 삽질을 하면 당연히 삽을 잡고 몸을 움직이는 데 동원

되는 근육이 있어요. 그걸 오랫동안 쓰다 보면 저도 모르는 사이에 특정한 근육이 발달하게 돼 있는 거죠. 톱이나 호미를 쓸 때 동원되는 근육과는 다른 근육이요. 이건 삽이라고 하는 도구를 사용하다 보면 당연히 그렇게 되는 거예요. '사용한다'라고 인식하는 게 아니라 그냥 쓰게 되는 거죠. 미디어도 마찬가지인 듯해요. 어떤 매체를 통해 일상을 영위하다 보면 내가 이걸 사용하고 있다고 인식하는 게 아니라 삶의 일부가 되는 것입니다. 지각, 인지, 정서의 자연스러운 부분이 되는 거죠. 그렇게 자연스러운 생활의 일부가 되기 전에, 내가 이걸 사용할 때 어떤 장점과 단점이 있는가, 위험은 뭐고 얻을 수 있는 것은 무엇인가. 이 양날의 검에서 양날을 다 알 수 있어야 한다고 생각합니다.

두 번째 키워드는 '일상'이에요. 대담을 통해 공론장과 소셜미디어, 학교에 대한 이야기를 주로 나누었는데요. 사실 리터러시가 가장 필요한 영역은 매일 겪는 일상입니다. 그런 면에서 민주주의와 시민사회의 인프라스트럭처(infrastructure)라는 거시적 관점과 함께 '작지만 중요한 일들'에 천착하는 리터러시가 필요합니다. 예를 들어 '글로/말로 사과하는 법', '소셜미디어에서 답글 다는 법', '강의 평가란에 건설적인 코멘트 남기는 법', '택시기사와의 원하지 않는 대화를 이어가는/종료하는 법', '지하철에서 자리 양보하는/양보받는 법', '식당에서 기분 좋게 추가 주문하고 음식 받는 법', '조별 활동에서 상처 주고받지 않고 소통하는 법', '칭찬에 답하는 법', '격한 감정을 표출하는 글에 대응하는 법', '문자메시지/이메일 쓰는 법', '헤드라인만 보고 반응하지 않는 법', '아재개그의 유혹 참아내는 법', '우아하게 불만을 제기하는 법'과 같은 리터러시 행위에 관심을 가질 필요가 있습니다. 무엇보다 '자신에게 상처주지 않고 말 건네는 법', '말하고 글 쓸 필요가 없는 영역으로 사라지는 법'에 대해 생각해봐야 하지 않을까 싶습니다.

세 번째 키워드는 '반복'입니다. 독서를 할 때 텍스트 자체의 이해와 텍스트를 기반으로 한 경험이 동시에 일어나죠. 그런데 책을 처음 읽을 때는 텍스트 이해에 많은 에너지와 시간을 들일 수밖에 없어요. 다시 한 번 읽을 때에는 전자에 할당되는 자원이 확 줄어들면서 경험을 두텁게 만드는 데 쓸 수 있는 자원이 확연히 커져요. 보는 것도 마찬가지고요. 그런 면에서 재차 읽는/보는 행위는 전혀 다른 종류의 여정을 약속하죠. 영화 감상이건 독서건 '반복'은 질적으로 다른 경험이 되는 거예요. 많은 경우 첫 읽기는 저자에게로 가는 길이지만 다시 읽기는 나에게로 돌아오는 길이에요. 여러 사람이 "다시 읽지 않았다면 읽은 것이 아니다."라는 말을 하는데, 다시 읽기의 이런 속성을 반영하는 말이라고 봅니다. 이런 측면에서 '많이'보다 '반복'의 힘에 주목하는 리터러시를 상상하고 실천할 필요가 있습니다.

네 번째 키워드는 '관계'입니다. 소셜미디어에서 말문을 막히게 하는 답글을 만나는 경우가 종종 있으실 거예요. 말하려는 바를 이해하지 못하는 것은 아니지만 어떤 반응 버튼을 누를지도 모르겠고 어떤 답을 해도 애매한데 SNS라는 공간의 특성상 그냥 '버려둘' 수는 없는 답글들이죠. 이게 꽤 당황스럽거든요. 그럴 때 자기 할 말을 조리 있게 정리해서 말하는 능력만큼이나 상대의 말을 예상하고 '여지를 남기는' 지혜도 필요한 거죠. 사실 말문을 막히게 하는 답글은 일종의 방백이에요. 연극에서 방백은 상대방에게 들리지 않는 '대화의 바깥에 존재하는' 말이잖아요. 그런 말을 굳이 답글로 할 필요가 없죠. 가끔 일부러 대꾸의 여지를 주지 않으려는 분들이 있는데, 그렇게 상대를 압도하려는 의도는 대부분 대화를 좌초시키고 관계를 망가뜨리죠. 그렇기에 말하는 능력만큼이나 말하게 하는 능력, 자신의 메시지를 전달하는 능력만큼이나 대화를 지속시킬 수 있는 능력이 요구되는 거예요. 일방적인 언어만으로 대화라는 그릇을 채워버리는 우를 경계해야 해요. 오로지 한 사람의 말이 지배하는 대화라면 상대의 언어는 스미지 못하죠. 한 개인이 리터러시를 과시함으로써 사회의 리터러시 역량은 감소시키는 결과를 낳는 거예요.

다섯 번째 키워드는 '윤리'입니다. 보통 윤리라고 하면 거창하게 생각하는 경향이 있지만, 사실 우리가 단어 하나하나를 선택하는 과정에 윤리적 측면이 개입하죠. 얼마 전 온라인상에서 비판의 대상이 되었던 작명이 있었어요. 바로 '버닝쏘대국밥집'과 '버닝선대인'인데, 국밥집과 프로그램 이름을 저렇게 지은 거예요. 여기에서 타인의 말을 자기 말이나 글로 가져올 때의 윤리를 생각해볼 수 있어요. 아마도 저 이름을 택한 사람들은 주목받는 말장난을 원했겠죠. 사람들의 흥미를 일으켜 한 번 더 쳐다보게 하는 효과를 노리면서요. 그런데 여기에서 가장 큰 문제는 이들이 복잡다단한 세계에서 말만 달랑 떼어오려 했다는 점이에요. '버닝썬'이라는 말이 태어난 자리의 착취와 잔혹함, 분노와 고통은 아랑곳없이 말의 힘만을 가져오려 한 거죠.

저는 이런 행위가 윤리적이지 못하다고 느낍니다. 말은 사전 위에 적혀 있는 것이 아니라, 진공 상태에 떠다니는 것이 아니라, 세계와 인간과 관계 속에 뿌리박고 또 투쟁하고 있기 때문이죠. 그 말 주위로 권력과 욕망, 아픔과 분노가 교차하고 있는 거예요. 그렇기 때문에 말을 가져오고 이름을 정하는 데 필요한 윤리는 세계를 만나고 해석하는 윤리이고, 말이 자라난 사회정치적 토양에 대한 살핌의 윤리이며, 무엇보다도 그 말로 엮여 있는 사람들에 대한 윤리죠. 삶과 세계를, 거기 살고 있는 감정과 모순을 지워버리고 말만을 가져다가 자신의 이익에 복무시키는 행위는 결코 가볍지 않아요. 이건 단순히 말실수라기보다는 인간에 대한 망각, 맥락에 대한 몰이해, 나아가 자기 중심성으로의 한없는 함몰이라고 볼 수밖에 없는 거죠. 그렇기에 항상 기억해야 할 것이 있어요. 러시아의 문학평론가이자 이론가인 바흐친이 간파했듯이 우리의 말은 원래 다른 누군가의 말이었고 우리의 조어는 결코 완벽한 창조가 아니라는 점, 말이 우리 곁에 올 때 세계가, 사건이, 무엇보다 사람들의 피땀과 눈물이 함께 따라온다는 사실이에요. 말을 쓰는 것은 늘 삶에 잇대는 행위이고, 새로운 세계를 지어가는 일이에요. 그런 면에서 리터러시의 습득은 책임 있는 윤리적 주체로서의 성장과 떼어놓을 수 없어요.

여섯 번째 키워드는 '교차'입니다. 리터러시가 마치 그 자체로 평가될 수 있는 독립적 요인이라고 생각해서는 안 됩니다. 리터러시를 시험 점수로 생각하는 경우도 있지만 실제 삶 속에서 리터러시는 사회적인 관계, 경제적 조건, 정보 접근성, 언어 능력 같은 다양한 요인의 영향을 받는다는 거죠. 예를 들어 결혼이주여성의 건강 문해력(health literacy)을 보죠. 이들의 건강 문해력을 개인이 갖고 있는 능력으로 환원시켜 이해하는 것은 부적절하며 위험하기까지 해요. 이주여성 한 사람 한 사람이 건강에 대해 얼마나 많은 지식과 정보를 갖추었느냐만 본다면 전체 그림을 완전히 놓쳐버리는 것이죠. 이들의 건강 문해력을 제대로 이해하려면 한국에서의 체류 기간, 출신 국가, 연령, 동거 가족의 수, 학력수준, 한국어 유창성 및 주관적으로 느끼는 건강감 등을 함께 살펴야 해요(안지숙·김혜련·양숙자, 2013: 381). 나아가 한국으로 이주하기 전의 삶, 이주의 과정, 이주 후 함께하게 된 가족들의 사회경제적 상황, 그들과의 관계, 가사노동의 강도, 지역의 의료서비스, 정보 및 미디어 리터러시, 제2언어 능력 등을 종합적으로 고려해야 하는 것이죠. '사회적 역량'이라는 관점에서 살펴봤듯이, 리터러시를 개인이 쌓은 지식의 총체로 보는 관점은 구체적 상황에서 무엇 하나 설명해내지 못해요. 물고기가 아무리 빨라도 물이 없으면 헤엄칠 수도, 생존할 수도 없듯 말이죠. 그렇기에 리터러시는 홀로 작동하지 않고 언제나 사회문화적, 경제적, 언어적 요인이 교차하는 곳에서 역동적으로 구성된다는 점을 잊지 말아야 합니다.

마지막 키워드는 '호흡'이에요. 어떤 매체든 마찬가지겠지만 영상 매체의 급부상과 독서량의 감소라는 측면에서 텍스트 문해력에 대해 생각해볼 지점이 있다고 생각합니다. 대담의 서두에서도 언급했지만, 긴 호흡의 텍스트를 읽고 쓰는 일에 대한 부담이나 진입장벽이 점점 높아지는 것 같은데요. 저는 책이라는 매체를 통해 긴 호흡의 대화를 꾀하는 일은 인간의 '단기기억'에 대한 사회문화적 반역이라고 생각해요. 하루만 지나도, 포털의 검색 순위만 바뀌어도, 삶의 흐름을 놓치는 우리를 구해내려는 필사의 노력일지 모르는 거죠. 책 이외에도 볼 것이 많지만, 구텐베르크 은하계 이후 출판을 기반으로 한

문화가 문명의 인프라를 이뤘다는 걸 부인할 순 없어요.

책이라는 매체는 다른 어떤 매체보다 엮어내는 데 오랜 시간을 요한다는 데 그 특징이 있죠. 집필의 과정에서 작가는 시간과 경험을 단어에, 문장에, 그리고 행간에 새겨 넣어요. 편집자는 그 과정 하나하나를 모니터하며 텍스트의 방향을 설정하고 스타일을 잡아나가죠. 긴긴 시간이 압축되어 텍스트에 담기는 거예요. 그렇게 시간을 가로지르며 엮어낸 경험과 개념, 관점이 책으로 만들어지고, 이것이 독자에 의해 읽히면서 '공동의 기억'으로 확산되고 재창조되죠. 이 과정에서 텍스트의 가치가 드러난다고 생각해요. 세계는 텍스트를 매개로 기록되고, 이것은 다시 우리 머릿속의 기억이 되어 삶을 이해하는 틀이 되고, 하루를 살아낼 다짐이 되고, 새로운 것을 만들어낼 정보가 되는 거죠.

《빅데이터 인문학: 진격의 서막》의 저자들은 구글북스 데이터 분석에 기반해 인류의 집단기억이 점점 더 단기 이슈에 집중되고 있다는 걸 보여줘요(에레즈 에이든·장바티스트 미셸, 2015). 유행어의 생애주기가 점점 짧아지고 있다는 거죠. 빨리 뜨고 빨리 퍼지고 빨리 잊는다는 거예요. 이것만으로 우리가 집단 기억상실을 앓고 있다고 단정할 수는 없어요. 하지만 대중적인 이슈가 더 많이, 더 빠르게 등장하고 사라진다는 점은 부인할 수 없습니다. 저도 그렇지만 많은 사람이 실시간 검색어 순위와 타임라인에 휩쓸려 중요한 사건조차 다시 돌아보지 않아요.

우리는 영상매체의 급성장과 책으로 대변되는 전통적인 매체의 쇠락이 어떤 인지적, 사회적 결과를 초래할지 아직 잘 모르는 상태예요. 하지만 한 가지 염두에 두어야 할 것은, 미디어 생태계의 변화가 긴 텍스트를 쓰고 읽고 토론하는 가운데 얻을 수 있는 인간과 역사에 대한 감각을 보전하고 확장할 수 있느냐예요. 반드시 텍스트여야 한 다든가, 영상이나 인터넷이라 안 된다는 게 아니에요. 하지만 이슈가 등장과 동시에 퇴장한다는 것, 미디어 생산/소비의 호흡이 짧아진다는 사실은 세계에 대한 우리의 태도에 중대한 변화를 가져올 수 있다는 점은 명확해 보여요. 긴 글을 읽지 않는 사람들은 누군가의 요약본을 원하죠. 이제 그들의 머리는 '요약하는 사람들'이 점령하게 되고요. 장문을 읽을 수 있느냐 없느냐는 단순히 인내력의 문제가 아닌 거죠. 긴 글을 쓰고 읽어내는 건 어쩌면 요동치는 사회의 흐름을 이해하는 실천적 행위일지 몰라요. 인간과 사회, 세상사는 언제까지나 복잡할 테니까요.

그런 면에서, 리터러시 교육의 방향을 정할 때 '잊지 않는 힘'을 어떻게 기를 것인가의 문제를 고려해야 한다고 생각해요. 지식의 편재, 검색 효율의 증가에 따라 암기의 중요성이 점점 줄어들고 있는 시대라지만, 이런 변화가 망각을 부추기는 기제가 되지 않도록 함께 노력해야 한다는 거죠. 이를 위해서는 사회적으로 가치 있는 정보를 충실히 쌓는 아카이빙의 문제가 본격적으로 논의되어야 하고, 이를 잘 캐내고 분석해 가치 있는 미디어로 변환하는 방법이 널리 확산되어야 하고, 이런 일들을 하는 사람들에게 합당한 보상이 주어져야 하죠. 속보와 단독보다는 상보와 발굴, 깊이 있는 분석과 종합에 더 큰 점수를 주어야 한다고 봅니다.

이렇게 리터러시의 과제를 '잊지 않기'의 문제로 생각할 때 앞으로 우리 사회가 해야 할 일들이 좀 더 구체화될 수 있다고 봐요. 역사를 망각하지 않기 위해, 서로의 삶을 잊지 않기 위해 우리가 해야 할 일은 무엇일까? 우리 앞에 놓인 다양한 정보와 매체를 어떻게 반-망각기제로 활용할 수 있을까? 세계가 끊임없이 지워내고 있는 사람들을, 시간들을 어떻게 우리의 기억에 머물게 할 수 있을까? 함께 머리를 맞대고 생각해야 할 질문이라고 봅니다.

이렇게 '조망', '일상', '반복', '관계', '윤리', '교차', '호흡'이라는 일곱 개의 키워드로 이번 대담을 마무리해보았습니다. 대담 전반을 관통하는 주제와 함께 이들 키워드를 기반으로 삶을 위한 리터러시를 겸허히 돌아볼 수 있을 것 같습니다.

──────── **좋은 삶을 위한 리터러시**

엄기호

선생님이 우리가 나눈 대담을 일곱 가지의 키워드로 훌륭하게 정리해주셨습니다. 리터러시가 삶에 보탬이 되고 삶을 더 풍요롭게 하는 도구가 되려면 '일상'을 중심으로 우리가 살아가는 복잡한 세계에서 다양한 것들이 어떻게 '교차'하는지를 '조망'하는 힘이 되어야 하며, 그러기 위해서 '반복'적으로 긴 '호흡'을 가질 필요가 있으며, 그럴 때 비로소 '관계'를 구축해낼 수 있는 '윤리'적 주체가 된다는 점을 말해주셨습니다. 여기에 제가 더 보탤 말은 없습니다.

이 대담을 돌이켜보면, 선생님과 제가 '리터러시'에 대해서는 많은 이야기를 나누었지만 의외로 '삶'에 대해서는 그다지 논의하지 않았다는 것을 알 수 있습니다. 이 대담의 주제가 '삶을 위한 리터러시'라는 점에서 보면 이것은 놀라운 일입니다. 두 명이 만나 대담을 나눌 때는 무엇보다 주제에 대한 각자의 정의가 무엇인지를 분명하게 밝히고 시작해야 하는데 말이죠. 그런데도 선생님과 저는 마치 '삶'이란 무엇인가에 대해 이미 공유하고 있는 공통의 정의가 있는 것처럼 가정하고 이야기를 나눴습니다. 그것이 사실이었다는 것을 선생님의 일곱 가지 키워드로 알 수 있어서 더욱 기쁩니다.

선생님이 '리터러시'에 대해 정리를 해주셨으니, 저는 '삶'에 대해 이야기를 보태면서 이 대담을 마칠까 합니다. 이 정리에서는 제가 이미 《공부 중독》이나 《공부 공부》 그리고 《고통은 나눌 수 있는가》라는 책에서 이야기한 내용이 반복되는 것을 용서해주시기 바랍니다. 선생님이 리터러시를 정리하면서 말씀하신 것처럼 '반복'은 정말 중요합니다!

삶이란 무엇일까요? 그리고 그것은 왜 중요할까요? 이 질문에 단칼에 대답할 수 있는 사람은 득도하지 않은 한 없을 것입니다. 동시에 이 질문은 매우 어리석어 보이기도 합니다. 왜냐하면 누구나 가장 중요한 주제이자 근심거리로 생각하는 것이 바로 '삶'이기 때문입니다. 즉자적으로 생각해보더라도 인간 삶의 가장 궁극적인 질문은 '삶'입니다. 왜 사는가, 어떻게 살 것인가. 심지어 '나는 누구인가'라는 질문에 앞서 있는 것이 '왜 사는가/어떻게 살 것인가'라는 질문이죠. 정체성에 앞서 삶의 의미가 더 궁극적인 질문입니다.

그런데 이렇게 중요한 질문에 대해 다수의 사람은 답이 이미 정해져 있는 것처럼 가정합니다. 삶의 의미와 가치에 관해 생각하기보다는 이미 그것은 주어져 있으니 어떻게 달성할 수 있을 것인가에 대해서만 고민합니다. 이런 점에서 저는 '삶을 위한 리터러시'는 첫 번째로, 이미 '가정되어 있는 삶'이 아니라 삶이란 무엇인가에 관해 '고민하는 역량'을 키워가는 과정이라고 생각합니다. 삶을 위한 도구일 뿐만 아니라 삶 자체를 생각하고 이해하는 과정이어야 한다는 것이죠.

이런 리터러시에 가장 능숙했던 사람이 아마 그리스인들이었을 것입니다. 그들이 가장 열심히 고민했던 것이 바로 삶입니다. 그것도 그냥 삶이 아니라 '좋은 삶'이었습니다. 이들이 삶 앞에 '좋은'이라는 수식어를 붙인 것은, 주어진 대로 그저 살아서는 안 되며 그렇게 사는 것은 좋은 삶이 아니라고 생각했기 때문입니다. 인간은 모두 자기 의지와 상관없이 태어납니다. 우리는 세계에 내던져진 존재이며, 그때부터 삶은 주어집니다. 그렇다고 이렇게 수동적인 존재로만 살아갈 수는 없습니다. 좋은 삶이란 비록 우리가 내던져진 존재이지만 내던져진 그 순간부터 왜 사는지, 어떻게 살아야 하는지를 고민하면서 주체가 되는 삶입니다.

그렇기 때문에 우리는 무엇보다 삶이란 무엇이며, 좋은 삶이란 무엇인지를 생각할 줄 알아야 합니다. 그리스인들은 어떤 삶이 좋은 삶인지에 대한 질문이 사람에게 무엇보다 중요한 질문이라는 것을 잘 알고 있었습니다. 왜냐하면 그들이 보기에는 이 질문을 던짐으로써만 인간은 비로소 주인의 삶을 살아갈 수 있기 때문입니다. 주어진 대로 살아가는 노예의 삶이 아니라 주어진 것을 활용해서 주체적으로 살아가는 삶 말입니다. 삶에 대한 이해가 있어야만 사람은 비로소 자기 스스로를 해방하여 자유로워질 수 있습니다. 그렇기 때문에 저는 삶을 위한 리터러시란 두 번째로, 사람을 해방하고 자유인이 되게 하는 자유의 도구여야 한다고 생각합니다.

사람을 노예의 삶에서 해방하여 자유롭게 하는 길은 주어진 것을 '활용'하는 것입니다. 활용을 통해 자기 삶에 나름의 형식을 부과할 줄 알아야 합니다. 이렇게 주어진 것을 활용하기 위해서는 무엇보다 주어진 것에 대해 알아야 합니다. 무엇이 주어졌고, 그것을 어떻게 활용할 수 있는지를 알아야겠죠. 리터러시는 말 그대로 읽을 줄 '앎'입니다. 무엇을 읽을 줄 아는가? 저는 동양의 전통에 따라 우리가 읽을 줄 알아야 하는 것이 천문과 인문, 두 가지라고 말하곤 합니다.

천문(天文)과 인문(人文)의 문이 문해력의 바로 그 '문(文)'입니다. 이 대담의 주제죠. 그런데 이 문 앞에 실 사(絲) 변을 붙이면 무늬 문(紋) 자가 됩니다. 인문과 천문의 '문'을 '무늬 문'으로 바꾸어 생각해보면 사람과 하늘의 무늬를 읽는다는 뜻이 되는 거죠. 멋지지 않습니까. 이렇게 보면 별자리가 하늘의 무늬가 됩니다. 바람과 비를 읽는 것도 하늘의 무늬를 읽는 게 돼요.

고대에 천문학이 발달한 이유가 여기에 있습니다. 그래야 농사와 항해와 무역에 활용할 수 있었겠죠. 세계에서 가장 신비로운 문명이라고 불리는 마야문명을 보면, 철기를 사용하지는 못했지만 그들의 달력은 완벽에 가깝습니다. 현대 나사(NASA)가 측정한 것과 다르지 않아요. 천문을 읽을 줄 알았기에 농사를 짓고 재해를 피하며 자신들의 포르투나(fortuna, 운명)를 헤쳐나가며 자신들만의 삶의 양식, 즉 문화를 만들어낼 수 있었습니다. 주어진 것으로서 자연현상을 읽어낼 줄 알았기 때문에 거스르지 않고 활용하여 스스로를 해방시킬 수 있습니다. 이런 점에서, 리터러시는 정말로 자유롭기 위해 필요합니다. 문자 그대로 '진리가 너희를 자유롭게 하리라'인 것이죠.

물론 그 문화에 의해 억압받고 착취당하고 죽임을 당하는 사람들도 있었습니다. 지배와 피지배의 관계를 천문을 이용해서 만들기도 하죠. 문화는 누군가에게는 스스로의 삶에 형식을 부여하는 자유의 도구입니다만 누군가에게는 억압의 기제이기도 합니다. 천문학을 이용해 피지배 계급을 착취하고 죽이는 것은 많은 문명에서 흔한 일이었습니다. 그렇기에 천문을 읽을 줄 아는 자들이 자신들이 가진 읽는 역량을 지배의 역량으로 전환하는 것에 저항해야 합니다. 그것은 피지배자들이 천문을 읽는 것을 넘어 인문을 읽는 역량을 가져야 한다는 것을 의미합니다.

저는 억압과 지배를 당하는 사람들이 어떻게 천문에 대한 문해력을 넘어 인문에 대한 문해력을 가질 수 있는지에 대해 파울로 프레이리만큼 위대한 교육자를 만나지 못한 것 같습니다. 그의 《페다고지》는 읽어도 읽어도 감동을 주는 고전이에요. 억압받는 자들이 그저 무식하고 무지한 자들이 아니라는 것, 이미 그들의 말과 앎 안에 문해력이 내장되어 있다는 것을 잘 보여줍니다. 다만 그 내장된 이해를 이끌어내 발현시키는 것, 그것이 교육의 역할이며 우리는 거기에 힘써야 한다는 것을 강조합니다.

《페다고지》의 입장에서 보면 문해력의 방향이 바뀝니다. 즉 민중이 천문과 인문에 대해 무지한 것이 아니라 민중을 대하는 지식인들이 그들의 언어에 대해 무지한 것이 되죠. 어쩌면 이 이야기야말로 선생님과 제가 이 대담에서 말한 리터러시에 더 가까울지도 모르겠습니다. 리터러시가 바벨탑을 쌓는 것이 아니라 사람과 사람 사이에 다리를 놓는 것이라고 한다면, 우리가 무엇보다 먼저 해야 하는 일이 내가 대화를 나누고 있는 사람을 이해하는 것이에요. 문제는 내가 대화를 나누는 사람이 교과서적으로 정확하게 말을 하고 글을 쓸 가능성은 매우 낮다는 것이죠. 대부분의 사람은 두루뭉술하게 말을 하거나 얼버무리기도 하죠. 또 상대의 말을 잘 이해하지 못하는 경우도 많아요. 이럴 때 우리가 그 사람을 비난하기보다는 그 사람의 말과 태도, 분위기의 '무늬'를 읽을 줄 안다면 그 사람과 나 사이에 바벨탑이 아니라 다리가 놓이겠죠.

제가 겪은 일이 좋은 예가 될 텐데요. 제가 타이완의 온천에 갔을 때의 일이에요. 관광객이 많이 모이는 온천인데, 한 무리의 청년들이 왔어요. 몸에는 근사한 문신이 새겨져 있었어요. 한 청년은 앙코르와트를 어깨 부분에 새겼더군요. 그 청년들은 누가 보더라도 세련된 취향을 가진 사람입니다. 두 번째로 조폭들이 들어왔어요. 조폭들 문신 잘 아시죠? 용과 호랑이, 기모노를 입은 여자, 그리고 '착하게 살자'류의 글자예요. 초등학생이 보더라도 조폭이라는 것을 알 수 있죠. 그 몸의 무늬를 읽었기 때문에 내가 어떻게 행동해야 할지도 잡히죠. 전자의 청년들은 피할 필요가 없지만 후자를 만나면 자기도 모르게 몸을 움츠리게 돼요.

그리고 잠시 후 할아버지들을 봤습니다. 인문사회과학의 언저리에 있는 사람으로서 충격을 받았어요. 아무 무늬도 없는 거예요. 그저 문신이 없었다는 말이 아니에요. 관상을 보는 것은 아니지만 그래도 사람의 무늬를 읽는 걸 직업으로 삼은 사람인데, 그들의 밋밋한 몸에서는 아무런 무늬도 읽어낼 수 없었어요. 그 순간, 내가 뭘 공부했나 하는 자괴감이 좀 들었습니다. 문화이론에서는 오랫동안 사람의 취향과 몸, 패션, 행동거지 등이 얼마나 계급적으로 '구별짓기'되는지를 연구해왔고 저는 그걸 공부한 사람인데도, 그들의 몸에서 아무런 무늬도 읽어낼 수 없었던 거예요. 읽어낸다는 것은 구분한다는 것입니다. 그런데 누가 봐도 구분할 수 있는 세련된 문신과 조폭의 문신만 구분할 줄 알지 다른 몸을 읽어낼 줄 모른다면 그와 나 사이에 어떤 다리 놓기가 가능하겠습니까.

선생님과 제가 강조하는 '다리 놓기로서의 리터러시'란 말하지 못하고 글로 표현하지 못한 것까지 읽어내는 역량이라고 말하고 싶습니다. 그리고 이 점에서는 리터러시를 문제 삼는 사람들이 자신의 리터러시를 문제 삼을 줄 알아야 비로소 새로운 길이 열린다는 것을 강조하고 싶어요. 어쩌면 저는 '안다는 자'의 윤리에 대해 이야기하고 있는 것인지도 모르겠습니다. 안다는 자가 모르는 자를 '난독'이니 '배움은 셀프'니 하며 조롱할 것이 아니라 그들의 말을 읽어낼 수 있는 역량을 갖춰야 한다는 것을 강조하는 점에서 그렇습니다.

독일에서 철학을 공부하고 있는 김강기명이라는 제 친구가 예전에 이런 말을 한 적이 있어요. 진보적인 사람들이 '좋은 삶'에 대한 비전을 놓치고 '옳은 삶'에만 천착하면 필패할 수밖에 없다고요. 그 옳은 가치들이 필연적으로 사람들을 억압하는 역할을 하게 될 것이기 때문에, 사람들은 그 억압이 없던 '좋은 시절'로 돌아가고 싶어한다는 말이었어요. 저는 이 말이 선생님과 제가 이야기하는 '바벨탑'으로서의 리터러시와 '다리'로서의 리터러시의 차이를 표현해준다고 생각합니다.

선생님과 제가 말하는 '리터러시'는 '좋은 삶'을 살아가기 위해 필요한 역량입니다. 그래서 제가 이 마무리의 시작을 리터러시 앞의 '삶'에 대해 감히 이야기하겠다고 말한 것입니다. 삶의 리터러시, 삶을 위한 리터러시란 '좋은 삶'을 위한 리터러시입니다. '옳음'이라는 이름으로 타자의 삶을 억압하는 리터러시가 아니에요. '좋은 삶'을 생각하도록 모두를 초대하는 것이 삶의 리터러시입니다. 이런 점에서 리터러시는 모두를 해방하고 자유롭게 하며, 그 자유로운 사람들이 서로서로 다리를 놓으면서 그것이 바로 '좋은 삶'이라는 것을 깨달아가는 과정이 아닐까 합니다.

이를 위해서 저는 각자의 몸, 그리고 그 몸에 새겨진 무늬를 읽을 줄 알아야 한다고 다시 한 번 강조합니다. 글과 책이 어떤 시대에 어떤 세대의 사람들에게 몸이었고 그 몸에 새겨진 무늬였으며 몸의 변신 수단이었고 그 사람들의 말이었다면, 지금은 이미지와 유튜브가 몸이고 그 몸에 새겨진 무늬이자 말이며 변신 수단이 된 시대인지도 모르겠어요. 그렇다면 그 몸에 새겨진 무늬를 읽어낼 수 있어야 하며, 그 몸과 소통할 수 있어야 하겠죠. 그 변신 수단의 의미와 가치를 알아야 합니다. 그리고 그 몸을 보호하는 법 또한 배우고 존중할 수 있어야 합니다.

삶의 리터러시, 삶을 위한 리터러시란 '좋은 삶'을 위한 리터러시입니다. '옳음'이라는 이름으로 타자의 삶을 억압하는 리터러시가 아니에요. '좋은 삶'을 생각하도록 모두를 초대하는 것이 삶의 리터러시입니다. 리터러시는 모두를 해방하고 자유롭게 하며, 그 자유로운 사람들이 서로서로 다리를 놓으면서 그것이 바로 '좋은 삶'이라는 것을 깨달아가는 과정이 아닐까 합니다.

약간 빗나간 이야기인 것 같지만, 불법 유출 동영상이 생각보다 더 큰 문제임을 기성세대가 잘 이해하지 못하는 이유가 여기에 있습니다. 기성세대에게 유출된 동영상은 원본인 자기 몸의 불법 복제물이에요. 그래서 원본의 존엄을 훼손하지는 못한다고 생각하는 사람이 많죠. 반면 이미지와 영상이 그저 몸의 복제물이 아니라 확장이며 변신인 사람들에게 불법 유출 동영상은 자신의 존엄에 대한 직접적인 훼손이에요. 이것은 매체를 도구로만 보지 않고 '변신'이라는 관점에서 볼 때 더 확실히 보여요. 이런 차이에도 불구하고 "그거 별 거 아냐."라고 말하는 것이야말로 삶의 리터러시라는 관점에서 볼 때 '문맹'이 되는 것입니다.

삶의 리터러시란 변신의 도구와 과정을 이해하는 것이고, 삶을 위한 리터러시는 그런 변신을 다채롭게 하는 것입니다. 책이 주는 변신의 힘이 있습니다. 동영상이 주는 변신의 과정과 힘, 그리고 가능성은 책의 그것과는 다르죠. 그렇다면 가능한 역량 안에서 저는 책을 통한 가능성과 영상을 통한 가능성 모두를 가지는 것이 삶을 더욱 풍요롭게 할 것이라고 생각해요. 선생님이 소개해주신 멀티리터러시라는 개념에 주목해야 하는 이유입니다. 인간의 가능성을 확장하는 것을 포기할 이유는 전혀 없지 않겠습니까!

변신이야말로 인간의 오랜 꿈입니다. 그래서 저는 리터러시란 변신의 역량이라고 말하고 싶습니다. 개인적으로 보면 다양한 존재를 만날 때마다 그 다양한 존재에 걸맞게 자신을 변신해 드러내고 계시할 수 있는 역량이며 그를 통해 개인과 개인들이 적절하게 관계를 맺으며 인간에게 주어진 운명을 헤쳐가는 역량이 리터러시입니다. 그

것이 나를 자유롭게 하고 다른 사람을 그 해방에 초대하는 '좋은 삶'
이 아닐까요.

선생님과 제가 이 대담에서 나눈 '삶의 리터러시'란 바로 이 '좋은
삶을 위한 리터러시'일 것입니다. 이 대담이 좋은 삶을 위한 저의 리
터러시를 확장하는 시간이어서 저는 무엇보다 기쁩니다. 그리고 이
대담이 다른 사람들도 이 '좋은 삶'을 위한 리터러시에 초대하는 글
이 되기를 소망해봅니다.

김성우

저 또한 이번 작업을 시작으로 '새로운 리
터러시', 나아가 '삶을 위한 리터러시'에 대한 논의가 활발해졌으면
하는 바람입니다.

선생님과 텍스트와 영상에 대한 이야기를 주로 나눴지만 저희 두
사람 모두 '텍스트 세대'에 속할 겁니다. 영상을 수업이나 집필에 활
용하긴 하지만 기본적으로 텍스트를 짓는 일을 업으로 삼고 있는 사
람들이니까요. 그렇기 때문에 텍스트와 영상의 균형, 텍스트를 발판
으로 하는 영상으로의 진입, 새로운 시대에 리터러시가 가야 할 길
등에 대해 주로 이야기했어요. 이걸 한계라고 부를 수도 있고 선생님
과 제가 가진 강점이라고 생각할 수도 있지만, 근본적으로 '디지털
네이티브'나 '유튜브 세대'라고 불리는 집단의 관점을 오롯이 녹여내
지 못했다는 건 부인하기 힘들 것 같습니다.

얼마 전 타계한 노벨문학상 수상자 토니 모리슨은 "정의는 정의당
한 자들이 아니라 정의한 자들에게 속하는 것이다(Definitions belong to

the definers, not the defined)."라는 말을 남겼죠. 리터러시를 논의하는 맥락에서 나온 말은 아니지만, 현재의 '리터러시 생태계의 변동'을 사유할 때 우리가 반드시 던져야 하는 질문의 단초가 되는 말이라고 생각합니다. 바로 '누가 리터러시를 정의하는가'라는 질문이죠. 이는 다시 누가 리터러시의 평가 방식을 정하는가, 그렇게 해서 나온 결과는 누구에 의해 어떻게 활용되는가, 리터러시는 사회적으로 어떤 차별과 기회를 만들어내는가, 공공성에 기반한 리터러시 생태계를 어떻게 만들어갈 것인가 같은 질문들로 연결돼요. 그런데 흔히들 '디지털 네이티브'라고 불리는 이들은 아직 리터러시를 정의하고 평가할 위치에 있지 않죠. 리터러시를 권력화할 수 있는 단계에 진입하지 못한 거예요. 그렇다면 그들이 리터러시에 관련된 정책을 디자인하고 실행할 수 있는 자리에 올랐을 때 리터러시를 어떻게 정의하고 권력화할 것인가를 생각해봐야 할 듯합니다. 그 작업은 미래를 기약하는 것이 아니라 바로 지금 여기에서 시작되어야 한다고 믿습니다.

마치며

말 걸기에서 응답하기로,
삶을 향한
연구 방법론으로서의 대담

/ 엄기호

김성우 선생님과 대담을 나눠야겠다는 생각을 오래전부터 했다. 그분이 페이스북에 쓰시는 글에는 내가 고민하고 있는 '삶을 향한 교육'을 더 풍부하게 해주는 배움이 있었다. 많은 사람이 '삶을 위한 ○○'을 표방하지만 대부분 그 ○○이 실용적인 것을 의미하여 실망한 경우가 많았다. 그러나 김성우 선생님이 쓰시는 글은 무엇보다 '삶에 대한' 이해가 깊었다. 그래서 만나 대담을 나누며 꼭 배움을 청하고 싶었고, 이 책은 그 배움의 결과물이다.

리터러시라는 이 대담의 내용도 내용이지만 나는 대담이라는 형식을 통해 배움의 방법론, 즉 페다고지를 한번 실천하고 상연해보고 싶었다. 배움이 여전히 가능하다는 것과, 그 배움의 다이내믹이 어떤 것인지를 보여주는, 그런 방법론으로서 대담을 해보고 싶었던 것이다.

페다고지는 내 삶의 화두였다. 배움의 방법론은 가르치고 배우는 것에 관심을 가진 나의 핵심적인 주제였다. 모르는 것을 어떻게 알 수 있는가는 나에게 신비로운 질문이었다. 배워서 깨닫는 순간의 희열을 부족하게나마 맛본 사람으로서, 그 희열을 다른 사람은 어떻게 경험할 수 있는지를 알고 싶었다. 특히 내가 방법론에 힘을 많이 쏟게 된 것은 석사를 마치고 모 대학에 강의를 갔던 경험 때문이다. 다른 책에서도 말한 바 있지만 다시 한 번 소개하겠다.

석사를 마친 후 연세대학교에서 한 학기 동안 조교로서 가르치는 일을 보조했다. 그 강의에 대한 학생들의 반응이 좋은 편이어서 한 전문대학에서 강의 제안을 받았다. 자신만만했던 나는 제안을 받아들였다. 그러나 강의는 첫날부터 실패였다. 내가 하는 말을 학생들은 거의 알아듣지 못했다. 그들의 '무지함'을 한탄했다. 강의를 할 때마다 "어떻게 이런 걸 모를 수 있을까?"를 연발했다. 강의 가는 날은 나에게 악몽이 되었다.

그러던 어느 날 문득 이런 생각이 들었다. 저 학생들이 무식해서 내가 하는 말을 못 알아듣는 것이 아니라 저 학생들이 알아듣게 설명하는 역량이 나에게 없는 것 아닌가 하는 생각 말이다. 대표적인 것이 '구조'였다. 사회학에서 구조라는 말은 공기와 비슷한 것이다. 구조의 의미를 비유로 풀어줄 수는 있어도 그 정의를 모르는 사람에게 뜻 자체를 설명하는 것은 쉽지가 않다. 왜 이것도 모르냐고 답답해하며 질책만 할 뿐이다. 내가 딱 그 짝이었다.

그리고 나서 돌아보니 내가 그들의 삶에 무지하고 그들의 말을 못 알아듣고 있었다. 그때 결심했다. 구조라는 말을 저들의 말로 설명할 수 있거나 아니면 그 말을 안 쓰고도 설명할 수 있는 역량이 생기지 않으면 가르치는 일을 다시 하지 않겠다고 말이다. 그리고 우연히 기회가 닿아 이 나라 저 나라를 떠돌아다니면서 다양한 사람들을 만나 손짓 발짓으로 이야기하는 삶을 꽤 오랫동안 살았다.

가르치기 위해서는 그들의 말을 먼저 이해해야 했다. 그들의 삶에 뿌리박고 있는 그 말을 이해하기 위해서는 그들의 삶을 이해해야 했다. 그들의 삶을 이해하기 위해서는 나와 다른 맥락 속에 있는 그들의 경험을 이해해야 했다. 손짓 발짓으로 말하는 삶을 살면서 나는 여러 스승을 만나 그 경험을 이해하는 법을 조금씩 배워갔다. 그들의 경험을 이해하면서 그 경험이 뿌리박혀 있는 삶 전체를 조금씩 이해하게 되었다. 그러면서 내가 하고 싶은 말을 그들의 말로 하는 법을 조금씩 배웠다.

사람은 좀처럼 자기 말의 바깥으로 나가려고 하지 않는다. 바깥으로 나가는 순간 자신의 정당성이 흔들릴 수 있기 때문이다. 또한 바깥으로 나가는 순간 말을 잃어버리기 때문에 생각을 무척 많이 해야 한다. 생각을 많이 하는 것만큼 피곤한 일이 없다. 피곤한 일을 피하며 자기 정당성을 흔들지 않기 위해 제일 좋은 일은 자기 말의 바깥으로 나가지 않고 안에 똬리를 틀고 앉아 있는 것이다. 이 때문에 가르치는 일은 힘들고 배움은 잘 일어나지 않는다.

따라서 배움의 방법론의 핵심은, 배우는 일이 자기의 정당성을 흔들고 머리를 아프게 하지만 그것을 뛰어넘는 기쁨을 준다는 경험을 하게 하는 것이다. 그 기쁨이 골치 아픔보다 훨씬 더 크고 무엇으로도 대체할 수 없음을 경험할 때 사람은 배움에 기꺼이 나서게 된다. 이 경험이 있어야만 "선생님, 다시 한 번 해볼게요."라는, 가르치는 이가 가장 좋아하는 말을 배우는 이가 하게 된다.

소크라테스의 '대화법'에서 리처드 세넷의 '변위'에 이르기까지,

내가 '말 걸기'라고 부르는 방법론은 대화를 나누는 상대에게 그 기쁨을 알게 하는 기술이다. 소크라테스와 대화를 나누며 자기를 배려하는 법에 무지하다는 사실을 깨달은 알키비아데스는 자기가 무지하다는 부끄러움보다 자기에 대해 알았다는 기쁨을 더 크게 느꼈을 것이다. 무지에 대한 수치보다 배웠다는 기쁨을 더 크게 하는 것이 배움의 방법론에서 핵심이다.

한국으로 돌아와 가르치는 일을 하면서 '말 걸기'는 가르치는 방법론으로 아주 쏠쏠했다. 학생들이 쓴 쪽글에 답글을 달아주고 학기말에는 학생 각자에 맞는 시험 문제를 개별적으로 내주고 그걸로 말을 거는 것은, 피곤하지만 학생들의 성장을 본다는 점에서 기쁜 일이었다. 배우는 이가 성장하는 모습을 보는 것만큼 큰 기쁨이 가르치는 이에게 또 있겠는가.

또한 말 걸기는 사람의 마음, 혹은 주체성(subjectivity)에 대한 연구 방법론으로서도 쏠쏠했다. 내가 한 질문에 대해 의도한 대답을 듣는 것뿐만 아니라 묻는 나도, 대답하는 그도 알지 못하던 사실을 발견하는 기쁨이 있었다. 인터뷰가 끝난 후 인터뷰이가 자기에 대해 모르던 것을 알게 되었다며 기뻐할 때, 조사연구자로서 나는 '두껍게 기술하기'에 부족하게나마 다가설 수 있었다. 《이것은 왜 청춘이 아니란 말인가》, 《교사도 학교가 두렵다》 등 나의 책 대부분은 이 방법론으로 썼다.

그런데 이 말 걸기를 통한 기록의 방법론에 대해 조금씩 회의를 하게 되었다. 여러 가지 이유가 있었다. 먼저, 기록문학을 표방하는 책이 많아졌다. 그 책들은 대부분 '말 걸기'를 표방했다. 문제는 방법론이자 실천으로서 말 걸기가 많아질수록 정형화되는 경향이 있다는 것이었다. 특히 자아에 대한 관심이 커지면서, 사람들은 자기에 대해 너무 많은 이야기를 하게 되었고, 남들이 모두 그 이야기를 들어야 한다고 주장했다. 자신의 들릴 권리를 주장하기 위해 다른 사람을 억압하고 착취하는 일도 벌어졌다. 들려야 하는 사람들의 말은 밀려난 채 말이다.

자신이 말할 수 있고, 다른 사람은 다 자기 말을 들어야 한다고 생각하는 이가 많아질수록 배우려는 이는 사라져갔다. 그 자리는 다 안다고 생각하는 사람, 그리고 자기가 아는 것이 절대적이라고 생각하는 사람들로 빠르게 채워졌다. 이 절대적으로 옳은 사람들은 다른 사람의 말을 들을 필요가 없었고 무시했다. 다 알고 있는데 뭘 듣겠는가. 그러다 보니 현장참여를 해서 말을 들으려 한다면서, 묻기 전에 자기가 다 말하는 경우가 많아졌다. 이 사람들이 바라는 것은 '배움'이 아니라 '동의'였다. 자기에게 동의하라고 요구했다. 이전의 말 걸기와는 달리, 말 걸기의 과정에서 배움의 기쁨을 주고받기가 점점 어려워졌다. 자기가 하는 말이 얼마나 대단하고 독특한 것인지 강조하는 말을 들으며 지치는 경우가 많았다. 다른 방법론이 필요했다.

다른 방법론을 생각하기 위해 먼저 필요한 것이 '말 걸기'가 왜 이런 문제에 봉착했는지에 대한 성찰이었다. 말 걸기의 어떤 측면이 이런 과잉된 주체의식, 비대한 자아를 만들었을까? 고민 끝에 찾아낸 것이, 김상봉 선생의 개념을 빌려 표현하면 말 걸기의 '홀로 주체성'이었다. 말 걸기는 말을 거는 사람이 있다는 것을 전제한다. 그래서 겉으로 보기에는 상호성이 존재하는 것처럼 보인다. 그러나 말 걸기는 그 이름 그대로 말을 거는 사람을 '주체'로, 걸리는 사람을 '대상'으로 둔다. 즉, 둘 사이의 관계가 평등하지 않으며 기록과 해석의 권한을 말을 거는 사람에게 둔다. 완전히 평등하고 대등한 관계는 존재하지 않는다지만, 말 걸기의 문제는 설정 자체가 '상호 주관성'을 강조하면서도 궁극적으로는 말 거는 사람을 '홀로 주체'로 상정한다는 데 있다.

바로 이 점 때문에, 탁월하게 잘하고 있는 분들이 있음에도 현재 유행하고 있는 글쓰기가 문제적이며, 글쓰기의 방법론으로서 구술이나 말 걸기 등등이 또 문제적이 된다. 기록을 한다면서도 말을 걸고 기록하는 자기 스스로에 대한 나르시시즘적인 홀로 주체성에서 벗어나기가 좀처럼 어려운 것이다. 또한 말을 거는 이가 "내가 뭘 질문하나요, 단지 기록할 뿐이죠."라며 자신의 홀로 주체성을 감추어버리는 바람에 인터뷰이 쪽에도 "너는 내가 하는 말을 잘 듣고 다 기록해야 한다."는 비대한 자아, 과잉된 홀로 주체성이 발생한다는 것을 알게 되었다.

그렇다면 이런 홀로 주체성을 극복할 수 있는 방법이 무엇일까? 흔히 이야기하는 것처럼 '대화'라는 이름으로 서로 말하는 이가 되는 것이 아니다. 이 방법론에서 우리가 기껏 채택할 수 있는 평등성은 시간을 공평하게 갖는 것뿐이다. 너 5분 나 5분, 이런 식으로 말이다. 말의 독점을 방지하고, 다양한 사람들의 이야기를 듣는다는 명목으로 많은 토론회가 이런 식으로 진행된다. 이런 방법으로는 홀로 주체성을 결코 극복할 수 없다. 다들 자기 말할 차례만 지루하게 기다리는 홀로 주체성의 향연만 펼쳐질 뿐이다.

말 걸기의 문제를 발견한 이후 고민하던 중 깨달은 것이 '대화'의 의미에 대한 여러 철학자의 견해였다. 그중에서도 나는 레비나스와 바흐친, 데리다, 세넷 등의 이야기를 다시 읽으며, 대화는 서로 말을 하는 것이 아니라 서로 응답을 하는 것이라는 점을 깨닫게 되었다. 대화란 처음 말을 꺼내는 사람부터 그 전에 선행하는 무엇에 대한 '응답'이다. 즉, 대화에서는 그 무엇도 '태초'로 존재할 수 없으며 가장 먼저 존재하는 것조차 첫 번째로 존재하는 것에 대한 응답으로서 두 번째라는 점이다.

나는 애초부터 누군가에게 의존하며, 그에게 응답하는 존재라는 것을 깨달을 때 비로소 홀로 주체성으로부터 벗어날 수 있는 길이 열린다. 이렇게 응답하기 위해서는 제일 먼저 말하는 사람일 때조차 잘 들어야 하며, 잘 들은 것에 대해 깊이 생각해서 응답해야 한다. 그 응답은 당연히 자기가 이미 알고 있던 것이 아니라 들으며 새롭게 생각하게 된 것, 즉 배운 것에 대한 이야기여야 한다. 모르는 것이기에 생각하며, 생각을 해서 배웠기에 말을 할 수 있다.

홀로 주체성의 함정에서 벗어나 서로에게 응답하는 것, 이것의 가능성을 대담에서 발견했다. 새로운 것을 쓰는 '저자'의 위치에서 벗어나 서로 새로운 것을 쓸 수 있도록 돕는 '응답자'의 위치에서 말하는 것이 대담이다. 내가 당신의 말로부터 배운 것이 무엇인지를 돌려주기 위해 고민하고 그것으로 응답하는 것이 대담이지 않은가. 한쪽이 다른 한쪽을 일방적으로 가르치는 것이 아니라면 말이다.

이 책의 주제로 정리한다면, 나는 리터러시란 응답할 줄 아는 역량이라고 생각한다. 이 대담에서 우리가 정리한 것처럼, 바벨탑 쌓기가 아니라 다리 놓기로서의 리터러시란 홀로 표현하고 선포하는 것을 넘어 응답할 줄 아는 역량이다. 응답과 응답이 끊이지 않고 순환함으로써 서로 배움을 부추기고 발생하게 하는 것, 이게 새로운 배움의 방법론이자 조사연구의 방법론이 아닐까 생각하게 되었다.

김성우 선생님이 쓰신 여러 글과 책을 읽으면서, 페다고지로서의 대담을 통해 배움이 어떻게 상호 호혜적으로 발생할 수 있는지를 보여줄 수 있는 파트너로 이분만 한 분이 없다고 확신했다. 오히려 내 고민은 내가 과연 김성우 선생님에게 그런 배움을 확장시키는 파트너가 될 수 있을까였다. 특히 언어학자가 가진 특유의 꼼꼼함과 논리성을 내가 따라갈 수 있을지 걱정이 됐다. 하지만 선생님의 응답하는 역량에 기대 이 책을 만들 수 있었다. 말 걸고 기록하는 이를 넘어 응답하는 이로서 나의 위치를 구축할 수 있었다.

나는 이 책이 리터러시에 대한 이야기뿐만 아니라 홀로 주체성을 넘어 응답하는 이가 되는 길을 발견하고 그런 관계를 구축하는 것에 대한 이야기로 읽히기를 바란다. 그런 관계를 구축하려는 시도가 많아질 때 우리는 나르시시즘의 위기로부터 우리 자신을 구원하고, 나르시시즘에 의해 위협받는 관계의 위기를 극복하여 '사회'를 만들 수 있을 것이다.

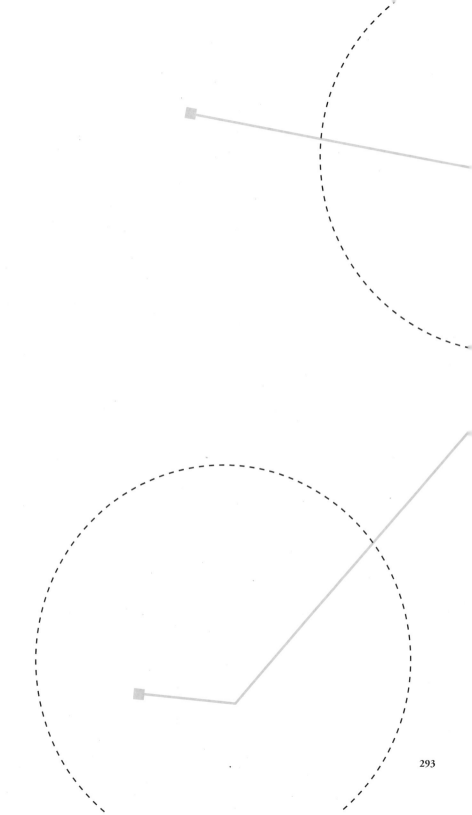

293

참고문헌

가라타니 고진, 2010, 《탐구1(2판)》, 송태욱 옮김, 새물결.

김도현, 2019, 《장애학의 도전》, 오월의봄.

김성우, 2018, 《어머니와 나》, 쉰하이트.

_____, 2019, 《단단한 영어공부: 내 삶을 위한 외국어 학습의 기본》, 유유.

레슬리 제이미슨, 2019, 《공감 연습: 부서진 심장과 고통과 상처와 당신에 관한 에세이》, 오숙은 옮김, 문학과지성사.

리처드 세넷, 2010, 《장인》, 김홍식 옮김, 21세기북스.

_____, 2013, 《투게더》, 김병화 옮김, 현암사.

매리언 울프, 2019, 《다시, 책으로》, 전병근 옮김, 어크로스.

모티머 애들러, 2020, 《듣는 법, 말하는 법: 교양인을 위한 대화와 설득의 기술》, 박다솜 옮김, 유유.

미셸 푸코, 2007, 《주체의 해석학》, 심세광 옮김, 동문선.

발터 벤야민, 2012, 《서사 · 기억 · 비평의 자리》, 최성만 옮김, 길.

빌렘 플루서, 2018, 《몸짓들》, 안규철 옮김, 워크룸프레스.

사사키 아타루, 2012, 《잘라라, 기도하는 그 손을》, 송태욱 옮김, 자음과모음.

사이토 다마키, 2005, 《페인과 동인녀의 정신분석》, 김영진 옮김, 황금가지.

서경식 · 다카하시 데쓰야, 2019, 《책임에 대하여》, 한승동 옮김, 돌베개.

서현숙 · 허보영, 2019, 《독서동아리 100개면 학교가 바뀐다》, 학교도서관저널.

수 클리볼드, 2016, 《나는 가해자의 엄마입니다》, 홍한별 옮김, 반비.

안지숙 · 김혜련 · 양숙자, 2013, 〈결혼이주여성의 건강문해력과 관련요인〉, 《지역사회간호학회지》 24(4): 377-387.

엄기호, 2010, 《이것은 왜 청춘이 아니란 말인가》, 푸른숲.

_____, 2013, 《교사도 학교가 두렵다》, 따비.

_____, 2017, 《공부 공부》, 따비.

_____, 2019, 《고통은 나눌 수 있는가》, 나무연필.

엄기호 · 하지현, 2015, 《공부 중독》, 위고.

에레즈 에이든 · 장바티스트 미셸, 2015, 《빅데이터 인문학: 진격의 서막》, 김재중 옮김, 사계절.

에바 일루즈, 2010, 《감정 자본주의》, 김정아 옮김, 돌베개.

오자와 마키코, 2012, 《심리학은 아이들 편인가?》, 박동섭 옮김, 서현사.

윤준채, 2009, 〈문해력의 개념과 국내외 연구 경향〉, 《새국어생활》 19권 2호, 5-16.

임완철, 2017, 《생각하는 사물의 등장》, 지식노마드.

임윤희, 2019, 《도서관 여행하는 법》, 유유.

조르조 아감벤, 2008, 《호모 사케르》, 박진우 옮김, 새물결.

파울로 프레이리, 2018, 《페다고지》, 남경태 · 허진 옮김, 그린비.

페르디낭 드 소쉬르, 2006, 《일반언어학 강의》, 최승언 옮김, 민음사.

폴 블룸, 2019, 《공감의 배신》, 이은진 옮김, 시공사.

피에르 아도, 2017, 《고대철학이란 무엇인가》, 이세진 옮김, 열린책들.

한나 아렌트, 2005, 《과거와 미래 사이》, 서유경 옮김, 푸른숲.

_____, 2006, 《전체주의의 기원2》, 박미애 · 이진우 옮김, 한길사.

J. D. 밴스, 2017, 《힐빌리의 노래》, 김보람 옮김, 흐름출판.

John Metcalfe, 2012, "America's Most Literate Cities Not Necessarily the Wealthiest", CityLab. (https://www.citylab.com/design/2012/01/americas-most-literate-cities-not-necessarily-wealthiest/1063/)

Katherine K. Ellis, 2019, "Is a Shorter Video Length More Engaging on Facebook?", *NewsWhip*. (https://www.newswhip.com/2019/03/video-length-engaging-facebook/)

National Center for Education Statistics, 2017, Demographics. (https://nces.ed.gov/naal/kf_demographics.asp)

OECD, 2000, Literacy in the Information Age: Final Report of the International Adult Literacy Survey.

Paul Graham, 2008, How to Disagree. (http://www.paulgraham.com/disagree.html)

Statistica, 2018, Average YouTube Video Length 2018, by Category. (https://www.statista.com/statistics/1026923/youtube-video-category-average-length/)

UNESCO, 2004, "The Plurality of Literacy and Its Implications for Policies and Programs", UNESCO Education Sector Position Paper: 13.

William Frawley, 1987, *Text and Epistemology*, Praeger.

유튜브는 책을 집어삼킬 것인가

삶을 위한 말귀, 문해력, 리터러시

지은이 | 김성우·엄기호
초판 1쇄 발행 | 2020년 4월 20일
초판 15쇄 발행 | 2025년 1월 31일

펴낸곳 | 도서출판 따비
펴낸이 | 박성경
편 집 | 신수진
디자인 | 박대성

출판등록 2009년 5월 4일 제2010-000256호
주소 서울시 마포구 월드컵로28길 6(성산동, 3층)
전화 02-326-3897
팩스 02-6919-1277
이메일 tabibooks@hotmail.com
인쇄·제본 영신사

ISBN 978-89-98439-79-8 03370
값 16,000원

이 도서의 국립중앙도서관 출판예정도서목록(CIP)은 서지정보유통지원시스템 홈페이지(http://seoji.nl.go.kr)와 국가자료종합목록 구축시스템(http://kolis-net.nl.go.kr)에서 이용하실 수 있습니다. (CIP제어번호 : CIP2020012093)